枣庄学院
纪念抗日战争胜利70周年
研究丛书

总主编 胡小林 曹胜强

铁道游击队史

Tiedao Youjidui Shi

崔新明 司艾华 著

中国社会科学出版社

图书在版编目（CIP）数据

铁道游击队史/崔新明，司艾华著．—北京：中国社会科学出
版社，2015.11
（枣庄学院纪念抗日战争胜利70周年研究丛书）
ISBN 978 – 7 – 5161 – 7102 – 8

Ⅰ．①铁…　Ⅱ．①崔…　②司…　Ⅲ．①抗日斗争—史料—枣庄
市　Ⅳ．①K265.06

中国版本图书馆 CIP 数据核字（2015）第 274632 号

出 版 人	赵剑英
责任编辑	李庆红
责任校对	熊年斗
责任印制	王　超

出　　版	中国社会科学出版社
社　　址	北京鼓楼西大街甲 158 号
邮　　编	100720
网　　址	http：//www. csspw. cn
发 行 部	010 – 84083685
门 市 部	010 – 84029450
经　　销	新华书店及其他书店

印　　刷	北京明恒达印务有限公司
装　　订	廊坊市广阳区广增装订厂
版　　次	2015 年 11 月第 1 版
印　　次	2015 年 11 月第 1 次印刷

开　　本	710 × 1000　1/16
印　　张	15. 25
插　　页	2
字　　数	258 千字
定　　价	56. 00 元

枣庄学院纪念抗日战争胜利 70 周年研究丛书

编 委 会

总　序

历史总是在回顾中才显露它的厚重。第二次世界大战是人类迄今为止所经历的最残酷的战争。从亚洲到欧洲，从太平洋到大西洋，世界先后有61个国家和地区、20亿以上的人口被卷入战争，伤亡人数达9000余万，壮美河山被踩蹒得满目疮痍。在这场战争中，战争与和平、野蛮与文明、邪恶与正义、杀戮与救赎、侵略与反侵略展开了殊死对决，人类面临着空前危机。所幸，"二战"在带来巨大灾难的同时，也向世人证明了和平、文明、正义、救赎和反侵略比它们的敌人更有力量，这是我们今天纪念"二战"意义之所在。

中国是世界反法西斯战争的东方主战场，中国人民对这场战争的胜利做出了突出贡献。对枣庄人民来说，枣庄地区的抗战在中国抗战史上具有值得珍视的特殊价值。这是因为，无论在正面战场还是在敌后战场，枣庄都谱写了抗日传奇。在正面战场上，台儿庄大捷狠狠打击了日军不可战胜的嚣张气焰，鼓舞了全国人民的抗日斗志；而在敌后战场上，铁道游击队纵横驰骋，打得鬼子闻风丧胆。它们已成为全民族抗战的标志性符号。两支抗战力量汇聚一地，在正面战场和敌后战场均写下抗战历史浓重的一笔，这在全国抗战史上也不多见。这是值得枣庄人民特别骄傲的地方。

在国人心目中，枣庄早就是一座抗战名城。中国人民抵御外侮的坚强决心和钢铁意志，在枣庄抗战史上得到最集中的体现。抱犊崮山坳里一一五师的猎猎红旗，津浦线上游击队员扒飞车、搞机枪、炸桥梁的矫健身姿，台儿庄巷间中惊心动魄的拼死肉搏，运河两岸地方武装的长途奔袭，均绘就中华民族抗战史上最美画卷。让更多的人来了解这段由鲜血和生命铸就的历史，牢记中国人民为维护民族独立和自由、捍卫祖国主权和尊严而建立的伟大功勋，是我们义不容辞的责任。

人类历史的进程是客观的，但历史的的确是由人来书写的。日本长期以来对侵略历史的否认及歪曲告诉我们，历史书写的的确确存在着对抗与竞赛。在抗战胜利 70 周年的今天，我们必须还历史以本来面貌。我们坚信，枪炮声写就的历史终将战胜谎言的鼓噪。这里呈上"枣庄学院纪念抗日战争胜利 70 周年研究丛书"，就是希望为读者提供真实的抗战历史，并以此来告慰那些在战场上英勇拼杀、为国捐躯的英灵，纪念那些在战争劫难中无辜死去的万千同胞，继承和弘扬伟大的抗战精神。2015 年 7 月 30 日，中共中央政治局就中国人民抗日战争的回顾和思考进行第二十五次集体学习。习近平总书记在主持学习时强调，深入开展中国人民抗日战争研究，必须坚持正确历史观、加强规划和力量整合、加强史料收集和整理、加强舆论宣传工作，让历史说话，用史实发言，着力研究和深入阐释中国人民抗日战争的伟大意义、中国人民抗日战争在世界反法西斯战争中的重要地位、中国共产党的中流砥柱作用是中国人民抗日战争胜利的关键等重大问题。习总书记的相关论断，使我们深受鼓舞，也为我们研究抗战史指明了方向。

铭记苦难历史，弘扬抗战精神，续写民族大义是时代赋予国人的神圣使命。枣庄学院一直以应有的文化自觉和责任担当致力于枣庄地区抗战史的挖掘、整理和研究工作，通过寻访抗战老兵、遗孤，追寻抗战足迹，查阅海内外文史资料，使得发生在枣庄的民族抗战史愈发清晰地呈现出来。在专家学者和社会各界的共同努力下，终于编著成册。这套丛书一共九本，包括《枣庄抗战通史》《台儿庄大战史》《铁道游击队史》《台儿庄血战记》《名人与台儿庄大战》《枣庄黄埔人与中国大抗战》《抗战英雄孙伯龙与运河支队》《枣庄抗战文艺研究》《台儿庄大战诗词选》，其中既有对枣庄地区抗战历史的全景式扫描，也有对局部战场的细致刻画；既有对不同抗战力量丰功伟绩的深度挖掘，也有对英雄人物的大力讴歌。我们希望通过编著者的努力，能够全方位、多层次、多维度的复原和再现枣庄地区那段不屈不挠、驱逐倭寇的光辉岁月。

为学养和水平所囿，丛书还存在种种不足，尚祈有识之士指谬。

胡小林

2015 年 8 月 7 日

目　　录

绪　论

一　铁道游击队之名

一提到铁道游击队,人们首先想到的是著名作家刘知侠的小说《铁道游击队》。刘知侠 1918 年出生在河南省一个贫困的铁路工人家庭,11 岁才入半工半读小学读书。小学时,曾在火车站做过义务服务生。1938 年刘知侠在陕北参加革命,入中国人民抗日军事政治大学学习。1938—1939 年,曾随抗大一分校两次深入敌后体验生活。这些生活的积累,为他创作《铁道游击队》打下坚实的基础。抗大毕业后,他留校继续学习军事,结业后赴山东,到沂蒙山区抗大文工团从事战地文化工作,并开始为《大众日报》撰稿。

小说《铁道游击队》的创作源于一次邂逅。1944 年夏天,山东军区在莒南县的坪上召开全省的战斗英雄、模范大会。各个军区选拔的战斗英雄、模范云集坪上,将自己的战斗事迹在大会中报告,然后进行评选,评选出的英雄、模范由山东军区授予荣誉称号。根据地的报刊记者和编辑人员都参加了大会。一方面可以为大会服务,帮助会务人员整理和编印英雄、模范的战斗事迹材料;另一方面对这些英雄人物进行采访,准备素材进行宣传报道。当时在《山东文化》编辑室工作的刘知侠参加了这一活动。铁道队的队员徐广田在大会上被评为甲级战斗英雄,授予"铁道英雄"的荣誉称号。他在大会上谈到铁道队的惊人战斗事迹,在与会者中引起轰动。刘知侠就是在这次英模会上认识了徐广田,了解了铁道队的战斗事迹。

正巧,那时铁道队的政委杜季伟在党校学习。刘知侠又专门去党校采访了杜季伟,从而对铁道队的整个战斗事迹有了一个更详尽的了解。铁道队的英勇事迹激起刘知侠强烈的写作欲望，他决心把这些事迹写出来，分享给更多人。

铁道队的英雄人物大都热情豪爽、行侠仗义，甚至有点江湖好汉的风格。他们的战斗事迹都带有传奇的色彩，在铁路上的战斗，曲折生动，都可以当故事来讲。如"血染洋行"、"飞车搞机枪"、"票车上的战斗"、"打高岗"以及"微山湖化装突围"等。刘知侠把握住这些特点，准备用章回体小说的形式来展现铁道队的战斗事迹。

在动笔前，刘知侠经常把采访到的铁道队的英勇事迹讲给身边的同志们听，大家都喜欢听。于是刘知侠开始草创铁道队的章回体小说并在《山东文化》上连载。连载两期后，刘知侠接到了铁道队的来信，来信邀请他到铁道队去全面地了解他们的斗争生活。

此后，刘知侠在1944年和1945年两次到铁道队去，同游击队员们生活和战斗在一起，积累了大量真实丰富的创作素材。1952年，刘知侠请了一年创作长假，在济南大明湖畔创作《铁道游击队》。

关于小说定名为《铁道游击队》的原因，刘知侠在《〈铁道游击队〉创作经过》中曾这样解释："我动手写铁道游击队的章回体小说了。当时还是真人真事。我写了草创时的一部分，在好心的编辑同志的鼓励下，在《山东文化》上连载了。当时的标题是'铁道队'。因为在战争时期，他们就叫这个名字。全国解放后，我写这部长篇小说时，为了点明它的战斗性，所以就加上'游击'二字，标题就改为'铁道游击队'了。"① 十年磨一剑，从1944年邂逅，到1954年成书，刘知侠用了整整10年时间来打造这一名作。

一部好作品必将被历史所铭记。1954年刘知侠的长篇小说《铁道游击队》由上海文艺出版社出版。该书一经面世，就受到了读者广泛欢迎，引起广大读者的强烈共鸣，成为全国人民争相传诵的革命文学经典。并先后被翻译成俄、英、法、日等八国语言流传海外，成为世界反法西斯战争的文学经典。

---

① 刘知侠：《〈铁道游击队〉创作经过》，《新文学史料》1987年第1期。

《铁道游击队》走上银幕是在1956年，电影插曲《弹起我心爱的土琵琶》优美动听，被几代人传唱。影片是战争题材与传奇色彩的有机结合，严肃紧张与幽默诙谐的绝妙搭配，重大的历史背景与浓厚的乡土气息的相互辉映。在同时代和同题材的电影作品中，《铁道游击队》都算得上是上乘佳作。

1986年，根据小说改编的12集电视连续剧《铁道游击队》与观众们见面了。在充分尊重原著的基础上，电视剧《铁道游击队》大胆创新，以新的文学思想和生活积累、哲学思考，进行了新的认识与体验。

除电影、电视剧外，以小说《铁道游击队》为蓝本改编的连环画、舞剧、现代京剧如雨后春笋般层出不穷。通过这些群众喜闻乐见的形式，铁道游击队的英勇事迹广泛传播开来。

二 铁道游击队之实

历史上从来没有一支部队的番号或者代号是"铁道游击队"，那么，刘知侠笔下的"铁道游击队"又是指的哪支部队呢？刘知侠在《〈铁道游击队〉创作经过》中曾指出："我动手写铁道游击队的章回体小说了。当时还是真人真事。我写了草创时的一部分，在好心的编辑同志的鼓励下，在《山东文化》上连载了。当时的标题是'铁道队'。因为在战争时期，他们就叫这个名字。"[1] 显然，刘知侠笔下的"铁道游击队"就是指"战争时期"的"铁道队"。名叫"铁道队"的这支部队正是刘知侠当时采访的徐广田和杜季伟所在的部队，也就是他后来曾两次去体验生活和战斗的部队。这是一支主要"活动于津浦铁路鲁南段、临（城）枣（庄）支线和枣台支线上"[2] 的小型抗日武装，他们"夜袭洋行、飞车搞机枪、破坏铁路、炸掉桥梁、截货车、打票车、拔据点、断通讯，搞得敌军惊恐万分，他们保护交通线，护送近千名干部过路均安然无恙"[3]。这支具有传奇色彩的部队的发展历史，可以划分为四个阶段。

第一阶段是情报站时期，即铁道游击队的创立时期。时间是从1938

---

① 刘知侠：《〈铁道游击队〉创作经过》，《新文学史料》1987年第1期。
② 中共枣庄市委党史办公室编：《鲁南铁道大队纪实》，中共党史出版社1992年版，第3页。
③ 政协枣庄市薛城区委员会：《铁道游击队在薛城》，中国文史出版社2005年版，第3页。

年 3 月临城抗日情报站建立到 1939 年 6 月临城铁道队建立。临城抗日情报站是苏鲁豫皖边区特委路西交通站所属的情报机关。1938 年 10 月建立的枣庄抗日情报站在战斗序列上隶属苏鲁人民抗日义勇总队，主要任务是做好情报工作，以减少抱犊崮根据地军民在日伪军的扫荡中的损失。

第二阶段是成立铁道队时期，即铁道游击队的巩固时期。时间是从 1939 年 6 月临城铁道队建立到 1942 年 12 月鲁南铁道大队被编入鲁南独立支队作二大队。在战斗序列上隶属苏鲁支队，主要任务是做好情报工作的同时，武装袭扰日伪军，保证秘密交通线的畅通。

第三阶段是编入鲁南独立支队时期，即铁道游击队的发展壮大时期。时间是从 1942 年 12 月被编入鲁南独立支队作二大队到 1944 年 9 月鲁南独立支队番号撤销，二大队恢复"鲁南铁道大队"番号。在战斗序列上隶属鲁南独立支队，主要任务是确保秘密交通线的畅通，抵御日伪顽的进犯。

第四阶段是铁道游击队的转型升级时期。时间是从 1944 年 9 月恢复"鲁南铁道大队"番号到 1946 年 11 月"鲁南铁道大队"番号撤销，部队改编为鲁南军区特务团一营二连。在战斗序列上隶属鲁南军区，接受了驻枣临一带的日军铁甲列车大队和铁道警备大队的投降。为适应斗争形势的变化，鲁南铁道大队的番号再次被取消，队伍升级为主力部队。

刘知侠的长篇小说《铁道游击队》的主要情节是根据真实的历史情况加工的，故事传神、精彩，但难以反映这支抗日武装的全部历史。铁道游击队以抱犊崮根据地主力部队为后盾，以微山湖为依托，活跃在津浦铁路、临枣支线、台枣铁路三条铁路线上，打票车、劫货车、扒铁路、炸桥梁，神出鬼没，飘然而至，隐忽而逝，有力地打击了敌军，在极艰苦的条件下，创造了许多神话般的传奇。具有传奇般经历的铁道队英雄们，被人民群众称为能飞檐走壁的"侠客"，日伪军称为能从天而降的"飞虎队"，八路军首长称其是坚持在敌占区的"一面鲜明的旗帜"，是"怀中利剑，袖中匕首"。①

纵观整个铁道游击队的发展历史，这支部队的活动区域是动态变化的，总体方向是由东向西沿铁路迁移。最初是在枣庄，联系枣庄东北部抱犊崮山区根据地。暴露后，沿枣临铁路西迁至齐村，再迁临城，在敌人打压下，进一步西迁到微山湖一带，以微山湖中的微山岛为生活基地。当敌人出动大部队围剿时，他们就暂时隐蔽到山区去休整提高；敌人一撤退，他们就立即出山，寻找机会在铁路线上继续进行英勇顽强的斗争。

三 铁道游击队之乡

铁道游击队的事迹经刘知侠的妙笔描绘而名扬天下，铁道游击队成为枣庄人最骄傲的名片之一。一提到铁道游击队，人们自然就想到了枣庄。

其实，枣庄是一座"因煤而建、因运而兴、因战而名"的城市。素有"煤城"之称的枣庄，早在唐宋时期便有人家在此地依几棵老枣树而居，开展采煤活动，并由此形成村落而得名。鸦片战争以后，随着近代工业的发展，煤价逐渐上涨，枣庄地区的煤田由手工作业过渡到机器开采，产煤量大幅度提高。1878 年创办山东峄县中兴矿局，至 1931 年"能与外煤相竞争者，唯山东峄县中兴公司"。②

1899 年，山东峄县中兴矿局负责人张莲芬为运煤计，上疏请修台枣专用铁路。11 月 15 日，清政府准奏，但因资金不足未能动工。1906 年 4 月，张莲芬筹集白银 40 万两，再加上向德国洋行的借款，台枣铁路才于1908 年 9 月正式开工。1910 年，台枣铁路铺轨完毕，1912 年 1 月全线通车。这是当时山东省唯一的一条商办铁路，全长 42 公里。

临（城）枣（庄）铁路支线是为外运枣庄的煤炭而兴筑的。1912 年台枣铁路全线通车，将山东峄县中兴矿局所产煤炭由枣庄运至台儿庄运河码头，再沿运河河道水运南下，但遇旱季运河水浅或冬季河水结冰，行船

---

① 中共枣庄市委党史办公室编：《鲁南铁道大队纪实》，中共党史出版社 1992 年版，第 5 页。
② 邓滕生主编：《枣庄文化通览》，山东人民出版社 2012 年版，第 275 页。

受阻，就会影响煤炭外运。故又请求清政府修筑津浦铁路临枣支线。1911年4月临枣支线动工，12月铺轨完毕，1912年5月通车。这样，山东峄县中兴矿局的煤炭就可以通过此支线连接津浦铁路外运，避开了运河水运可能存在的制约因素。

1922年，中兴公司借款60万元给津浦路局，修建岔道至浦口分厂内，津浦路局每天为中兴公司加开专车，外运煤炭。

1932年年底至1933年年底的一年时间内，中兴公司与陇海路局两次签约，由中兴公司垫款100万元兴建台（儿庄）赵（墩）铁路支线。1935年3月，联络陇海路的台赵铁路建成通车。至此，枣庄境内形成了"井"字形铁路网，北有东西走向的临枣铁路支线，西接南北走向的津浦铁路，东有南北走向的枣台、台赵铁路，南连东西走向的陇海铁路。便利的铁路交通促进了枣庄煤炭工业的发展，同时为铁道游击队的诞生提供了客观条件，纵横的铁道线成了游击队杀敌的好战场。

今天，走在枣庄的大街上，铁道游击队的影响仍触目皆是。这里有铁道游击队广场、铁道游击队公园，还有现存的诸多铁道游击队遗址：

正泰洋行位于枣庄市市中区境内，老枣庄火车站南，是全国红色旅游经典景区之一。正泰洋行是1939年初日军以经营五金、布匹等日用百货为幌子暗设的情报点，秘密从事间谍活动的大本营。洋行整体建筑面积1332平方米，为长方形院落结构。1939年8月和1940年5月铁道游击队曾两次夜袭正泰洋行。

枣庄电光楼始建于20世纪30年代，抗日战争爆发后，为日军监视矿区灯塔塔座。该楼为红砖钢筋搭建的实心塔状结构，高近20米，占地约70平方米，为当时矿区最高建筑。

枣庄过车门位于枣庄市市中区境内枣庄新中兴矿业有限责任公司第一机械厂南侧。始建于20世纪二三十年代，抗日战争期间为日军铁路运输哨卡。该门为德式砖砌结构，高约13米，宽8米，占地约30平方米。

老枣庄火车站位于枣庄市市中区，始建于20世纪二三十年代，为德式建筑，抗日战争期间，为日军所用，是铁道游击队主要战斗地之一。

最能体现枣庄人对铁道游击队魂牵梦绕之情的是铁道游击队纪念碑的

建立。这座碑于 1995 年 8 月 15 日世界反法西斯战争胜利 50 周年时竣工揭幕，坐落在铁道游击队的主战场薛城区东郊、临山西麓，高 33 米，钢筋混凝土结构，碑体正面为竖起的铁轨造型，50 根枕木象征着中国人民抗日战争和世界反法西斯战争胜利 50 周年。杨尚昆为纪念碑题写了"铁道游击队纪念碑"八个大字。碑座的正面镌刻着记述铁道游击队丰功伟绩的碑文，两边则是再现游击队英勇杀敌的浮雕，碑顶则矗立着一尊手持驳壳枪的游击队勇士的铜像。这座碑表达了家乡人民对铁道游击队的无限怀念与敬慕。纪念碑碑文中有两句话用以描述铁道游击队最为贴切、传神："或实或虚，乍东乍西，闪碾无定，游击有术。诸传奇之壮举，直可惊天地泣鬼神！"

为了更好地弘扬铁道游击队红色文化，2004 年，铁道游击队影视城在枣庄市薛城区临山投资兴建。影视城中依山而建的"南圩子"、"大兵营"、"枣庄东升武馆"、"大茶坊"、"鸽子楼"、"德顺兴药店"、"西门"、"三星楼"、"正泰国际洋行"、"万福楼"、"太史第"、"大东旅社"、"义合炭场"、"同乐戏院"、"炮楼"、"大牌坊"等建筑群承载着铁道游击队的光辉历史，供人们瞻仰追忆。

第一章

建立情报站：铁道游击队的创立

（1938 年 3 月至 1939 年 6 月）

铁道游击队是由抗日战争时期鲁南地区的多支情报站发展壮大而来的。1938 年 3 月 16 日，苏鲁豫皖边区特委路西交通站建立临城情报站和临城工人铁道队，情报站站长是张文生，副站长是华绍宽，这是铁道游击队建立最早的一个情报站。临城工人铁道队队长是孙茂生，副队长是任秀田。

1938 年 10 月，苏鲁人民抗日义勇总队由滕峄边山区转移到抱犊崮山区东部的埠阳后，为掌握枣庄的敌情，及时获得可靠情报，派洪振海、王志胜潜回枣庄建立了枣庄抗日情报站，并发展了赵连友、赵永泉、曹德全、徐广田、李云生等 8 人为情报员。

情报站像插入敌人心脏的匕首，在日伪军重兵把守的枣庄、临城顽强地与敌斗争，建立了卓越功勋。

第一节　抗日战争全面爆发后，鲁南地区的形势

一　日本帝国主义发动全面侵华战争，全民族抗战开始

1931 年 9 月 18 日，日军发动九一八事变，侵占我国东北，并一手炮制了伪"满洲国"。日军占领东北后，将魔爪伸向华北，策动"华北自治"。1936 年 6 月，日本天皇批准了新的《帝国国防方针》及《用兵纲领》，公开了要实现控制东亚大陆和西太平洋、称霸世界的野心。8 月 7 日，日本五相会议通过了《国策基准》，具体制定了侵略中国、北犯苏

联、待机南进的侵略方案。同时，制订了1937年具体的侵华计划。

1937年7月7日下午，日本华北驻屯军到紧靠卢沟桥中国守军驻地的回龙庙到大瓦窑之间的地区进行军事演习。22时40分，日军声称演习地带传来枪声，并有一名士兵"失踪"，强行要求立即进入中国守军驻地宛平城搜查。遭到中国守军严词拒绝后，日军突然发动炮击，中国守军奋起抵抗，史称"卢沟桥事变"。卢沟桥事变标志着中国全民族抗日战争的开始。

卢沟桥事变的第二天即7月8日，中国共产党中央委员会就通电全国，呼吁："全中国的同胞们，平津危急！华北危急！中华民族危急！只有全民族实行抗战，才是我们的出路！"并且提出了"不让日本帝国主义占领中国寸土！""为保卫国土流最后一滴血！"的响亮口号。

卢沟桥事变后，蒋介石提出了"不屈服，不扩大"和"不求战，必抗战"的方针。蒋介石致电宋哲元等人"宛平城应固守勿退"，"卢沟桥、长辛店万不可失守"。7月17日，蒋介石在庐山发表谈话，指出"卢沟桥事变已到了退让的最后关头"，"再没有妥协的机会，如果放弃尺寸土地与主权，便是中华民族的千古罪人"。他说："如果战端一开，那就是地无分南北，人无分老幼，无论何人，皆有守土抗战之责，皆抱定牺牲一切之决心。我们只有牺牲到底，抗战到底，唯有牺牲的决心，才能得最后的胜利。"①

二　中国共产党的抗日策略

在九一八事变后，中国共产党多次发表宣言，主张动员和武装民众，坚决反对日本帝国主义的侵略，表明了对日本侵略不妥协的抵抗方针，以及通过民族战争实现民族解放和独立的决心。

1935年8月1日，中华苏维埃中央政府、中国共产党中央委员会在《为抗日救国告全体同胞书》即"八一宣言"中，呼吁停止内战，集中全国人力、物力、财力和武力抗日。号召组织全中国统一的国防政府，并实行抗日救国、收复失地等10项方针，主张组织全中国统一的抗日联军，

---

① 王桧林主编：《中国现代史参考资料》，高等教育出版社1989年版，第172页。

作为抗日的先锋。实行有钱出钱，有力出力，使全国同胞总动员，用一切新旧式武器，武装起千百万群众，抗击侵略者。"八一宣言"是九一八事变以后，中共中央对实行全国总动员，进行抗日救国神圣事业提出的具体纲领性意见。

1935年12月17日，中共中央在陕北瓦窑堡召开政治局扩大会议。会议分析了华北事变后国内阶级关系的新变化，讨论了抗日民族统一战线、国防政府和抗日联军等问题，制定了抗日民族统一战线的策略方针。27日，毛泽东在《论反对日本帝国主义的策略》的报告中指出："打倒日本帝国主义和中国反革命势力的事业，不是一天两天可以成功的，必须准备花费长久的时间"，"帝国主义的力量和革命发展的不平衡，规定了这个持久性"。① 在这里，毛泽东明确提出了抗日战争是持久的，必须有长期作战的思想准备。

1937年8月22日至25日，中共中央在陕西省洛川县冯家村召开政治局扩大会议即洛川会议。会上，毛泽东作了《关于军事问题和国共两党关系问题的报告》。会议最后通过了《中共中央关于目前形势与党的任务的决定》和《抗日救国十大纲领》，明确指出抗日战争的艰苦性和持久性，正式确定了"全面全民族的抗战"路线、持久战的战略总方针。依据这个总方针，红军的战略方针是"独立自主的山地游击战争"。山地是红军开展游击战得心应手的用武之地，也是日军坦克等重装备难以充分发挥作用的场合。进行山地游击战，是在有利于我不利于敌的条件下，以我之长，击敌之短，保存和发展自己，击败和消灭敌人的最好战略。基本战略任务是：创造敌后抗日根据地；牵制与消耗日军；配合友军作战；保存与扩大自己。

1938年5月，毛泽东接连发表了《论持久战》和《抗日游击战争的战略问题》。在《论持久战》中，毛泽东分析了中日双方互相矛盾的四个基本特点：敌强我弱，敌小我大，敌退步我进步，敌寡助我多助。这些特点决定了抗日战争是持久战，最后胜利是属于中国的。毛泽东批驳了只看

① 王桧林主编：《中国现代史参考资料》，高等教育出版社1989年版，第153页。

一，直接影响了起义部队的发展及各项抗日工作的开展。1938年5月间，中共中央、中共中央军委多次电示八路军总部派遣部分主力部队进入山东。6月8日，毛泽东又强调指出："凡属我党领导、已得广大民众拥护，又邻近友党友军之游击队，以用八路军名义为宜。"根据指示，苏鲁豫皖边区省委对山东各地抗日武装进行了统一领导，决定以各起义武装为基础组建支队，分配一批有领导能力和战斗经验的红军骨干到各支队担任领导职务。这一系列指示精神和改革措施的推行，对以铁道游击队为代表的敌后抗日武装的游击战争的开展和敌后抗日根据地的建设起到决定性作用。

1938年9月29日，中国共产党六届六中全会在延安召开。全会重申全党必须贯彻独立自主地放手组织人民抗日武装斗争的方针，把党的主要工作放在战区和敌后，并确定了"巩固华北，发展华中"的战略方针。在六中全会上，鉴于山东抗日根据地在全国抗战中的重要战略地位，毛泽东作出了"派兵去山东"的指示。据此，中央军委决定八路军一一五师主力挺进山东，以加强山东抗日力量，巩固和发展山东抗日根据地。

1938年12月，中共山东分局根据中共中央和北方局的指示，对山东各地共计4万人的起义武装进行了整顿和改编，正式成立了"八路军山东纵队"，张经武任总指挥，黎玉任政治委员。同时，为加强山东抗战力量，八路军一一五师根据中共中央军委和八路军总部的命令，由罗荣桓和陈光率领师部、教导大队及六八六团由山西西部出发，于1939年3月2日到达鲁西平原。从1939—1940年，一一五师与山东纵队并肩作战，相互配合，共同巩固和扩大了冀鲁边、清河、胶东、鲁中、鲁西、湖西、鲁南、滨海等抗战区，发展了山东抗日根据地。

在鲁南地区①，1937年7月下旬，中共苏鲁边区特委书记郭子化②从

---

① 开始是指津浦路以东、胶济路以南的山东广大地区。后来，因抗日形势发展的需要，又把这个大鲁南划分为鲁中、鲁南、滨海三个区域。这里所说的鲁南，即津浦路以东，陇海路以北，沂河以西，蒙山以南。它北倚沂蒙山区，南接徐（州）海（州）平原，是华中通向延安的交通要道，也是在徐海平原开展敌后游击战争的重要依托。控制它可以威胁津浦、陇海纵横两条铁路，战略地位十分重要。

② 郭子化（1896—1975），名帮清，字子化，江苏省邳县郭宋庄人。时任中共苏鲁边区特委书记。

延安返回鲁南费县高桥镇，立即召开特委委员和负责各基点工作的领导人会议，传达中共中央指示及党的苏区代表会议和白区代表会议的精神，研究部署特委在新形势下的抗日救亡工作，并形成三条决议：（1）积极开展城乡抗日民族统一战线工作。在城市要利用各种社会关系，对具有爱国思想的人物进行团结抗日的宣传教育，尽可能多地争取人民参加抗日民族统一战线；在山区以兰陵县大炉为中心，利用士绅万春圃的关系开展统战工作。（2）积极开展对群众的宣传教育工作，发展党的组织，建立统一战线的群众基础，使上层统战工作和群众运动结合起来以推动苏鲁边区抗日工作的顺利开展。（3）利用一切合法形式和统治阶级内部矛盾，发展壮大共产党领导的人民抗日武装。

1937 年 11 月，中共苏鲁边区特委在安徽萧县黄口镇召开了特委扩大会议，传达了中共中央洛川会议精神，分析了苏鲁边区的形势，根据中央《关于目前形势与党的任务的决定》和《抗日救国十大纲领》的精神，作出了"发展抗日民族统一战线"、"组织各种抗日救亡团体"、"坚持独立自主的游击战争"、"开辟敌后战场，建立抗日根据地"等决议，决定发动抗日武装起义，组建共产党领导的人民抗日武装，开辟敌后战场，建立抗日根据地。[①]会后，特委所属的沛县、滕县、峄县县委立即着手建立抗日武装。这时，特委机关由费县高桥迁至徐州。郭子化以社会名流的身份参加了国民党第五战区司令长官李宗仁倡导组建的"第五战区民众总动员委员会"，积极开展党的抗日民族统一战线工作，在苏鲁边区很快形成了统战局面，为组建共产党领导的人民抗日武装打下了良好的基础。[②]

徐州沦陷的第二天，即 1938 年 5 月 20 日，毛泽东致电十八集团军并长江局："徐州失守，武汉危机，我军准备向苏、鲁、豫、皖四省挺进。山东方面已发展广大游击战争，那边民枪极多，主要是派干部去。"[③] 根

---

① 苑继平主编：《枣庄战事》，青岛出版社 2006 年版，第 138 页。
② 中共枣庄市委党史研究室编：《鲁南革命史》，山东人民出版社 1998 年版，第 134—135 页。
③ 山东省档案馆、山东社会学院历史研究所合编：《山东革命历史档案资料选编》（第二辑），山东人民出版社 1981 年版，第 368 页。

据这一战略部署，中共中央于5月下旬决定将中共山东省委扩大为中共苏鲁豫皖边区省委，由郭洪涛任书记，领导黄河以南的山东全境和原属河南省委领导的苏鲁豫皖边区特委所辖地区。同年8月，郭洪涛率省委及第四支队一部支援边区特委和鲁南抗日义勇队第一总队进行反顽作战时，根据中共中央的上述决定，撤销苏鲁边区特委，郭子化调任苏鲁豫皖边区省委统战部长。在原苏鲁边区特委所辖的区域先后分别建立苏鲁豫特委、鲁南特委、苏皖特委，并相应调整、充实、加强了鲁南地区的党组织及其领导的抗日武装。

1938年5月17日，郭子化在徐州危在旦夕的情况下，率领中共苏鲁边区特委机关由徐州转移至滕峄边山区。5月21日，特委在峄县西集镇老古泉村召开了扩大会议，决定成立第五战区苏鲁人民抗日义勇总队，由张光中①任总队长，何一萍任政委。此时，沛县、滕县、峄县抗日武装及在枣庄的旅沪同乡会战时服务团已按特委指示集结于南塘、凤凰庄一带。老古泉会议以后，特委调集三县抗日武装在墓山召开了总队成立大会，宣布部队整编命令。总队下辖三个大队，沛县武装编为一大队，在羊庄、北溪一带活动；滕县武装编为二大队，在桑村一带活动；峄县武装编为三大队，在临枣铁路两侧墓山南北一带活动，开展群众抗日工作，组建抗日群众团体，积极寻机打击日军，破坏交通。在特委领导下，总队通过军政教育，学习毛泽东的游击战术，学习"十六字秘诀"②，学唱《三大纪律八项注意》歌等，士气旺盛，军政素质提高，受到群众的拥护。

徐州失守后，鲁南的交通线、重要城镇均由日军部署重兵把守，大批汉奸败类组成伪军和维持会横行乡里。峄县地主王哲书、枣庄商人刘晓峰、台儿庄的郑典三、韩庄的张传浦、贾汪的寇子良等纷纷组织维持会和县、区、乡汉奸政权，协助日军烧杀抢掠，鲁南地区民不聊生。③

---

① 张光中（1901—1984），又名张心亭、张耀华，是鲁南人民抗日武装的主要创始人之一。历任苏鲁人民抗日义勇队第一总队总队长、保安直辖四团及二旅十九团团长、苏鲁支队支队长、鲁南军区司令、鲁中南军区副司令、徐州警备区司令等职务。

② 游击战术十六字诀："敌进我退，敌驻我扰，敌疲我打，敌退我追"。

③ 中共枣庄市委党史研究室编：《中国共产党枣庄地方史》第一卷，中共党史出版社2005年版，第212页。

鲁南地区一些未及逃亡的国民党地方官员打着抗日的招牌拉起武装。这些武装分片割据，各霸一方，其中势力较大的有：（1）国民党的铜山县县长蓝伯华组织的武装；（2）活动在铜山县青山泉及柳河两岸，以韩治隆为司令的国民党苏鲁边区抗日游击队；（3）国民党的邳县县长王化云组织的武装；（4）活动在贾汪煤矿以东及运河两岸的国民党军事委员会战区特种工作团第三总团第二分团陆仰山部；（5）活动在台儿庄南洛、北洛一带的国民党山东省第三督察专员公署专员兼游击司令张里元所属之孙业洪支队；（6）国民党的峄县县长李同伟组织的武装；（7）活动在峄县马兰屯一带的国民党军事委员会别动总队华北第五十支队黄僖堂部；（8）活动在今山亭北庄一带的国民党第五战区游击第三支队梁继璐部；（9）活动在峄郯地区的伪国民党的郯城县县长梁钟亭的山东保安独立第三旅；（10）国民党的滕县县长周侗组织的武装；（11）活动在滕县冯卯、高庄一带的国民党山东省第一行政督察专员兼保安二师师长申宪武部，后被编为国民党军事委员会别动总队第七纵队第四十三支队；（12）活动在费县白彦一带的孙鹤龄、孙益庚父子的白彦民团。①

此外，鲁南大地土匪蜂起，贾汪以东的铜邳边境有魏玉吉、"刘七"、"黑烟筒"、"大脚丫子"、姜东海等土匪势力；运河北有"邵庄户"、李花、曹文家、李云福等土匪势力；台儿庄以北有王学礼、张发德、梁广怀；峄滕边境有曹万伦等土匪势力。他们到处趁火打劫绑票，人们痛恨至极。②

在汉奸操纵下，各种会道门也迅速滋生蔓延。滕县沙沟车站以东的黄沙会、峄县周围的中央道、贾汪周围的红枪会，都以保家为名，却干着汉奸勾当。如红枪会头子王亚平自称红枪会总司令，被称为"铁板太君"。③

1938年9月，因团结抗日的需要，经中共苏鲁豫皖边区省委批准，

---

① 中共枣庄市委党史研究室编：《鲁南革命史》，山东人民出版社1998年版，第137页。

② 中共枣庄市委党史办公室编：《鲁南铁道大队纪实》，中共党史出版社1992年版，第52页。

③ 中共枣庄市委党史研究室编：《中国共产党枣庄地方史》第一卷，中共党史出版社2005年版，第213页。

苏鲁人民抗日义勇总队改用张里元①的国民党山东省第三区保安司令部直辖第四团的番号，但保持独立。12 月 7 日，八路军山东纵队成立后，总队正式列入山东纵队编制，对外仍用直辖四团番号。②

1939 年 9 月，罗荣桓、陈光率八路军一一五师师部及六八六团、师直特务连、师教导大队陆续抵达鲁南，在大炉与义勇总队会师。中共山东分局和山东纵队分析了鲁南抗日斗争形势，鉴于张里元在国民党特务的要挟下，逐步与共产党疏远，并开始走向反动，决定义勇总队撤销张里元的灰色番号，改编为一一五师苏鲁支队。

苏鲁支队建立初期属山东纵队建制。山东纵队根据鲁南斗争形势和苏鲁支队的现状，决定其在鲁南抗日并受山东纵队和一一五师双重领导。1940 年 2 月，山东纵队整军时，将苏鲁支队正式划入一一五师建制。在此期间，八路军一一五师对苏鲁支队给予热情的关怀和支持，把优秀的红军干部彭嘉庆、胡云生、杨永松、吴世安、王根培、刘登元等人和两支红军连队相继派往苏鲁支队，进一步加强共产党的领导，积极进行军政训练，部队素质提高很快。充实调整后的苏鲁支队由张光中任支队长，彭嘉庆任政委，支队下辖三个营。③

第二节　情报站的建立

一　临城情报站的组建

临城是津浦铁路上一个重要的节点，在临城沦陷前，中共苏鲁豫皖边

---

① 张里元（1890—1975），山东定陶人，1922 年毕业于北京大学政治系。曾任冯玉祥第二集团军司令部军法官。1936 年任国民党山东省第三行政区保安司令。1940 年任国民党山东省第一游击纵队司令。1944 年任国民党鲁南军区司令官兼 36 师少将师长。抗战胜利后，曾任国民政府军事委员会参谋总部中将高参。

② 苑继平主编：《枣庄战事》，青岛出版社 2006 年版，第 139 页。

③ 中共枣庄市委党史办公室编：《苏鲁支队》，山东大学出版社 1997 年版。

区特委委员陶洪瀛①与边区特委津浦路西交通站站长秦明道一起，到临城发动工人，组建抗日武装。经铁路工人孙茂生②、任秀田联络，自愿报名参加的有华绍宽③、杨家成、王新合等20多人，被组建为两个抗日组织：临城抗日情报站，边区特委津浦路西交通站交通员张文生和华绍宽分任正、副站长；临城工人铁道队，由孙茂生和任秀田领导，均属中共苏鲁豫皖边区特委领导。

1938年3月16日，即临城沦陷前一天，临城抗日情报站和临城工人铁道队转移到津浦铁路西微山湖东岸一带。后又到郗山一带，配合川军破坏临城至韩庄的铁路，并多次袭击临城火车站，阻击日军支援台儿庄战场。

徐州沦陷后，中共苏鲁豫皖边区特委决定，任秀田、王新合、华绍宽三人留在临城，坚持抗日斗争，孙茂生去鱼台筹建抗日武装。

1938年6月，驻临城日军为使津浦铁路尽快通车，威逼利诱铁路工人早日复工。华绍宽趁机将临城抗日情报站的5名情报员带进了临城火车站，并开始在铁路工人中发展新情报员。这样，临城抗日情报站成功打入日军在临城的信息中心，掌握了情报战的主动权。

1938年年底，赵以珂等40多名铁路工人在临城北自发组建了抗日武装"临城铁道队"，以破袭铁路、劫货车的方式来救济工友、抗击侵略。

临城的三支铁路工人抗日武装与中共北方局军委临城军运组发动组建的临北农民抗日武装互相配合，战斗在以临城火车站为中心，南至韩庄，北到滕县的津浦路铁道线上。

此外，为了生计，在津浦铁路及临枣支线铁路两侧的失业工人、城镇贫民和少数无业游民，先后自发组建了多支小型抗日武装，都自称"铁

---

① 陶洪瀛（1906—1942），枣庄市薛城区南石乡大吕巷村人。1933年加入中国共产党。1936年6月任中共峄县县委书记。1936年至1938年任中共苏鲁豫皖边区特委委员。

② 孙茂生（1904—1982），山东省鱼台县人。1923年5月，曾参加号称"民国第一案"的临城劫车案。1929年加入中国共产党。先后任临城铁道队队长、铁道大队中队长、鲁南军区特务团二营副营长、十纵二十八师侦察营某连连长等职。

③ 华绍宽，又名华广泽，1900年出生于山东峄县西托前村。1938年3月，参加临城抗日情报站。

道队"，依靠截取日军火车上的货物谋生。他们大多独来独往，有效的战略配合极少，处于严重的分散状态。

1938 年下半年至 1939 年 9 月，在以临城为中心的铁道线上，十几支小型铁道队轮番破袭，搞得铁路时断时续。1939 年 5 月初，临城抗日情报站得到准确情报信息，日军要用军用专用机车运送枣庄煤矿的煤炭到东北的鞍山炼钢造武器。随即联络其他铁道队，在临城北拆掉铁轨 12 节，致使日军军用煤车 15 节全部倾覆。他们指挥附近村民将煤炭全部运走，并炸毁火车车头和附近桥梁，焚烧了车厢。驻济南日军司令部派人勘察认定，此事件乃铁路工人中隐蔽的反日武装团体所为，下令建立相应的日本武装团体来专门对付这个抗日团体。从此，铁道线上就展开了真假铁道队的斗智斗勇。

1939 年 3 月，孙茂生由鱼台回到临城被任命为临城铁道队队长。此后，动员各小型铁道队统一归属中共沛滕边县委领导的工作提上了日程。1939 年 12 月 25 日，临城周围的三支铁道队在彭楼南的沙河边上合并为临城铁道队，中共沛滕边县委任命孙茂生为队长，任秀田为副队长。随后，中共沛滕边县委继续做其他小型铁道队的合并工作。经做工作，北临城铁道队队长田广瑞表示同意归属中共沛滕边县委领导，但不愿意做孙茂生的部下。为此，中共沛滕边县委另组临北铁道队，任命田广瑞、李文庆为正副队长。

1939 年 12 月底，临城抗日情报站因有在火车站工作的情报员暴露了身份，中共沛滕边县委决定将全部情报员撤出临城火车站，把情报站改建为临城铁路工人破袭队。

到 1940 年 1 月，临城铁道队共有队员 55 人，临北铁道队共有队员 21 人，临城铁路工人破袭队共有队员 20 人。[1] 秦明道集中三个队的骨干队员 15 人，在微山湖畔的欢城举办学习班，系统学习了毛泽东的《论持久战》，进一步统一了思想，提高了认识[2]，为在条件极为艰苦的环境下坚

---

① 中共枣庄市委党史办公室编：《鲁南铁道大队纪实》，中共党史出版社 1992 年版，第 65 页。

② 中共枣庄市委党史研究室编：《中国共产党枣庄地方史》第一卷，中共党史出版社 2005 年版，第 251 页。

持抗战提供了思想保证。

临城的这几支抗日武装活跃在津浦铁道线上，搜集情报，袭扰敌军，破袭铁路，扰乱运输，打击了日军的嚣张气焰，延缓了敌人进攻的步伐，有力支援了正面战场的抗日斗争。

二 枣庄情报站的创建

日军侵占枣庄后的第二天即 1938 年 3 月 19 日，便在中兴煤炭公司大楼和枣庄火车站票房上挂起了日本国旗，并在枣庄进行了三天的血腥屠杀后，留一个联队的兵力驻守枣庄，余部南援台儿庄战场。日本侵略军为确保长期掠夺枣庄的煤炭资源，在南马路修筑了大兵营，驻扎日军某独立步兵营第 194 大队 300 余人；在洋街驻扎宪兵队和矿警队共 1000 余人，对矿井、发电厂、火车站、邮局等要害部门派重兵把守。宪兵队由日军特务守岛任队长，下设宪兵分遣队，是日军的特务组织，队长松本在枣庄开设岛津银行和米面代销店，作为其秘密的特务机关，通过各种手段发展特务，组织了便衣队，专门破坏共产党的地下组织，暗杀抗日骨干。[1] 宪兵队内还设有剿共班，网罗大量地痞流氓，无恶不作。

矿警队是抽调部分日军和收编原中兴公司两个护矿中队合编而成，是日军"强化治安"和"以华制华"的产物，下设日、中两个分队。日方矿警队由日本官兵组成，下设十八间屋、西商团、枣庄街三个办事处，另设井下班和特务班；中方矿警队由日军中村任队长，共 500 余人，分布在各大门、东井、北井、石碑、煤务处、鞠仁医院[2]和惠工村等地方，每处设一个班的兵力；另设一个特务队，负责昼夜巡逻。[3]

日军除利用各种武装组织镇压抗日军民外，还组织了诸如维持会、爱国会、流动自卫团、商会等民间伪组织进行欺骗性宣传，搞"大东亚共存共荣"，推行所谓"爱护村"和保甲制，还开设商团、洋行等商业机构搞特务活动，搜集情报，暗杀和逮捕抗日军民。此外，驻枣庄的日军还经

---

① 中共枣庄市委党史研究室编：《中国共产党枣庄地方史》第一卷，中共党史出版社 2005 年版，第 197 页。

② 中兴公司所办职工医院。

③ 中共枣庄市委党史办公室编：《鲁南铁道大队纪实》，中共党史出版社 1992 年版，第 22 页。

常单独或联合临城、峄县、费县等地日军出城进行大规模清剿和扫荡，对抗日军民造成严重威胁。日军为彻底切断枣庄与抱犊崮山区根据地的联系，在通往山区的交通要道梁庄至北庄之间及渴口至北山之间设置两处关卡，严密盘查过往行人。抱犊崮山区根据地抗日部队由于得不到枣庄日军活动的情报，数次与日军遭遇或被日军突然包围，致使部队情绪和战斗力都受到很大影响。为扭转被动局面，及时掌握枣庄日伪军出动的情况，苏鲁人民抗日义勇总队决定从部队选派精悍人员打入枣庄，建立抗日情报站。

苏鲁人民抗日义勇总队的两个排长洪振海和王志胜在经过短期特工培训后，于1938年10月潜入枣庄。他们以枣庄火车站西临的陈庄为基点创建了枣庄抗日情报站，洪振海任站长。他们夜晚从日军的火车上扒取煤炭等物资，白天卖掉，筹取资金。同时，千方百计搜集枣庄日伪军的部署、出动等情报设法送到抱犊崮山区根据地。

洪振海（1910—1941），又名洪衍行，山东滕州羊庄镇大北塘人，是铁道游击队首任大队长。他为人豪爽义气，爱打抱不平，被称为"洪哥"。

洪振海生于一个世代木匠家庭，兄妹12人，他排行老末。洪振海3岁时，因家庭人口多，在家难以维持生计，随父母和四哥洪振环到枣庄火车站西侧的陈庄做木工。后来母亲去世，父亲变卖家产到淮南矿区谋生。10岁的洪振海寄居在枣庄的七姐家。他自幼未能上学读书。洪振海的七姐夫葛茂林在枣庄中兴煤矿铁路专线干扳道工，收入微薄，家境贫寒，加之子女拖累和洪振海的到来，使家庭生活更加困难。后来，葛茂林带全家也迁到淮南。青年时期的洪振海孤身一人在枣庄生活，他与好友王志胜一起，靠拣煤渣、拾破烂换点煎饼充饥。他与枣庄铁路工人混熟了，经常主动到火车头帮助司机、司炉干些事，很快掌握了火车驾驶技术。由于生活所迫，有时也和矿区的穷孩子一起扒上火车搞煤炭，练成了扒车本领。在飞奔的火车上上下如走平地，被称作"飞毛腿"。19岁那年，洪振海和好友王志胜一起在中兴煤矿当矿工。

1932年7月，洪振海曾积极参加中共枣庄特委领导的中兴煤矿工人罢工运动，并被推选为小组长。七七事变后，中兴煤矿停产，矿工失业，洪振海和王志胜等人又操起旧业，扒火车、搞煤炭，专吃"两条线"，以维持生计。这时，中共鲁南中心县委在枣庄发动广大矿工投入轰轰烈烈的抗日救亡运动。洪振海在地下党员刘景松的教育下，积极参加了抗日活动。他同情矿工疾苦，经常用从敌火车上搞来的煤炭和粮食救济失业工人。1938年3月18日，枣庄被日军侵占。洪振海和王志胜随刘景松一起奔向峄县人民抗日武装驻地墓山，正式参加了共产党领导的苏鲁人民抗日义勇总队。他作战机智勇敢，联系群众，抗日热情高，先后被提升为班长、排长，成为这支人民武装的基层骨干。同年10月受总队长张光中的派遣，与王志胜一起潜回枣庄火车站西侧的陈庄，建立了枣庄抗日情报站，并被委任为站长。

洪振海自幼生活在枣庄矿区，对这里的风土人情、一草一木都非常熟悉。他伪装成失业工人，到处流浪，拾煤炭，打短工。为侦察敌情，还主动给敌伪据点出苦力。晚上他和王志胜组织失业工人扒上运煤的列车搞煤炭，以筹措活动资金。

1939年8月的一天夜里，洪振海和王志胜为打击侵枣日军的嚣张气焰，经过周密的侦察，趁敌麻痹之机毙伤以经商为名、行特务之实的洋行的三个正副经理，缴获长短枪各一支。这是他们在敌伪重点把守的枣庄第一次打洋行，同年10月的一天，洪振海了解到枣庄火车站有许多武器弹药准备外运，决定搞到这批武器，支援山里部队，他们在铁路情报人员的配合下，运用早已练就的扒车本领，在装着武器的火车由枣庄站运行出3公里时，敏捷地跳上车，神不知鬼不觉地卸下两挺机枪、几支步枪和两箱子弹，并及时地运往山里根据地，受到部队首长张光中的表扬和奖励。

为搞好掩护，他们相继在陈庄开起炭场子和烧焦池，联络失业工人和无业市民，发展铁道队员，积极搜集敌情报，大搞敌人的物资，支援山里抗日武装，装备自己。同时，洪振海亲自到苏鲁支队驻地报告了组建武装情况，并请求上级派政委来。

1940年2月，经苏鲁支队批准，枣庄铁道队改名为鲁南铁道队。上级派杜季伟任政委，洪振海被委任为队长。这时，全队只有11名队员。

建队初期，洪振海严于律己，宽以待人，以身作则，办事公道，说话算数，深受大家的爱戴和拥护。他们作为职业掩护的炭场子，也越办越兴旺，所得利润也越来越多。这些钱除上缴外，还经常赈济群众。

洪振海的威望越来越高，由于受到矿区群众的拥护，搜集敌情报也更加方便。敌人在枣庄的活动情况，他们了如指掌。因此，枣庄的日伪军屡遭抗日武装打击。敌人外出扫荡时常损兵折将，惨败而归。屡屡如此，引起了敌人的警觉。后因一队员泄密，炭场遭敌人破坏。洪振海、杜季伟率鲁南铁道队由陈庄转移到齐村镇，公开打出八路军鲁南铁道队的旗号。

1940 年 7 月，鲁南铁道队已发展到近百名队员。他们在洪振海的率领下，在台枣和临枣铁路沿线，经常神出鬼没地打击敌人，每战必胜，名扬鲁南。这时，临城南北的津浦铁路线上又建立了两支铁道队。为统一领导，鲁南军区指示鲁南铁道队与这两支铁道队合编成鲁南铁道大队，洪振海升任大队长。在铁道队合编前后，洪振海率领队员进行了几次袭击战，皆得胜。如第二次夜袭正泰洋行，杀死日军特务 13 名。他率领全体队员奇袭微山岛，毙伤伪军阎成田部 300 多人，洪振海指挥铁道队颠覆敌军用列车，缴获细布 1800 余匹。其英雄事迹多次在当时的《大众日报》和《鲁南时报》上刊登，在鲁南群众中广为流传。

1941 年 12 月 25 日，日伪军数百人到鲁南铁道大队驻地的黄埠庄扫荡。洪振海在率部与敌作战时，不幸中弹牺牲，时年 32 岁。当时，中共鲁南铁道大队支部已批准了洪振海的入党申请，但尚未来得及通知本人。后经报请军区政治部批准，追认洪振海为中国共产党正式党员。

王志胜（1912—1987），枣庄市市中区陈庄人，是铁道游击队主要创始人之一，任副大队长。

王志胜生于一户铁路工人家庭，家距枣庄火车站不到 200 米。基于这个得天独厚的条件，自幼与火车、铁路结下了不解之缘。王志胜兄弟 5 人，他排行老四。因父亲过早去世，家贫如洗，他未能上学读书。他 8 岁在家推磨卖饭，15 岁跑火车，做小本生意。他待人憨厚，善于结交。幼年时，他和寄居在枣庄姐姐家的洪振海成为挚友。两人同甘共苦，时常扒火车，练就了一身"飞车"本领。18 岁时，他到枣庄煤矿当矿工，第二年，又改干绞车工。当时中兴煤矿资本家残酷剥削工人，工人每天干十几个小时，工资收入还不能养活自己。

1932 年春，中共枣庄特委发动全矿工人大罢工，向资本家提出改善工人待遇、提高工人地位的条件。王志胜参加了这一运动，并被选为小组长，七七事变后，枣庄煤矿停工停产，矿工失业。王志胜和好友洪振海重操旧业，扒火车搞物资以养家糊口，过着漂游不定的生活。

1938 年 3 月 18 日，日军侵占枣庄。王志胜由共产党员刘景松介绍到墓山参加了峄县人民抗日义勇队。他抗日意志顽强、作战英勇，联系群众，处事公道，不久被提升为班长，以后又升为排长。

同年 9 月，他被派回枣庄，建立了抗日情报站，任副站长。他乔装成失业工人，衣服破烂不堪，拣煤渣，做苦力，秘密发动群众，利用各种关系搜集敌人情报。后来，王志胜托人说情，到枣庄正泰洋行干搬运工，为搜集敌人情报创造了有利条件。因此，人民抗日义勇队对枣庄敌伪活动情况了如指掌，为山区反扫荡胜利奠定了基础。

1939 年秋，枣庄抗日情报站已创建近一年的时间，他们借敌麻痹之机，决定铲除正泰洋行里的三个日本特务，以夺取武器，震慑敌人。8 月的一天夜晚，他们悄悄地摸进洋行，刺杀了三个熟睡的日本特务，随即撤退，没留任何蛛丝马迹。第二天王志胜照常上班，看到三个被杀的特务只死了两个，另一个尚在那里呻吟。王志胜为"救"这个家伙还立了一大"功"。敌人不仅没怀疑他，对他反而更加信任了。10 月，王志胜和洪振海为搞敌人的枪支，支援山里抗日武装，经周密计划，在铁路工人配合下，运用已练就的扒车本领扒上火车，搞到两挺机枪、12 支步枪和两箱子弹，并及时运到八路军苏鲁支队。11 月，他们遵照上级"迅速发展抗日武装"的指示，秘密建立了枣庄铁道队，王志胜任副大队长。他辞去洋行搬运工头的差使，积极协助洪振海在敌人驻有重兵的枣庄矿区搜集情报，开炭场，烧焦池，筹措活动资金，购置枪支弹药，发展铁道队员，使这支小型人民抗日武装在敌人"心脏"里扎根成长。

1940 年 2 月，八路军苏鲁支队正式批准枣庄铁道队改称鲁南铁道队，王志胜被正式委任为副队长。他与队长洪振海和政委杜季伟配合默契，齐心协力，在敌人眼皮底下积极发展力量，严格治理和整顿这支新生的小型人民抗日武装。在政委的教育下，他努力工作，团结同志，以身作则，严守组织纪律，并对队员们严格要求，积极改造和克服某些队员的不良习气，使这支人民抗日武装不断发展壮大。建队不久，王志胜由政委杜季伟介绍加入了中国共产党，成为鲁南铁道队中除杜季伟外最早发展的共产党员，同年 7 月，活动在枣庄、临城南北的三支铁道队奉命合编为鲁南铁道大队，王志胜升任副大队长。

1942 年 6 月，鲁南铁道大队奉命和微山湖大队及运河支队某部协同作战，攻打由伪军阎成田部占领的微山岛。王志胜率小分队趁夜攻进敌指挥所，击毙其指挥官，敌兵失去指挥，乱作一团。3 支部队接连出击，毙伤伪军 100 余名，缴获大批武器弹药和其他战利品。10 月的一天晚上，王志胜等人化装成日伪军小分队，袭击临城火车站，击毙日特头目高岗等人，缴获枪支弹药一大宗，他们临撤出时，巧施计谋，离间日伪关系，使阎成田部彻底覆灭。

1942 年 4 月，日伪军 3000 余人包围了鲁南铁道大队驻地微山岛，王志胜率队化装突出重围，撤到山里整训。王志胜虽没文化，但在整训中认真总结经验教训，提高了自己的军政素质，为重返鲁南铁路沿线，迎接新的战斗打下了基础。铁道大队出山后，王志胜和其他大队领导一起，发动和依靠人民群众，瓦解伪军，建立情报站、情报网，打击伪顽中的"坏中坏"，很快打开了微山湖东岸和津浦铁路沿线的局面。

1942 年秋，铁道大队编为鲁南独立支队二大队，1944 年秋又恢复了鲁南铁道大队的番号，王志胜一直任副大队长。洪振海大队长牺牲后，大队长一职又由他的部下刘金山担任，他积极协助工作。王志胜 1946 年 3 月任鲁南铁路局工会主任，同年 10 月任枣庄市民主政府武装部长，淮海战役前夕任陶庄煤矿办公室主任。他参加了接收枣庄中兴煤矿公司的工作，任务完成后留枣庄煤矿任办公室主任。中华人民共和国成立后，王志胜曾先后任华东煤田地质勘探局一、二、三队副队长兼党支部书记。他 1967 年 5 月当选为枣庄市政协第二届常务委员，1980 年 6 月当选为枣市人大常务委员会委员，1981 年 3 月离职休养，1987 年 4 月因病逝世，享年76岁。王志胜在血染洋行、飞车搞机枪、打票车、截货车、扒铁路、断通讯、炸桥梁、奇袭敌兵营等闻名于世的特殊战斗中，不仅是指挥员，也是战斗员。他机智勇敢，善于捕捉战机，屡建奇功。他1942年8月被鲁南军区评为一等战斗英雄，1943年荣获战斗模范光荣称号，并多次受到上级的通报表扬。他曾三次负重伤，是二等甲级残废。新中国成立后，他主动转变观念，积极投身经济建设，乐于奉献。

有时为了搞到情报，他们不惜冒着生命危险到日军据点里出苦力。日军在枣庄开设的正泰洋行是一个特务机构，为摸清其内部活动情况，洪振海决定派王志胜打入正泰洋行内部潜伏。王志胜善于交往，遇事大胆果断，沉着冷静。他以搬运工身份打进正泰洋行，很快便查清了正泰洋行概况及其特务活动情况，并及时将情报给洪振海，洪振海再设法送往抱犊崮山区根据地。

随后，枣庄抗日情报站又发展了数名情报员及几十名外围人员。他们中有铁路工人、煤矿工人、黄包车夫及部分伪军。敌人一有风吹草动，抱犊崮山区根据地部队便可及时得到情报，提前转移，不仅使敌人的扫荡数次扑空，有时还能在半路伏击扫荡的日伪军。抱犊崮山区根据地部队变得"耳聪目明"，抗日形势有所好转。

在鲁南地区的多支抗日情报站中，枣庄抗日情报站抗日事迹流传最为广泛，为扭转战局所做的贡献也最大，所以一直被认为是铁道游击队的源头。

第三节　情报站的主要抗日活动

一　出色的情报工作

情报工作是情报站最紧要、最核心的工作任务。要做好情报工作，首先要选择可能会得到最准确情报的地方，临城的抗日情报站选择了临城火车站，枣庄抗日情报站选择了日军在枣庄的特务机构——正泰洋行。历史证明，这两个情报站的选择都是正确的。临城火车站是津浦路上一个重要的节点，是日伪军人来货往、情报传输的必经之地。正泰洋行是日军在枣庄的特务机关，是日军货物、情报集散地，等于是驻枣庄日军的大脑中枢。其次要选择最靠谱的情报员。枣庄抗日情报站选派王志胜打入洋行，王志胜为人憨厚，善于交际，遇事大胆果断，沉着冷静，往往能化险为夷，素有"福将"之称，是个天生的特工。他的家就在正泰洋行附近的陈庄，而且有亲戚在正泰洋行做搬运工，所以他以搬运工身份打进洋行，合情合理又有利工作。情报站发展的情报员的身份是多样的，只要是对开展情报工作有利的都可以发展为情报员或外围人员，比如铁路工人、煤矿工人、黄包车夫，为了隐蔽的需要，还有一些是可能有情报来源的或者是可以方便送出情报的家属、小孩，甚至还有伪军被发展为情报员。当然，伪军身份的情报员更多的是情报站选派人员打入伪军内部潜伏的。这些人为情报站情报工作的顺利完成做出了不可替代的贡献。

1938 年 11 月 3 日，枣庄抗日情报站侦知驻枣庄的日伪军大部分被派出城扫荡，只留部分伪军守城。他们随即将这一情报送给在枣庄南部活动的苏鲁人民抗日义勇总队四团三营营长刘景镇。刘景镇当即率领三营夜袭枣庄，激战两小时，毙伤留守的日伪军 10 余人，俘虏 13 人，痛击了留驻日伪军。外出扫荡的日伪军回来后发现老窝被端，恼羞成怒，立即调集大队人马进犯三营驻地，三营九连在蔡庄阻击敌人，掩护主力转移，激战 3 小时，毙敌数名，迫其撤回。为避免再遭报复，刘景镇率三营转移至抱犊崮山区根据地休整。

此前，枣庄抗日情报站的情报是经苏鲁人民抗日义勇总队四团三营递送到山区根据地的。三营转移至抱犊崮山区根据地休整后，枣庄抗日情报站便与上级失去了联系。情报传送的路径断了，搜集来的情报无法送出，也得不到上级的指示，情报工作暂时陷入了停顿。直到半年后，苏鲁人民抗日义勇总队才派交通员刘景松到枣庄与枣庄抗日情报站取得联系，安排情报站将搜集到的情报送到枣庄西南 10 公里处的小屯，交给刘景松，再由他设法送往抱犊崮山区根据地。

与苏鲁人民抗日义勇总队重新建立联系后，枣庄抗日情报站的工作又步入了正轨。他们千方百计搜集日伪军部署、出动的情报，送往山里。这样，枣庄的敌人一有增兵或调动，抱犊崮山区根据地部队便可及时得到情报，提前转移，使日军的扫荡数次扑空，甚至有时还能在半路伏击外出扫荡的日伪军。

出色的情报工作不仅使抱犊崮山区抗日根据地部队在反扫荡斗争中占据了主动，摆脱了被动挨打的局面，而且为截日军火车，夺日军物资，提供了准确信息。情报站工作在敌人势力最大的地方，要搜集的是敌人最核心的机密，工作难度和压力可想而知。在这种情况下，情报站出色地完成了情报工作，让我们不禁发自内心地为他们点赞，为他们骄傲。

二　打洋行、劫物资，武装抗日的开始

情报站在搜集日伪军情报的同时，破袭铁路、从日军的火车上截取物资也是重要工作。他们破袭铁路的目的是打乱日军计划部署，延迟日军的进攻，打击日军的嚣张气焰，鼓舞人民坚持抗日的信心。他们劫货车、搞物资一是为了自己能够活下来，坚持抗日；二是为了救济不愿受日伪军奴役的工友，接济受到围困的山区根据地，当然，这一切都是为了打击敌人。

1939 年 5 月初，临城抗日情报站得到日军的昭和制铁所急需煤炭炼钢，以制造武器，并已确定由军用 1520 号专用机车运送的情报后，就联络其他铁道队，于 18 日在临城北拆掉铁轨 12 节，致使日本军用煤车 15 节车厢全部倾覆。他们发动附近村民将车上的煤炭全部运走，并炸毁火车车头和附近桥梁，焚烧了车厢。日军计划周密、守备森严，自认为万无一失的绝密运煤行动被阻止了。这件事情在精神层面的价值绝对远远超出了所截获的物资，大大鼓舞了人们坚持抗战的信心和勇气。

枣庄抗日情报站派王志胜潜伏在洋行，使情报信息灵活准确。碰到合适的货物，比如煤炭、粮食及日用百货等很容易出手的东西，即使卖不掉也能自用，解决生活困难，王志胜就设法告诉洪振海，然后组织情报站人员截取。他们搞车截取物资卖掉后弄到的钱，60% 平均分给参加人员，40% 积攒起来留作活动经费及补贴家庭生活困难的情报员，等于是给自己留下后路，大大调动了游击队员们参加活动的积极性。

1939 年下半年，枣庄的日伪军在频繁外出扫荡的同时，加紧镇压城内人们的反抗，枣庄笼罩在一片恐怖之中。当洪振海他们得知洋行的三个掌柜都是沾满中国人鲜血的刽子手时，就决定打洋行，打击日伪军的嚣张气焰。随后，他们认真分析了形势，缜密侦查了洋行周边环境。认为洋行与火车站的站台近在咫尺，站台上驻着日军，并且有流动岗哨，应想好脱身之策，并决定耐心等待时机。

1939 年 8 月，王志胜见洋行警戒略有放松，便建议趁机铲除这个特务机构。洪振海、王志胜等三人趁夜摸进洋行，将三名掌柜毙二伤一。第二天，王志胜照常去洋行上班，见三掌柜金山正躺在血泊中呼救，便打电话叫来医生。王志胜不仅未被日军怀疑，反因对金山有"救命之恩"而被升为班头。

1939 年 10 月，王志胜在为日军装运物资时发现有部分武器被装上火车，就悄悄地在装武器的车厢上做了记号并马上报告洪振海。经过商量，洪振海决定把这批武器截下来。随即，他们进行了周密部署，做了充分准备，并做了详细的任务分工。晚上 9 点左右，火车刚开出枣庄站，洪振海和情报员曹德全便跃上火车，将包扎好的两挺机枪、12 支马大盖步枪和两箱子弹掀下火车，早就埋伏在那里的王志胜等人马上将武器弹药运往蔡庄隐藏，并通知苏鲁人民抗日义勇总队派人取走。

情报站在出色完成"主业"的前提下，"副业"同样取得了不俗的成绩。频受打击的日伪军竭尽全力清剿游击队，使得他们开展工作的环境更加恶劣，也迫使他们拿起武器，拉起武装，将抗日救亡进行到底。

第二章
成立铁道队：铁道游击队的巩固

（1939 年 6 月至 1942 年 12 月）

成立铁道队，拉起武装是各情报站加强自我保护、武装抗击侵略、勇担民族重责的表现。临城铁道队于 1939 年 6 月建立，属中共沛滕边县委领导，隶属苏鲁支队，队长孙茂生，副队长任秀田，事务长张亮元，班长孟庆海、刘胜喜、殷延华。苏鲁豫皖边区特委津浦路西交通站站长秦明道参加领导工作。

1939 年 11 月，洪振海、王志胜在枣庄抗日情报站的基础上，自发组织了一支 11 人的枣庄铁道队，洪振海为队长，王志胜和赵连友任副队长。他们以开办义合炭场为职业掩护，积极搜集情报，筹集资金，打击敌人，发展自己。

1939 年 12 月，建立沛滕边县临北铁道队和铁路工人破袭队，临北铁道队队长是田广瑞，副队长是李文庆。铁路工人破袭队队长为华绍宽，队员 20 余人，全是铁路工人。

1940 年 2 月，苏鲁支队派杜季伟到铁道队任政委，并定其名为鲁南铁道队，队长洪振海，副队长王志胜、赵连友。初建时，共有队员 11 人，发展壮大后，编为两个分队，一分队队长为王志胜（兼），副队长为赵永泉、李云生；二分队队长为徐广田，副队长为曹德清。

1940 年 7 月，鲁南铁道队与临城铁道队、临北铁道队合编为鲁南铁道大队，辖一、二、三分队和破袭队。后根据上级的指示和对敌斗争形势的需要，合编成 3 个短枪分队，活动于津浦铁路鲁南段和临枣铁路沿线，先后隶属苏鲁支队和鲁南军区。大队长是洪振海，1941 年 12 月洪振海牺牲后，刘金山于 1942 年 5 月接任，杜季伟任政委。

鲁南铁道大队建立后，遭到日伪顽的四面围攻。鲁南铁道大队部分队员撤到抱犊崮山区根据地整训，出山回到敌占区后，因斗争形势日趋严峻，只留 15 名骨干队员在微山湖边坚持隐蔽斗争，安排大部分队员回家待命。1941 年 6 月，鲁南铁道大队联合其他游击队攻克伪军占领的微山岛，并招回全体队员，以微山岛为依托，打击敌人，壮大自己，队员发展到 140 余人。

1942 年 6 月起，鲁南铁道大队任务转移到开辟保卫华中、山东根据地通往延安的秘密战略交通线。

第一节　鲁南地区抗日形势的变化

一　日军侵华政策的变化

抗日战争进入战略相持阶段以后，日军的侵华战略发生重大变化，转为用主要兵力来对付中国共产党领导的抗日武装和抗日根据地；对国民党政府则改为以政治诱降为主、军事打击为辅。由此，国民党内部发生分化，以汪精卫为首的亲日派公开投敌，以蒋介石为代表的亲英美派开始消极抗日、积极反共。共产党领导的抗日根据地处于敌、伪、顽夹击之中。八路军实施百团大战之后，日军开始把华北抗日根据地作为进攻的重点，从 1940 年 10 月上旬起，对抗日根据地进行报复性的反复扫荡。

日本侵略军为推行其"以华制华"、"以战养战"的侵略政策，1941年 1 月 6 日，日军大本营制订了《大东亚长期战争指导纲要》，随后，根据这个纲要又制订了《对华长期作战指导计划》，指出为了充实南方作战的兵力，必要时收缩中国战线，放弃武汉地区，但无论如何都必须固守华北。为此，日军于 1941 年 2 月 14 日将驻武汉地区的第十一军的第三十三师团和驻宁、沪地区的第十三军的第十七师团调往华北，将作战的重点放在对付八路军上。在其 1941 年计划中称："以对共施策为重点，积极具体地开展各项工作。""1941 年要彻底进行正式的剿共治安战，已经成为空前未有的大事。"自1941年春起，日军将侵华部队34.5个师团的18个师团投入华北及山东，占其侵华总兵力的52%，在主要交通线和资源地区修路、筑堡、设据点，以加强对资源的掠夺。①

1941年2月，冈村宁次就任日本华北方面军司令官。上任伊始，他就发布命令："必须在四个月内彻底消灭华北的共产党和八路军"，并重新制订了进攻八路军的办法，实施军事、政治、经济、文化、特务等手段密切结合的"总力战"，强调"三分军事七分政治"，特别重视对共产党、八路军进行政治进攻。

日军本着不同区域采用不同战略的思想，划分了不同区域："治安区"即日占区、"准治安区"即游击区和"非治安区"即抗日根据地。在"治安区"，普遍加强了伪政权组织的力量，强化基层的保甲制度，扩大警察特务组织，对一切抗日活动严加镇压；大肆掠夺、控制和禁运经济物资，掳掠和压榨劳工，加紧对人民的征敛搜刮；广泛进行思想文化上的麻醉欺骗，等等。在"准治安区"，着重采取蚕食手段，通过大量修筑公路网、碉堡群、封锁沟墙，制造无人区，隔断游击区和根据地的联系，并随着军事力量的扩展将伪组织的统治逐步从游击区边沿向抗日根据地推进。在"非治安区"，则以军事扫荡为主，实行极端野蛮残忍的杀光、烧光、抢光的"三光"政策，并进行普遍而严密的分割封锁。

日军在加紧对敌后抗日根据地猖狂进行扫荡的同时，自1941年3月到1942年秋，连续5次推行"治安强化运动"，进行所谓"肃正作战"，即进一步建立和强化伪政权，大力发展伪军；广泛组织伪群众团体，并特别强调逐步向农村渗透。其工作重心在于割断人民群众与八路军的联系，摧毁八路军的群众基础，建立伪基层统治。抗日根据地所面临的斗争形势十分复杂、困难，斗争特别激烈、艰巨。1941年共进行三期"治安强化运动"，1942年进行两期，每期内容各有侧重。

第一期"治安强化运动"于1941年3月至5月推行。日军提出在主

---

① 中共枣庄市委党史研究室编：《中国共产党枣庄地方史》第一卷，中共党史出版社2005年版，第235页。

要城市、交通线，重要资源地周围，"治安区"要占10%，"准治安区"占60%，双方交错的抗日游击区为10%—20%，"非治安区"为10%。推行强化乡村"自卫"力量，建立反共自卫团和保甲制度；清查户口，推行"良民证"；扩大整理治安军等。同时，对重点地区进行清剿、蚕食和扫荡。

第二期"治安强化运动"于7月至9月推行。日军对鲁南、鲁中等地进行大扫荡并将扫荡重点放在沂蒙山区，日军提出发展乡村自卫力量与攻势，与军警协作，"协力剿共"、"以剿共行动确保治安"。在战术上实行大规模扫荡，"铁壁合围"、"拉网清剿"，以碉堡和公路封锁。对"非治安区"，要撤走或破坏设施及军用品，使中共方面不得安宁与建设，中共回来后也难以重建根据地，要"建立封锁线，在治安区与非治安区边界挖封锁沟和建立一个个的瞭望楼、碉堡"，不断地对根据地"发动攻势"。在"治安区"，进行奴化教育，"肃清点线内不稳分子"。

11月1日至12月5日，侵华日军推行以"经济战"为主的第三期"治安强化运动"。一方面实行经济封锁，对八路军、游击队进行经济围困；另一方面进行经济掠夺，实行"以战养战"政策。出动三个师团、四个旅团的主力和一部分伪军，向鲁南抗日根据地突然发动多路、多梯队的"铁壁合围"，尔后采取分区"清剿"和"辗转剔抉"的战法，妄图消灭山东党政军领导机关，彻底摧毁抗日根据地。日军建立"经济对策委员会和经济封锁部"，对根据地进行封锁和抢掠，以断绝根据地内必需品来源，并实行所谓"掠夺战"、"三光政策"，围困与破坏抗日根据地。

第四期"治安强化运动"始于1942年3月30日。日军提出"解放东亚、自卫剿共、增产节约"三大目标，推行步步为营的"囚笼政策"，对根据地的蚕食也空前白热化。

第五期"治安强化运动"始于1942年7月1日，日军以"剿灭共产党，建设华北，进行思想肃正，完成大东亚圣战"为主要目标，并强化反共自卫组织，继续封锁、蚕食根据地。同时，日本侵略者还对敌后根据地进行了政治、军事、经济、文化等方面的所谓"总力战"，在鲁南四县边区不断使用"铁壁合围"、"纵横扫荡"、"辗转剔抉"等战术和凶恶手段。

到 1942 年初，日军开展的"肃正作战"效果展现。"肃正作战"战术特点是由大兵团的野战改为分散配置，扼守要点，加强铁路、公路联络与奇袭等办法，同时采取经济封锁与破坏等手段，使各根据地相对孤立起来。所形成的战略态势是：首先依靠铁路、河流与公路，把抗日根据地隔成许多小块，然后对小块根据地进行扫荡、封锁、蚕食，使游击队难以立足。

二　鲁南抗日形势的变化

八路军——五师进入鲁南地区后，严重地威胁着日军的主要交通命脉——津浦、陇海两条铁路的安全。因此，日军进一步加紧了对根据地的疯狂扫荡。为发动和支持太平洋战争，日军急于巩固其占领区，尤其是百团大战之后，集中了侵华兵力的大部分和几乎全部伪军，对敌后抗日根据地开始进行极为残酷的扫荡。其扫荡之频繁，手段之残酷都是前所未有的。日军企图以频繁的扫荡来摧毁抗日根据地，摧毁抗日军民的生存条件。当时山东境内共有日军 33000 人、伪军 8 万多人，共计 11 万多人。[1]这些日伪军占据着交通要道和中心城市，严密封锁津浦、胶济铁路。日军的大规模进攻，再加上国民党顽固派掀起的反共高潮，山东抗日根据地在日伪顽夹击下，承受了巨大的压力。

1940 年 4 月 14 日，日军集中第三十二师团、第二十一师团、独立第六混成旅团、独立第十混成旅团各一部共 8000 余人外加大量伪军，分别由邹县、滕县、枣庄、峄县、临沂、费县等据点出动，向抱犊崮山区抗日根据地进行大规模的合围扫荡。[2] 日伪此次扫荡，计划部署相当周密。扫荡时，增加大量各据点的守备兵力，以防八路军游击队偷袭。进攻部队采取宽大正面和梯次配备，并于夜间行动。行动中，先以伪装成八路军游击队之小部队为前导，主力则避开大路，隐蔽前进，各路密切配合，互相策应，建立临时据点，步步为营，并预设许多埋伏以防突围。扫荡抱犊崮山区根据地前，日军首先在根据地边沿区扫荡一周，在费县南和滕县东地区

---

① 中共枣庄市委党史研究室编：《鲁南革命史》，山东人民出版社 1998 年版，第 201 页。
② 同上书，第 147 页。

组织了几个小合击。然后，从 21 日起，向中心地带推进，对以大炉为中心的抱犊崮山区抗日根据地进行合围。

抱犊崮山区抗日根据地军民为取得此次反扫荡的胜利制订了正确的策略方针：各部队分区坚持斗争，以少数部队配合人民武装坚持内线，将主力分散置于边沿地区以保持高度机动性；利用隐蔽地带穿隙插空，远离多路敌人，靠近敌人一路，不即不离，既便于打击一股敌人，又容易摆脱合击；加强侦察工作，确保掌握准确情报；在敌人迫近时，适时灵活地转移到敌之侧翼，并伺机袭击敌人。

此次反扫荡，一一五师机关率特务团两个营，配合边联支队坚持内线，其他部队均置于外线分散活动。鲁南铁道大队随苏鲁支队活动于根据地边沿，峄县支队和运河支队活动于峄县以南地区。

中国共产党领导的人民抗日武装的日益壮大和抗日根据地的迅速扩大，引起了国民党的畏惧。1939 年 1 月，国民党召开五届五中全会，制定了"溶共"、"防共"、"限共"的反共政策。为了坚持团结抗战，巩固和发展抗日根据地，针对国民党顽固派挑起的反共摩擦，中共中央及时作出了一系列明确指示，制定了"发展进步势力，争取中间势力，孤立顽固势力"的策略方针和"有理、有利、有节"的策略原则，为全党全军进行反摩擦斗争和巩固发展抗日民族统一战线指明了方向。

国民党山东省政府主席沈鸿烈不断地搞摩擦，忠实地执行国民党五届五中全会的反共方针。1939 年冬至 1940 年春，国民党顽固派发动了第一次反共高潮，中共山东分局制定了"对反共派、顽固派取反攻彻底消灭的政策，对一切尚有希望之人取极力争取的政策"。①

国民党反动派于 1941 年初制造了震惊中外的皖南事变，并在全国范围内掀起第二次反共高潮。他们提出"曲线救国"的反动谬论，致使大批国民党军队投敌，在"向共产党收复失地"的口号下，制造摩擦，蚕食抗日根据地。此间，鲁南地区的国民党顽固派先后制造了三次流血事

---

① 中共枣庄市委党史研究室编：《中国共产党枣庄地方史》第一卷，中共党史出版社 2005 年版，第 327 页。

件，挑起严重的反共摩擦。1941 年 4 月 25 日，国民党五十一军一一四师三四二旅六八三团团长张本枝部，纠集地方顽军王洪九、李以锦部共 2000 余人，乘鲁南军区主力和地方武装进行春季反扫荡之机，大规模进攻抱犊崮山区根据地。正准备转移的中共鲁南四县边区联合县委边打边撤，突出重围、撤到青山套。与此同时，全县 6 个区公所和驻边联县的鲁南所有后方机关全部遭到顽军袭击。突围中，县委宣传部部长马驰等十几人牺牲。顽军侵占边联县全境后，大肆烧杀破坏。在九女山一带活埋地方干部群众 70 多人，史称"四二五事变"。在此期间，国民党三十六师师长、惯匪刘桂堂也率部乘机侵入天宝山区，切断了费西北与邹滕边的联系，并积极配合日军对抗日根据地扫荡、截击八路军过往部队和人员。"四二五事变"后，日伪顽继续勾结向人民抗日武装进攻。5 月 8 日，顽军第六八三团张本枝及李以锦部共 6000 余人，将驻南马口的费南第六区公所及区中队包围，制造了费南流血事件。此后，鲁南局势迅速恶化。

1941 年 7 月 24 日，顽军第三二四旅旅长荣子恒及刘桂堂、李以锦等部，配合临沂、枣庄日伪军，分多路合击天宝山区的鲁南抗日武装。7 月 25 日拂晓，王洪九部化装成日军，乘八路军主力在天宝山地区反击日军扫荡之机，侵入边联县，向鲁南军区驻地埠阳、鲁南专署驻地西白山发起进攻，军区、专署及边联县机关分别向抱犊崮山区转移。当边联县机关和警卫人员行至边联县西北的上村时，遭到第六八三团张本枝部的埋伏袭击，有十几人伤亡，数十人被俘。

1940 年冬至 1943 年春，日伪军对鲁南抗日根据地实行频繁、残酷的扫荡、蚕食和分割、封锁。同时鲁南地区的国民党顽固派在日军的军事压力、政治诱降和"曲线救国"的反动政策驱使下，加紧了投降、反共活动。在敌伪顽联合夹击之下，鲁南抗日根据地被敌伪顽分割成数块互不相连的抗日游击根据地。但抗日军民没有被吓倒，没有屈服，他们在当地党组织的统一领导下，在八路军主力部队的有力支持下，展开了英勇的斗争，保卫、巩固了各个抗日游击根据地。

1942 年 4 月，枣庄、峄县的日伪军向微山湖、运河地区发动疯狂进攻。在步步为营对黄邱套蚕食之后，又于 20 日晚，集中 3000 余人兵力，近 100 只船,从临城、沙沟、韩庄、夏镇等据点出动,合围微山岛抗日根据地。驻岛的运河支队第一大队、鲁南铁道大队、微湖大队、峄县大队、沛铜县大队等合计五六百人,与敌激战一日,毙伤敌百余人,终因寡不敌众,被迫分路突围,微山岛被敌占领。黄邱套以北到运河之间大部沦为敌占区。跨越津浦铁路的战略交通线,不能再保证安全通过。华中、山东根据地通往延安的地下交通线一度中断。

三 鲁南军民克服困难坚持抗战

中国共产党中央委员会科学地分析了进入相持阶段后的形势,提出了进一步巩固抗日民族统一战线,巩固华北、发展华中的方针与任务。在非常艰难的形势下,积极开展反"治安强化运动"、反扫荡、反封锁、反蚕食;加强对敌伪的工作;实行党的一元化领导,恢复发展党的组织,配合鲁南军区部队重新开辟运东根据地;精兵简政,整党整风,减租减息,终于粉碎了敌人全面进攻,战胜了罕见的自然灾害,度过了最困难的时期。

1940 年 1 月,毛泽东指示山东,要把发展武装力量作为一切工作的中心。要求年内山东分局与一一五师至少应发展 15 万人枪,一一五师应分配干部与兵力到山东全境去。还要组训十倍于军队的抗日自卫军,极力争取山东的大部分政权。一一五师坚决执行了毛泽东的这一重要指示,为部队的大发展做出重要贡献。

1940 年 1 月 6 日,一一五师司令部在大炉召开军队和地方干部联席会议,罗荣桓在会上作了《创造抱犊崮山区抗日根据地》的报告,提出了根据地建设的工作重点。4 月 21 日,一一五师在抱犊崮山下的吴家沟村召开团以上干部政治工作会议,罗荣桓在会上的总结报告中,就根据地建设的进展情况作了总结,提出准备长期坚持敌后游击战争,创造巩固的根据地的指导原则。明确了鲁南统战工作所要采取的方针政策,并对建立地方政权、壮大抗日武装、宣传发动群众和党的组织工作等做了全面部署。这时期,一一五师坚决执行独立自主的抗日民族统一战线政策,动员广大军民响应中共中央提出的"坚持抗战,反对投降;坚持团结,反对分裂;坚持进步,反对倒退"的三大政治口号,为争取时局好转与日伪顽等敌对势力进行了殊死的较量。

一一五师进驻抱犊崮山区后，从部队抽调一百多名干部组成八路军民运工作团，深入群众，开展工作，动员广大民众共同抗战。各级成立了统一战线的民众抗日总动员委员会，建立了自卫团、农抗会、青救会、儿童团等抗日救国的群众组织团体，出现了"工农兵学商，一齐来救亡"的场面。许多青壮年慷慨高歌，奔向民族解放的战场，仅抱犊崮山区就有近千名青壮年报名参加八路军。面对日伪经常扫荡、物质供应匮乏的极端困境，八路军干部战士和根据地人民同甘苦，共命运。1940年春荒，部队后勤供应困难，根据地人民全力支援八路军，大炉的士绅万春圃献出全部家产支援部队。在日伪军扫荡时，民众为部队站岗放哨，掩护照顾伤病员，保护军人家属，筑成抗日的铜墙铁壁，敌人多次出兵对抱犊崮山区根据地扫荡，都未实现消灭八路军主力的图谋。

建立地方民主政权是抗日根据地建立的重要标志。在一一五师和山东分局的领导下，鲁南地区成立了以赵镈任书记的区党委和县、区委组织，在根据地和敌占区的村庄都有党的秘密组织活动，形成了共产党对地方抗日武装、群众救亡团体的领导体系。一一五师抽调部队干部，充实地方党委，筹备建立"三三制"的抗日民主政府，一一五师民运部部长潘振武被选为峄县县长。到1940年4月，八路军主力在山东建立了19个县政权。通过采取民选，创建民主政权，颁布地方法令，初步推行了民主政治。

1940年6月，抱犊崮山区成立鲁南军区司令部；9月建立了罗荣桓任书记，赵镈任副书记的鲁南军政委员会，成为领导鲁南地区抗日斗争的最高领导机构，统一指挥苏鲁支队、鲁南支队、四县边联支队、峄县支队、沂河支队、运河支队等八路军武装的抗日斗争。1940年12月，遵照党中央地方武装正规化的指示，一一五师将地方武装编成5个教导旅鲁南地区抗日武装实现了统一指挥。在鲁南抗日游击战争中，这支部队表现出了机智灵活、英勇顽强、不怕流血牺牲的大无畏革命精神，在巩固山东抗日根据地，赶走日本侵略军，反击国民党顽固派的挑衅中建立了卓越功勋。

团结各方面力量，建立广泛的抗日民族统一战线是实现抗战胜利的一大法宝。大炉东面6公里的赵家石河村，是国民党东北军一一二师师部驻地。为团结友军抗日，防止摩擦，一一五师和东北军一一二师建立了友好关系。在一一二师设有以谷牧为书记的共产党秘密工作委员会。工委书记谷牧经常秘密到大炉向罗荣桓汇报东北军一一二师的统战情况。该师六六七团由共产党员万毅任团长，每个连队都有地下党员，抗日氛围十分浓厚。为联合社会各阶层进步力量，一一五师团结大炉万春圃，争取滕县孔昭同等地方士绅联合抗日，拔除了盘踞在边联山区马庄、天宝山、白彦、桃峪等地的日伪据点，巩固发展了以抱犊崮山区为中心的鲁南抗日根据地。

白彦地处抱犊崮与天宝山区中间，是费县与滕县的交通枢纽。恶霸地主孙鹤龄控制着数千人的民团盘踞这里。一一五师到鲁南后曾经多次争取孙共同抗日，但他却坚持与日伪勾结，破坏根据地的民主建设，成为发展鲁南抗日根据地的严重障碍。

1940 年 2 月 14 日，一一五师六八六团、特务团和苏鲁支队、苏鲁豫一大队联合发起白彦战斗。经两天两夜激战，摧毁了白彦及周围据点，切断了费滕公路，消灭孙鹤龄部 1000 余人，解放了白彦地区。

3 月 7 日，滕县日军百余人，进犯白彦，遭一一五师特务团伏击后逃回。12 日，敌军又纠集 700 余人，分三路进犯白彦，苏鲁支队占据有利地形，激战两日，歼敌 200 余人，将其击退。19 日，敌人又调集 2000 余人，分两路第三次来犯，并于 21 日侵占白彦镇。为夺回白彦镇，一一五师和鲁南地方武装于 21 日夜发起总攻，与据点内的敌人展开了白刃战。战斗持续到次日拂晓，敌人伤亡惨重，被迫退出白彦。三次白彦镇争夺战毙伤日伪军 800 余人。除掉了他们控制鲁南山区的一个重要据点，解放了费县以西广大地区，为一一五师向天宝山区发展扫清了道路，为鲁南抗日根据地的巩固创造了有利条件。

1940 年 3 月 6 日，就抗日根据地的政权问题，中共中央向党内发出指示：目前国民党顽固派极力反对我们在华北、华中等地建立抗日民主政权，而我们必须建立这种政权。山东分局根据中央指示，要求凡是有条件的地方均应立即建立县和专区政权。

1940 年 4 月，一一五师为适应鲁南斗争形势的发展和需要，统一鲁南部队的领导，决定将六八六团和由冀南边区转移来的第六支队第七团合编为鲁南支队，将原苏鲁豫支队第四大队扩编为东进支队。

1940 年 9 月中旬，一一五师在桃峪召开高级干部会议。会议提出"插（插到敌人间隙地区）、争（争取团结一切抗日力量）、挤（挤掉顽固势力）、打（打击日伪军）、统（坚持抗日民族统一战线政策）、反（反扫荡，反摩擦）"的六字方针，在部队中普遍开展建设铁的模范党军的活动。一一五师主力为巩固鲁南抗日根据地，在地方各级党组织和地方抗日武装配合下，运用这一方针，扩大了根据地面积，建立了鲁南行署，各县选举产生了抗日民主政府，边联地区设立办事处，成立了区、乡公所等基层政权组织，战士剧社巡回演出抗日救亡剧目，使根据地内呈现出一派欣欣向荣的局面。到 1940 年年底，鲁南根据地面积达 1.1 万平方公里，并与华中、湖西、鲁中、鲁东南根据地建立了联系通道。一一五师各部也在创建根据地过程中不断发展壮大，扩编成 7 个教导旅，共计 7 万余人。

1940 年 10 月，中共山东分局和八路军一一五师决定建立鲁南军区。同年年底，苏鲁支队支队长张光中在山东分局党校学习结业后任鲁南军区司令员，鲁南区党委书记赵镈兼任军区政委，苏鲁支队编为八路军一一五师教二旅五团，正式编入八路军主力部队序列。当时，部队驻扎在山阴、辛庄一带，进行了短期军政教育，部队士气旺盛。改编后的苏鲁支队仍属八路军山东纵队建制，但由一一五师指挥。一一五师抽调彭家庆、胡云生、吴世安等红军干部和两个红军连队加强苏鲁支队的领导和基干力量。

争取与瓦解伪军，对于支持根据地的斗争，粉碎敌人的扫荡、蚕食、封锁十分重要。中共山东分局和各县县委都建立了敌工部和武装敌工站，重点做争取、瓦解伪军工作。首先是展开强大的政治宣传攻势。连续发动了多次"中国人民大团结、反奴化"运动，采取张贴布告、印发传单和小册子、画漫画、编歌谣、写信等方式，向伪军展开广泛宣传。抗日武装还到各据点或炮楼下给伪军上"夜课"喊话，宣传共产党、八路军的政策。其次是开展"黑红点"活动。即某伪军做了一件有利于抗战的事，就在他们的名下点上一个红点；若做了与抗日军民为敌的坏事，则点上黑点，以备秋后算总账。还通过向有悔过立功的伪军发"回心抗战证"、

"公民证"，召开伪军家属座谈会等多种形式，争取、瓦解伪军。还选派得力干部，打入伪军内部，搜集敌人情报，伺机对伪军做策反工作。

经过强大的政治攻势，许多据点的伪军转向同情抗日；一些与日军矛盾较深的伪军开始松动。在争取伪军的工作中，采取正确的政策是关键：对于一般伪军尽量既往不咎，而对顽固与人民为敌、死心塌地为日军卖命的首恶分子，则坚决予以打击。在除掉首恶分子过程中，首先做宣传工作，对其罪行予以揭露并警告，铲除后贴出布告，在基础好的地方甚至开群众大会公审，以教育伪军，鼓舞群众。锄奸斗争收到了杀一儆百的效果，震慑了敌人，鼓舞了抗日军民抗日热情和胜利信心，使艰难困苦的斗争形势得到了一定的改善。

为了解决统一山东军政领导和作战指挥的问题，中共中央书记处和军委1941年8月决定："（甲）分局、一一五师师部及山纵指挥部靠拢，以便经常开会，以分局会议为统一山东党政军民的领导机关，山东分局暂时由朱瑞、罗荣桓、黎玉、陈光同志组成，朱瑞为书记。（乙）山东纵队归一一五师首长指挥，配合作战。（丙）将山纵及一一五师两军政委员会合组为山东军政委员会。决定罗荣桓、黎玉、陈光、肖华、陈士榘、罗舜初、江华七人为委员，罗荣桓为书记。"①

山东分局随即开会研究贯彻执行中央这一决定的意见，决定分局委员的分工：朱瑞主持党的组织工作，罗荣桓主持军事工作，黎玉主持政府工作，陈光主持财委会。10月2日，罗荣桓率师部到达临沂青驼寺，主持召开了山东军政委员会的首次会议，研究了一一五师与山东纵队建立统一指挥的问题，对秋季反扫荡也进行了具体部署。会后，中共山东分局、山东军政委员会和一一五师分别发出粉碎敌人扫荡的指示。一一五师的指示指出：在敌人大扫荡时，要广泛开展群众性的游击战，小部队要树立独立自主作战的精神，不要在遭受敌人第一次合击后陷入被动，应适时跳出合击圈。在情况未查明前，先以敌为轴心转动，不宜跳得过远，免遭新的合

---

① 中共枣庄市委党史研究室编：《中国共产党枣庄地方史》第一卷，中共党史出版社2005年版，第172页。

击。要切实掩护群众，尽全力避免敌人杀害群众和抓走壮丁。连排干部要熟悉地形，做到六十里以内行动不请向导。指示下达后，罗荣桓又亲自组织参谋人员到各处察看了地形、道路，布置情报通信网，组织精干的游击小组，为彻底粉碎敌人的大扫荡做了具体充分的准备工作。

根据中央军委提出的"蓄力量、熬时间、坚持长期斗争"的方针，一一五师关注于游击战争的理论和实践。从 1942 年 7 月到 11 月，罗荣桓在《大众日报》、山东分局党刊《斗争生活》和第一一五师《战士月刊》上连续发表了《坚持我们的边沿游击区》、《准备打破敌人紧缩包围封锁我们的根据地》、《克服在执行游击战中认识上的一些偏差》等文章。文章强调，开展的游击战，"必须成为分散性、地方性、群众性的"。他说，"我们主力军和地方基干武装，都有必要分散地方化，扶助大量民兵游击小组，成为游击战组成的重要因素。"①

按照这一要求，山东各战略区都开展了广泛的分散游击战争，采用了避强击弱、避实击虚，速打、速决、速走和打不过就走，走不了就散，散不了就躲，敌人过去了在后面打等方法，开展了三三两两到处打冷枪的"麻雀战"，轮番参战的"车轮战"，与敌人转圈子的"推磨战"，一村打响、四方驰援的"蜂窝战"，还有虚张声势、迷惑敌人的"神经战"等，发挥了人民战争的强大威力。

1941 年年底，抱犊崮东南地区被蚕食得仅剩下十余个村庄，致使根据地变成"南北十余里，东西一箭穿"的狭小区域。南面有日军、伪军，北面有国民党顽军，对根据地进行南北夹击，整个形势非常严峻。加上连续三年的旱灾、蝗灾，财经、军需、民生都陷入绝境。由于战斗频繁，环境险恶，饥寒交迫，缺医少药，部队自然减员大增。根据地急需另辟新路，粉碎日寇的扫荡、蚕食、分割、封锁。

1942 年 4 月，鲁南地区党政军机关进行第一次精兵简政。张雨帆任鲁南区党委书记，王麓水调任区党委副书记兼鲁南军区政委，张光中仍任鲁南军区司令员。鲁南区党委和鲁南军区机关合署办公，一一五师教二旅

---

①　中共枣庄市委党史研究室编：《鲁南革命史》，山东人民出版社 1998 年版，第 95 页。

三团、五团划归鲁南军区建制，军区独立团、沂河支队等均缩编为甲种独立营编制。全鲁南军区机关和部队单位数从原有的 73 个减为 36 个，连队人员大大充实，每连由原来的 50—60 人，扩大为 100 多人。①

1942 年 8 月 1 日，八路军山东纵队改组为山东军区，原属一一五师的鲁南军区划归山东军区领导。鲁南区委根据山东分局决定，进行第二次精简。军区机关精简 2/3，主力部队三团和五团均取消营的建制；五团缩编为四个大队和一个特务连、一个干部便衣队。干部便衣队地方上称"边联支队"。干部下放使用，大队长任连长，大队教导员任连指导员。各级党政机关和群团组织也都相应进行了精简。通过第二次精兵简政，充实了主力连队，提高了部队的战斗力，精干了地方机关，加强了群众工作，取得了很好的效果。

1942 年 9 月 1 日，中共中央政治局下发《关于统一根据地党的领导及调整各组织间关系的决定》，强调实行党的一元化领导，确定党的各级委员会为各地区的最高领导机关，统一领导各地区党政军民工作。根据指示精神，这次精减整编的中心主要是解决以主力部队地方化为重点的统一军事领导问题。山东军区于 1943 年春开展了第三次精简整编，实现了一一五师主力部队地方化。3 月 8 日，山东军区召开了机关干部大会，进行关于精简机构和统一领导的动员。随后，原山东军区与一一五师的各直属机关即实行合并，成为新的山东军区。以中共山东分局机关为基础，成立分局委员办公厅，同一一五师司令部合并为一个行政管理单位。主力部队全部地方化后，新的山东军区辖鲁南、鲁中、胶东、清河、冀鲁边、滨海 6 个军分区，各军分区共辖 13 个兵员充实、领导坚强的主力团。其余部队分别编为县、区地方武装。

这次精简整编，缩小了编制，充实了基层和战斗连队，但没有将党的一切工作与组织适应于完成独立、分散、长期的游击战争的任务，所以说精简不够彻底。第三次精兵简政后，王麓水升任鲁南区党委书记兼鲁南军区政委，张雨帆改任区党委副书记兼鲁南军区副政委。为便于在敌占区和

① 中共枣庄市委党史研究室编：《鲁南革命史》，山东人民出版社 1998 年版，第 145 页。

游击区活动，县区地方武装奉命对其所属部队又进行了精简，尤其是活动在对敌斗争环境恶劣地区的武装，本着"只留部分骨干，大部分分散隐蔽"的原则，妥善安置了大批人员。鲁南铁道大队就只留下不足20名骨干队员继续坚持斗争，大部分队员分散隐藏。这次精减机关人员，特别注意了新老干部、主力军与地方军之间的干部互相交流以加强团结。因为红军干部经过长期锻炼，各方面能力突出，但数量很少。而本地生长起来的干部，与群众有着极为密切的血肉联系，熟悉本地斗争的状况，在群众中享有一定的威望。所以在整编中，安排了大批本地干部做领导工作。

精简整编中，旅缩编为团，一部分团缩编为营，另一部分营缩编为连，空闲出许多干部。对这批干部，除将少数不适合在部队继续工作的妥善安置到地方外，对骨干均予保留，但有很多干部是被降级使用的，去充实基层战斗力，有的班排长去当了普通战士，使基层干部质量和部队的战斗力都有了很大的提高。

由于加强了一元化领导，增强了部队之间、军队与地方之间的团结，减少了领导层次，精简了机关，提高了部队的战斗力，所以，这次精简整编对于转变山东的斗争形势起了很大作用。同时，主力部队地方化后，基层组织充实加强，应变能力提高，减轻了根据地人民的负担，密切了军政、军民关系，为战胜敌人、克服困难创造了条件。

第二节　组建铁道队

一　建立枣庄铁道队

枣庄铁道队是在枣庄抗日情报站的基础上建立的小型抗日武装。1939年10月，枣庄抗日情报站飞车搞机枪的事，启发了苏鲁支队的领导：在战场上，为了夺取敌人的一挺机枪，往往要付出很大代价。而枣庄抗日情报站仅靠几个人，毫发无损，一次就搞到那么多新式武器，这种斗争方式长期坚持使用是大有裨益的。随即，苏鲁支队领导就给枣庄抗日情报站写了封信。信的大致内容是：根据现在的情况，支队认为组织起来已有条件，希望今后在继续搞好抗日情报工作的基础上，注意发展基本队员并逐步扩大。同时也应着手搞职业掩护，作为分散、集中的立脚点。要掌握和教育情报人员，在可能的条件下，迅速武装起来。

自从抗日战争进入战略相持阶段以后，日军基本上停止了对国民党正面战场的战略进攻，将进攻重点转向敌后抗日根据地；国民党的政策由"容共"抗日转为消极抗日，积极反共。共产党领导的抗日根据地处于敌伪顽夹击之中。为粉碎敌伪顽夹击，中国共产党实行军民结合的分散的持久的游击战争，坚持平原地带根据地，巩固山岳地带根据地。在战术上，强调避实击虚，规避敌锋，主要打击交通线之部队；袭击敌人，以避免落入敌合击圈为原则。苏鲁支队灵活运用了这一原则，决定在敌占区枣庄建立一支小型的抗日武装，在敌人重点把守的铁道线上，袭扰敌人、截取货物、破坏交通。

1939 年 11 月，枣庄抗日情报站为谋求职业掩护，创办义合炭场。炭场挂牌开业后，生意兴隆，炭场门外每天都停满了各地来购买煤炭的小车。炭场的利润相当可观，除了经营一个炭场子之外，他们又建设了三个焦池。炭场子的职业掩护不仅使他们能在敌人戒备森严的市区从事秘密抗日活动，而且解决了活动经费的问题，他们还用办炭场节余的钱购买了两支手枪。

洪振海等见组织武装的时机已经成熟，就决定正式拉起队伍，公开身份。最初他们搞情报、截枪支、办炭场，虽然在选择人员时也考虑到其技术水平和政治素质，但都是以秘密自愿的形式来做工作的。现在他们要公开代表苏鲁支队发展抗日武装，与敌伪顽开展面对面的斗争。

洪振海和王志胜分别找几个骨干情报员谈了话，他们都非常支持创建抗日武装。随后，枣庄抗日情报站召开会议，沟通思想。会上，洪振海分析了当时的斗争形势。他表情严肃地指出，目前，炭场子生意不错，长期如此，也许会积累更多钱财。但是，作为共产党领导的秘密抗日队伍，眼看着日本侵略军从这里掠走了一车车的煤炭、粮食等物资，残害中国民众。不把日本鬼子赶出中国，就不能光明正大地做"人"，过有人样的生活！接着，洪振海分析了鲁南地区抗日形势。他说，八路军——五师已经开进抱犊崮山区，开辟了抗日根据地，峄县地区不少地方的人开始拉起队伍打游击。他提出，在敌人的心腹之地枣庄，拉起队伍，干一番惊天动地的事业。

当时，参与创建武装的有：洪振海、王志胜、赵连友、徐广田、赵永泉；李荣兰、王志友、曹德全、曹德清、梁传德和徐广海，一共11人。因主要是在铁路线上打击侵略军，所以自定名为枣庄铁道队。大家推选洪振海为队长，王志胜、赵连友为副队长。同时，他们还通过刘景松向苏鲁支队汇报已经拉起队伍的事，并请求部队委派政委。

队伍拉起来时，11个人总共只有5支短枪：洪振海和王志胜秘密潜回枣庄时带回1支防身用的，飞车搞机枪时上级奖励1支，打洋行时缴获了1支，开炭场子赚钱后购买了2支。武器短缺是他们首先要解决的问题。这时，王志胜提出，在车站装货时曾看到货房里有些长枪，不知有没有短枪。如果有，搞过来，每人装备一支，问题就都解决了。大家觉得是个好主意，洪振海派王志胜前去侦察行动路线。

王志胜来到车站，看到货房的门紧锁着。房门对着站台，站台上有两个日军岗哨，在来回巡视着。货房的后墙上有个窗户，窗户上装有铁丝网。王志胜把货房周围的情况弄清楚之后，就回去给洪振海汇报侦查情况、商量行动方案。经过讨论，他们确定了行动方案：为避开前门放哨的鬼子，只能选择剪断后窗铁丝网从后窗进入。

当天深夜，洪振海和徐广田就潜入车站，剪断铁丝网，撬开窗户，爬进货房。他们在一堆旧武器里翻了半天，没找到短枪，就抱了几支步枪跳了出来。他们一口气跑出很远，才把刚刚搞来的枪拿过来仔细地查看。原来这些枪都是台儿庄大战时日军缴获中国军队的，全是报废的武器，根本无法使用。洪振海和徐广田感到非常丧气，只好找个隐蔽的地方把这些"战利品"埋了起来。这次搞短枪的尝试失败了。

创建枣庄铁道队一方面是枣庄抗日情报站武装自身，保护自我的需要；另一方面是日本侵略军长期残暴压榨导致的进步民众奋勇反抗、英勇抗击的结果，长期秘密工作的压抑，使得他们迫切希望亮出"名片"、在战场上真刀实枪地反抗日军的残暴统治。当然，这也是枣庄抗日情报站领会、贯彻苏鲁支队指示的结果。

二　组建鲁南铁道队

枣庄铁道队建立的当月即 1939 年 11 月，在一一五师领导和中共峄县县委的努力下，峄县抗日民主政府在王家湾宣告成立，一一五师的民运部长潘振武被选为县长。12 月，运河支队和峄县支队先后成立，枣庄地区的抗日斗争如火如荼地开展起来。

鉴于枣庄抗日情报站创建枣庄铁道队后多次要求苏鲁支队派政委。1940 年 2 月，苏鲁支队决定将枣庄铁道队正式定名为八路军鲁南铁道队，并派二营副教导员杜季伟去任政委。政委在军队中属团级职务，枣庄铁道队队员总计只有 11 人，按人数连个排都不够。一般情况下，支队下辖的游击队都是营的编制，营级单位的党内职务是教导员。苏鲁支队之所以为这支小型抗日武装派出政委，主要是考虑到这支抗日武装地位特殊，发展潜力大。再加上洪振海等曾多次请求支队给他们派政委，如果支队不给他们派个教导员，担心他们会有不受重视的想法，而影响这支武装的改造和发展。

杜季伟，又名杜成德，1911 年生于山东省兰陵县一户农民家庭。杜季伟兄弟四人，他是老小，自幼勤奋好学，虽然家境清贫，其父仍千方百计凑钱供其读书。13 岁时因生活所迫辍学，随父亲逃荒到安徽大别山一带讨饭。16 岁返回家乡就直接进入高小读书，第二年考入临沂乡村师范读书。在老师和同学们的热心资助下，杜季伟终以优良成绩毕业。1933年夏，在他毕业前夕，中共临郯中心县委领导了苍山暴动，使他初步了解了共产党为穷人谋幸福的根本宗旨。

从临沂乡村师范毕业后，杜季伟先后到沈家坊前和文峰山小学教书两年。其间，他认识了搞农运工作的共产党员宋宜安。在他的启发下，杜季伟积极参加农民抗日运动，为后来参加创建抗日武装奠定了基础。1938年年初，杜季伟在鲁南山区漫溪村由宋宜安介绍参加了抗日游击队，7月，加入中国共产党。8 月，他被派回家乡一带从事地方抗日武装的政治宣传工作。10 月，他所在的武装编入苏鲁人民抗日义勇队第一总队，遂被提升为连长，11 月改任连指导员。他抗日意志坚定，好学上进，很快成为一名优秀的基层政治工作骨干。由于他文化水平高，且爱好文艺，能歌善舞，经常利用作战空隙教战士们唱抗日歌曲，还常自编自演一些文艺节目以活跃部队文化生活，深受部队指战员的欢迎。他平易近人，喜欢与战士交朋友，并且善于团结教育各种性格的人，是大家公认的好政治工作者。1939 年 9 月，他所在的部队被改编为八路军苏鲁支队，他被提升为二营副教导员。

1940 年 1 月底的一天上午，苏鲁支队政治部主任李荆山把杜季伟叫到办公室，传达了张光中支队长和彭嘉庆政委的指示，选调杜季伟到新成立的铁道队去当政委。李荆山还嘱咐：铁道队的同志扒火车的本领很大，这对袭扰敌人的交通运输线，配合根据地反扫荡斗争是极为有利的。去了以后要遵照毛泽东主席抗日游击战争的战略思想在敌后活动，要像一把利剑，搅乱敌人的心脏，刺穿他们的动脉。他还介绍了铁道队领导人洪振海、王志胜的情况。

杜季伟接受任务后，经过简单的准备于 2 月初的一天晚上，脱下军装，换上一件破旧的棉袍，头戴瓜皮帽，怀揣着支队首长的任命书，带着一名侦察员，踏上了通往枣庄的崎岖小道。一夜走了八九十里的山路，拂晓时分来到距枣庄 10 公里的小屯。在那里与交通员刘景松接上了头。刘景松是苏鲁支队枣庄交通站的站长，因经常往山里送情报，与杜季伟也认识。见面后刘景松给了杜季伟一张"良民证"，上面的名字是刘鹤亭。

第二天一早，侦察员回山里去了。刘景松带杜季伟到齐村与洪振海接头。杜季伟学着刘景松的样子，将"良民证"别在左胸前，与刘景松每人挎一个篮子，扮成赶集群众的样子向齐村走去。齐村在枣庄西部大约三公里路程，是个有 1000 多户人家的大集镇。

刘景松带着杜季伟进入齐村后，穿过一条小巷，又转了两个弯，进了一家破院子。刘景松和一个穿破衣服的老大娘低声交谈了几句，便把杜季伟安置在一间小屋里，让他先在此等待，自己去找人。不一会儿的工夫，刘景松领着铁道队队长洪振海和副队长赵连友进来了。他们是昨天晚上接到刘景松的信，第二天一早赶到齐村镇迎接政委的。

赵连友，山东省峄县台儿庄镇人，1909 年生于一户贫民家庭。少年时父母双亡，家里一贫如洗，其兄赵连生便带着他迁到枣庄火车站西侧的陈庄，以卖烧饼为生。赵连友到枣庄后靠捡破烂、拾煤渣卖点钱贴补生活，并逐渐与洪振海、王志胜结为好友。后来他们又一起到枣庄煤矿当了工人。1938 年 10 月，枣庄抗日情报站建立后，赵连友被吸收为首批基干情报员。他处事果断，头脑灵活，分析问题周全，多次出色完成了情报搜集和传送任务，在同行中威信较高。1939 年 11 月，铁道队成立时被推选为副队长。

杜季伟与洪振海、赵连友互相认识后，接着向他们了解了前段时间开炭场及建立武装的情况。当问及铁道队现有人数时，洪振海回答只有 11 人。这出乎杜季伟的意料，尽管领受任务时领导说他们人数现在还不多，不过估计也得有几十人吧！听说只有 11 个人，他顿时感觉有些愕然。但是转念一想，上级给人数如此少的一支队伍派政委，更说明他们地位重要、作用重大、贡献突出。

杜季伟又对洪振海说，政委是八路军部队里的职务，现在铁道队是个秘密游击队，所以不要喊政委，也不要叫真名字，以后就叫刘鹤亭。在谈到杜季伟的职业掩护时，洪振海建议到炭场子当管账先生。午饭后不久，杜季伟急于见到自己的队员，就让洪振海带他去义合炭场。

当天晚上，杜季伟与所有铁道队队员见面并宣读了苏鲁支队支队长张光中和政治委员李乐平写给枣庄抗日情报站洪振海、王志胜的信。张光中和李乐平在信中首先肯定了一年来情报站在抗日斗争中做出的可喜成绩。信中表示，经研究，同意在抗日情报站的基础上拉起武装，名称可为鲁南铁道队，隶属苏鲁支队建制。并任命杜季伟为政治委员，洪振海为队长，王志胜、赵连友为副队长。信中明示鲁南铁道队今后的主要任务：一是配合抱犊崮山区抗日根据地的军事斗争，掌握与破坏敌人的交通，从内部打击敌人；二是配合根据地军民粉碎敌人的经济封锁，夺取敌人的物资；三是支援主力部队开展政治攻势，瓦解敌伪军；四是搜集敌人内部及交通线上的军事和政治情报。信中指出，今后的情报联络及工作开展情况可直接去山里向支队首长汇报，也可通过刘景松的联络站转达。

队员们听了八路军苏鲁支队的任命非常高兴，认为从此有了靠山，可以在抗日战场上大展手脚了。刚刚成立的鲁南铁道队，加上政委杜季伟一共有 12 名成员，5 支短枪。队员多数来自失业工人和无业游民，饱受资本家和日本侵略者的压迫和奴役，有着强烈的革命愿望，但长期的流浪生活，又使他们染上了今朝有酒今朝醉和无组织无纪律的自由散漫作风。在他们身上既有行侠仗义、锄强扶弱、将生死置之度外的一面，又有打架斗殴、赌博、抽大烟等流氓习气的一面。即便是队长洪振海，也主要是靠江湖义气和个人威望来领导这支队伍。

如何将这支纪律相对松散的队伍培养改造成一支能在敌人心脏地带纵横驰骋、有战斗力的精悍武装，是政委杜季伟上任后首先考虑的问题。他感到肩上的担子特别沉重。他先是按照山里八路军的作风条例为铁道队制定了纪律和规范。但是队员们并不买账，甚至连召集全体人员开个会也很难办到，往往是洪振海好不容易把人召集到一起才能开会。而队员们对杜季伟说教式的讲话根本听不进去，甚至有点反感。

经过一段时间的观察和调查，杜季伟认识到：将管理正规部队的那一套方法原封不动地搬来管理铁道队是行不通的，必须根据铁道队的实际情况进行循序渐进的说服教育工作，且方法上要灵活多样，要讲究实效，不能动不动就开会。他决定放下政委的架子，去和队员们个别谈心、沟通思想，把需要开会讲的内容放到个别谈心时去说。

此后，杜季伟就特别注意和队员们在生活上打成一片，看到他们喝酒就跟着一起喝几口酒，在喝酒中顺便讲一点抱犊崮山区八路军的艰苦生活；看到他们打牌，就凑上去一起摸两把牌，在打牌中随意地讲抱犊崮山区八路军和群众打成一片的优良作风；知道了他们去嫖妓，就给他们讲山区八路军的严明纪律。杜季伟发现队员们不仅听得津津有味，有人还感动得掉下泪来。于是他趁热打铁地指出，鲁南铁道队也是八路军，是不穿军装的八路军，肩上担负着特殊而光荣的使命。没有严明的纪律，万一出了事，牺牲自己事小，完不成上级交给的任务，有何脸面去见山区的八路军？听了政委一席话，这些血性汉子个个都表示一定要改掉自己身上的坏毛病。杜季伟就势引导大家建立了"戒烟戒酒理事会"，部队作风有了很大进步。

当然，想让队员们一下子改掉多年养成的坏习气也是不现实的，只能随时发现随时说服教育，一般情况下队员还是能够做到知错就改的，当然也有例外。据王志胜回忆，有一次队员徐广田外出执行任务不利，烦恼中喝了闷酒。回队后杜季伟见他满身酒气，就批评了他几句。徐广田本就窝火，经政委一批评，顿时酒力上涌，顺手抓起一根树枝，往政委身上乱抽一气，嘴里还骂骂咧咧的。杜季伟身上虽被抽得鲜血直流，可他并不还手，而是让人扶徐广田休息去了。徐广田酒醒后非常后悔，要给杜季伟磕头赔礼。政委抓住徐广田的手大度地原谅了他。徐广田当众发誓今后再也不喝酒。

杜季伟经过两个月的考察与培养，先后吸收了王志胜、赵永泉、徐广田、曹德清等人加入中国共产党，并建立了党支部。共产党员成了铁道队的中坚力量，队员中打架斗殴、吃喝嫖赌现象大大减少。

1940 年 4 月，义合炭场的规模不断扩大，由原来的一个炭场子发展成为两个炭场和 3 个焦池。规模扩大后，开炭场子的经济收入有了较大增长。为了有计划地利用资金，经研究决定：将每月收入的 50% 留作生活费和情报活动费，40% 留作购置武器弹药费，10% 留作办公费。[①] 这一措施的实施，不仅有效地避免了挣了钱就花光的挥霍浪费作风，还能节省下资金来武装自己和支援山区根据地部队。

这时期，鲁南铁道队的规模也有较快的发展，基本队员已增加到 15 人，另有近百名外围人员。对基本队员，铁道队作了明确分工：有专门搞侦察的、有扒火车的、有掩护的、有运输的、有经销物资的。对外围人员，也帮他们在枣庄、峄县、临城、韩庄等地建立了十几个联络站，有情报先送给联络站，再由联络站送到铁道队，情况紧急时也可直接送给铁道队。通过明确分工，不团结的现象明显减少了，"搞物资"的效率提高了，情报的准确度也增加了。队里还按队员贡献大小实行奖励政策，使队员的工作积极性大为提高。

---

① 中共枣庄市委党史办公室编：《鲁南铁道大队纪实》，中共党史出版社 1992 年版，第 91 页。

三　鲁南铁道大队的建立发展

鲁南铁道队的活动区域是动态变化的，总体方向是由东向西沿铁路迁移。最初是在枣庄，联系根据地枣庄东北部抱犊崮山区。暴露后，沿枣临铁路西迁至齐村，再西移到临城一带在津浦路上活动，经常与活动在那里的其他铁道队配合行动，并建立了革命友谊。活动区域的转移是因为鲁南铁道队在临枣铁路支线不断取得胜利，不仅有力地牵制了日军部分兵力，既减轻了山区抗日军民反扫荡的压力，同时也迅速提高了自身在群众中的威信。当地群众纷纷送自己的孩子参加铁道队，使这支抗日武装不断发展壮大。但是敌人遭到打击后也更加疯狂了，凡铁道队袭击过的地段都加派了兵力，对车站、交通要道的过往行人严加盘查、搜身，遇有可疑人员便逮捕甚至枪杀。临枣线上来往的火车也增加了押车的伪军警。凡没有日军颁发的"良民证"者，均不准乘火车，否则格杀勿论。这样，鲁南铁道队在临枣线上便难以立足，只好向临城方向转移。

枣临支线是津浦铁路的一条支线，鲁南铁道队转移到临城一带活动后，主战场也由枣临支线转移到津浦铁路上。津浦铁路是日军依赖的重要南北运输线，切断了津浦铁路就等于切断了敌人的一根主动脉，因此其战略地位尤为重要。临城是津浦铁路上的一个重要站点，这一带虽然也有中共沛滕边县委领导的两支小型铁道队活动，但无论在影响力还是在战斗力上，都不及鲁南铁道队。如能把这几支性质相同的抗日武装集中到一起，活动在津浦铁路两侧，肯定会给敌人的运输线造成更大的威胁。而且，鲁南铁道队袭洋行、截机枪、打票车、撞火车等军事行动，大多发生在枣庄及其附近地区，敌人加强了这一地区的警戒，使铁道队在枣庄的活动受到很大限制。基于以上战略意图，苏鲁支队领导决定将枣庄和临城的几支铁道队合编为鲁南铁道大队。

1940 年 7 月，为了有利于对这几支性质相同的武装的统一领导和指挥，苏鲁支队经与中共沛滕边县委协商，将这几支铁道队合编为鲁南铁道大队。在微山的夏镇三孔桥水火庙会议上，杜季伟宣读了鲁南军区的合编命令。命令指出，合编是为了更好地在铁道线上开展对敌斗争，八路军苏鲁支队与中共沛滕边县委共同研究决定，将原活动在枣庄附近的鲁南铁道队，与活动在临城南北的几支铁道队合并编为八路军鲁南铁道大队，隶属八路军苏鲁支队领导。任命杜季伟为政治委员，洪振海为大队长，王志胜为副大队长。合编后，鲁南铁道队为第一中队，徐广田任中队长；临城铁道队为第二中队，孙茂生任中队长；临北铁道队为第三中队，田广瑞任中队长；临城铁路工人破袭队为第四中队，华绍宽任中队长。部队合编后，除鲁南铁道队转移到微山湖东的津浦铁路附近活动外，其余三个队仍在原来各自开辟的地区活动，有事统一调度，无事各自分散活动。大队部随一中队开展活动。不久，鲁南铁道大队把铁路两旁的农民组织起来，组建了掩护队，掩护铁道队截车并帮助运输货物。鲁南铁道大队从此进入了大发展时期。这时台枣支线、临枣支线及津浦铁路界河至韩庄段，都成了鲁南铁道大队打击敌人截取物资经常出没的地方。

1940 年 8 月，鲁南军区成立，鲁南铁道大队的隶属关系也由苏鲁支队移交给了鲁南军区。由于鲁南铁道大队频频出击，使驻枣庄和临城的日军损失惨重，他们集结大量兵力对铁道大队活动地区进行扫荡和清剿，妄图一口吃掉这支活跃在铁道线上的"飞虎队"。鲁南军区首长获悉铁道大队处境后，立即下令将他们调到山区根据地整训。在一个月的整训里，山区部队艰苦奋斗的作风，高昂的斗争意志及革命的乐观主义精神，使铁道大队全体同志深受感动和鼓舞。当铁道大队的同志吃着大部分是糠，只掺一点粗粮烙成的煎饼觉得难以下咽时，军区首长告诉他们：就是这样的煎饼也还是山区部队的同志吃野菜、树叶省下来的。这些面对日军的刺刀毫无惧色的铁汉子，忍不住热泪盈眶。通过整训，在铁道大队中又发展了一批党员，并提拔了几名骨干队员任中队长。

同年 9 月，鲁南铁道大队整训后出山，原来在敌占区创立的小片游击根据地，已被敌人以强大兵力控制起来。敌伪据点遍地都是，交通要道岗哨林立，斗争形势更加严峻。为重新开创抗日局面，30 多名骨干队员发动铁路沿线数百名群众，将枣临支线的铁轨扒掉 3 里多长，砍断电线杆100 余根，使敌人交通和通信中断一个多星期。11 月又在沙沟至塘湖间截获日军军用火车一列，扣押司机，击毙车警，缴获大宗药物及食品等送往抱犊崮山区抗日根据地，为缺衣少药的根据地军民解决了部分困难。然而，鲁南铁道大队的反击却未能从根本上扭转微湖东岸敌强我弱的局面。

1940 年下半年，鲁南铁道大队已发展到 150 多人。由于人多目标大，加之日伪军扫荡频繁，为隐蔽自己，他们的活动区域逐渐由枣临铁路沿线的车站附近转移到微山湖东岸津浦铁路沿线的广大乡村。供给上仍坚持"从鬼子手里要给养"的做法，有时搞到物资还会接济一下困难的群众，因此深受群众欢迎。鲁南铁道大队一般是白天在村里隐蔽，夜间外出打鬼子、搞情报、截物资。为了进一步加强部队纪律，密切鲁南铁道大队与群众的关系，杜季伟召集鲁南铁道大队党员骨干开会，采取党员带头模范执行群众纪律，对有缺点队员分工帮包负责，个别教育的方式，使队员作风大有改进。甚至过去犯有错误的队员在共产党员的带动下，也能像山区根据地八路军那样，为房东担水、扫院子、干农活，使军民关系逐渐融洽。这段时间，铁道大队曾数次从日本军用列车上和临城火车站截取大批军用物资和生活用品等，还在沙沟、韩庄之间颠覆了一辆日本军用列车，使火车上装载的坦克、汽车、大炮等武器大部分报废，给日军造成重大损失。

为彻底剿灭鲁南铁道大队，日军出动了临城和枣庄驻军开始拉网式搜索。1941 年年底的一天，日军得到密报，鲁南铁道大队正在临城以南 5 公里的六炉店村休整。当天下午，1000 多名日伪军将六炉店村包围。此时，鲁南铁道大队早已闻讯撤离，恼羞成怒的日军放火烧光了村庄，十几名村民因拒绝说出铁道大队的下落，惨遭日军杀害。

日军血洗六炉店村的消息，使鲁南铁道大队大队长洪振海陷入深深自责中。在进入困难时期后，鲁南铁道大队处境非常艰难，有时只能在野外活动，只有六炉店等少数几个基点村无私地接纳他们，村民们不仅积极提供食宿，还多次冒险为他们传递情报。鱼水般生死情谊，早已将鲁南铁道大队和村民们融为一体。盛怒之下，洪振海紧急集合全部队员，在六炉店村西面的运河堤岸上与日伪军展开正面厮杀，为村民们报仇。不到 50 名游击队员去面对上千名装备精良、凶残的日伪军，这严重违反了游击战术原则，也使洪振海付出了生命的代价。

洪振海牺牲时年仅 32 岁。队员们忍着巨大的悲痛，将他的尸首掩藏在一个麦秸垛里后，匆匆撤退。第二天，鲁南铁道大队买来棺材，将大队长洪振海的尸体葬在蒋集村西的运河岸边。两年后，这一地区的抗日斗争形势好转，洪振海的遗骨又被迁到其老家滕县羊庄镇大北塘村重新安葬。

1942 年 5 月，刘金山继任鲁南铁道大队大队长，而那次冒进的军事行动，作为教训写进了鲁南铁道大队的作战手册。

刘金山（1915—1997），鲁南铁道大队的第二任大队长，山东省枣庄市市中区蔡庄村人。刘金山出生于一户矿工家庭。刘金山是独生子，6 岁丧母，8 岁时家中遭大难，父亲和叔父被本村恶霸地主杀害，婶母改嫁，家庭失去经济来源。年幼的刘金山孤苦伶仃，衣食无靠，只得随年迈的祖母到处乞讨。12 岁时，他到中兴煤矿铁路专线当童工，所得无几，整天食不果腹，衣不遮体。稍大，他为多挣几个钱，又下井当小矿工。每天 10 多个小时在井下煎熬，使他幼小的身体非常瘦弱。14 岁时，他上井干临时工，看夜灯、运煤炭。有时，他也到铁路沿线拣煤渣，扫残煤，换些钱养家糊口。为生活所迫，他经常扒火车搞煤炭。艰难的生活环境磨炼了他的性格，使他更刚毅、坚强。

1938 年 3 月，枣庄沦陷，枣庄中兴煤矿一度停产。刘金山与大批工人失业回家。出于无奈，他又重操旧业，到处拣煤拾炭，扒车搞物资。4 月，年方 23 岁的刘金山为了不当亡国奴，抱定保家卫国打击日本侵略者的决心离开家乡，在滕峄边区参加了峄县人民抗日武装。7 月，他在部队反顽战斗中负伤，并经领导批准返回齐村姑母家养伤。伤愈后，因部队转移，他与部队失去联系。

1939 年 8 月，峄县人民抗日武装从抱犊崮山区东部转移到枣庄地区后，他又返回该部，在大队部当通讯员。11 月，祖母病故。为买棺材埋葬老人，落得一身债务。他再一次离开部队，返回铁路线上找活干，以糊口还债。

1940 年春，鲁南铁道队建队不久，刘金山到枣庄向杜季伟政委和洪振海队长等领导人提出了参加铁道队的意愿，表达了抗战到底的决心。杜季伟等对他的处境深表同情，指示他在外围做些情报工作，同时挣些钱还清债务，然后再正式参加铁道队。

1940 年 9 月，鲁南铁道队由枣庄等地转移到临城一带后，刘金山到那里找到洪振海队长，再次提出参加铁道队的要求。洪队长见他决心很大，为人正直，精明能干，同意他在大队部当通讯员。不久，他被提升为分队长。刘金山工作积极，作战勇敢，遵守纪律、团结同志，深得队长、政委的称赞和队员的喜爱，1941年1月，鲁南铁道队在埠阳整训期间，刘金山光荣地加入了中国共产党，成为铁道队的骨干。

1941年12月，洪振海大队长在与日军作战中牺牲。1942年5月，刘金山被鲁南军区正式任命为大队长。他平易近人，尊敬领导，爱护部下，是队员们的知心朋友。因此，他所担负的各项战斗任务，都完成得非常出色。

随着形势的发展，鲁南铁道大队的威望越来越高，队伍不断壮大。因对敌斗争的需要，这支人民抗日武装始终活动在环境极其恶劣的敌人心脏，时刻都有牺牲的危险，加之队员的成分复杂，又远离上级的领导，多系分散活动，要想把这支特殊形式的人民抗日武装建设成为"招之即来，来之能战，战之能胜"的"飞虎队"，的确是一件不容易的事。而刘金山始终做到身先士卒，模范地遵守纪律，威信比较高，所以只要他一声令下，连最调皮的队员也不敢说个"不"字。

1942年年底，鲁南抗日斗争形势处于异常艰苦的阶段。在鲁南铁道大队整训出山后，敌人增设了许多据点，并对抗日根据地频繁地进行军事扫荡和经济封锁，给根据地军民带来重重困难。不仅衣、食、住、行毫无保障，药品、纸张更是奇缺。刘金山和其他领导得知这些情况后，深感忧虑，决定截击敌军列车。他们充分利用情报站、情报网，获取敌情报。经过周密计划，率领队员一次次地奇袭敌军列车，均获成功。他们为配合军区反扫荡，严密地控制了敌人在鲁南的铁路交通命脉，随时破坏铁路、炸毁桥梁、断敌交通，使敌伪军胆战心惊、坐卧不宁。

1941年年初，由于形势恶化，活动在微山湖畔的主力部队暂时撤离该地，鲁南铁道大队奉命在原地坚持游击战。驻临城日军为了对付铁道大队，专程从济南请来特务头子高岗茂一和杀人不眨眼的少校队长松尾。高岗茂一是个中国通，不但能说一口流利的中国话，而且对我国的风土人情、宗教信仰等也比较了解。他常通过"拜仁兄弟"①、"认干亲"等手段笼络人心。临城附近的 50 多个伪乡保长，有 40 多个同他拜了把兄弟。许多原来"同情革命"的伪乡保长，转而投入日本人的怀抱，使铁道大队的活动受到很大限制，在铁路两侧仅剩下六炉店和乔庙两个村庄可以活动。日军又针对铁道大队活动规律，采取三种毒辣手段：一是夜间盯梢，拂晓包围；二是化装成铁道大队队员，突然对基点村袭击并抓捕群众；三是强迫老百姓在前面带路，使鲁南铁道大队不便对其伏击。由于群众弄不清真假，在受了几次骗之后，往往把真的铁道大队也拒之门外。鲁南铁道大队只好撤到野外，在滴水成冰的冬天趴在沟边、田头过夜。当时铁道大队流传着这样的歌谣："天当被，地当床，半身土来半身霜。"其艰苦可见一斑。由于敌人在车站和火车上加强了警戒，铁道大队很难截取敌人的货物，而这正是他们主要的供给来源。队员们常常空着肚子在田野里一趴就是好几天。即便这样，还经常和敌人打遭遇战。在异常艰苦的条件下，部分思想不坚定的队员有的妥协回家，有的带枪投敌。

针对当时斗争形势，铁道大队报经鲁南军区批准，对部队进行了精简整编。对经不起环境考验及情绪低落的队员进行了妥善安排；掩护队、破袭队队员也各自回家隐蔽待命。还有部分队员暂时回家隐蔽，但要负责侦察情报并及时给大队汇报，有机会搞火车时随叫随来。铁道大队经精简、分散后只剩下不足 20 名队员在铁路两侧坚持游击战。

为了尽快扭转不利局面，鲁南铁道大队采取了一系列的措施。首先是恢复并扩大了情报联络站。情报人员不仅要准确及时地提供敌人出动的消息，还要为消灭日伪特务和假铁道队而提供他们活动的情报。在情报人员中，不仅有为传送情报而英勇献身的秦明道烈士，还有大老殷、郝贞、刘桂清。有的情报员在递送情报过程中被捕，敌人的皮鞭、烙铁、老虎凳在他们身上留下了永久的痕迹，但队员们的驻地和活动情况却从未在他们嘴里吐出半个字。大老殷在送情报途中被捕，在敌人不给吃喝关押的 13 个日日夜夜里，为了活着把情报送出去，硬是把自己破棉袄里的棉花全部吃

---

① 鲁南地区的"拜仁兄弟"，俗称拜把兄弟、拜把子，是一种典型的仪式亲属、拟亲属。

光。铁道大队凭着准确情报，很快铲除了敌人的假铁道队，与群众之间又恢复了鱼水关系。

其次是开展除奸运动。他们先后击毙了死心塌地投靠日本人，给铁道大队造成重大损失的伪乡长常尚德，叛徒黄二、王立彦、田广瑞等人。对表面应付敌人，背后秘密为铁道大队通风报信的伪乡保长予以奖励。这样一来，几个铁杆汉奸都被枪毙，个别未被枪毙者也不敢轻易做坏事；处于观望状态的伪军警和伪乡保长大都转到铁道大队一边。敌人失去了情报来源，很快变成了聋子和瞎子。铁道大队勇士又掌握了铁路两侧的主动权，队伍不断壮大，活动由秘密转向公开，原先分散隐蔽的队员大部分归了队。

说到这一时期鲁南铁道大队的工作进展，尤其是情报工作的顺利开展，就不得不提一个人，他就是津浦路西交通站站长秦明道。

秦明道（1881—1942），山东枣庄市薛城区常庄乡人。鲁南铁道大队地下情报工作者。秦明道7岁时上私塾，两年后由于家道中落，被迫辍学，回家务农。他长得身材矮小，聪慧诚实，善于结交朋友。1935年，在中共地下党的影响下，年逾半百的秦明道决心跟着共产党闹革命。1935年经中共大吕巷支部书记陶洪瀛介绍加入了党组织。入党初期，他奉命担任鲁南、湖西两地区党的政治交通员。

秦明道秘密传递党的情报，发动和组织群众参加革命。在秦明道等地下党员的努力下，1940年在津浦铁路临城南北又建立了两支铁道队。一支以孙茂生为首，活动在临城至薛庄一带；另一支以李文庆为首，活动在北辛庄、丁桥一带。不仅如此，秦明道还把长子秦玉升送到湖西苏鲁豫支队当政治交通员，把次子秦玉斗送到抱犊崮山区参加了抗日义勇总队。在他的感召和动员下，近20名爱国青年参加了抗日武装。

1940年7月，鲁南铁道大队成立。秦明道受组织派遣，配合鲁南铁道大队从事地下情报工作。当时，敌人的据点林立，汉奸特务横行，稍有不慎，就有被杀头的危险。秦明道没有被困难吓倒，仍然为抗日而忘我地工作着。为了活动方便，他常扮作讨饭老人，把情报塞进讨饭竹竿里。通过据点时，便躬腰驼背，蹒跚地向前挪步，显出一副老态龙钟的样子。过了敌据点以后，便大步流星地向前奔走。每次传递情报，他总是千方百计地完成任务。有一次，秦明道接到部队急需用款的指示后，马上将微湖大队大队长张新华等人在夏镇一带募集的千余元钱巧妙地藏起来，经过长途跋涉到达抱犊崮山区根据地，安全地送交给苏鲁人民抗日义勇总队，然而他却因饥饿和劳累病倒了。就这样在敌人的眼皮底下来来往往，一次又一次出色地完成任务，为铁道大队打击、袭扰敌人提供了可靠的情报。

1940 年 6 月，秦明道的长子秦玉升在护送一名女干部时不幸牺牲。老人强忍老年丧子的悲痛心情，没有把噩耗告诉家人，撑着瘦弱的身体继续在风里雨里为铁道大队传送情报。为了安慰妻子和儿媳，老人强忍泪水，不时地以儿子秦玉升的名义往家里带点东西。他时常给在部队的小儿子秦玉斗捎信，鼓励他向哥哥学习，为早日赶走日本侵略者、解放全中国而奉献自己的一腔热血。

秦明道对革命事业忠心耿耿，对革命同志像自己的亲人一样，有一次，鲁南军区的一位干部来他家落脚，这位干部由于昼夜兼程已累得筋疲力尽。老人看在眼里，疼在心上，可当时他家被日本鬼子抢得一无所有。他忙掐来两把未成熟的大麦穗，用火燎掉麦芒，搓掉硬皮，熬了碗稀饭给那位干部喝。还有一次，一位武工队员从山区根据地回来，一天没吃饭，路过他家时一家人正在喝野菜汤。秦明道却悄悄地把准备给母亲抓药的钱买了一斤花生，避开家人给这位同志吃。[①] 在当地，无论是部队、机关人员，还是群众，只要一提起秦明道，无不佩服至极。

1942 年年初，鲁南铁道大队的中队长田广瑞叛变后，带敌人查抄了秦明道的家，并悬赏 30 万元捉拿他。鲁南铁道大队为确保他的安全，劝他转移到山里避避风头。从此他们全家人只能随铁道大队到处打游击。

1942 年 5 月的一天凌晨，叛徒田广瑞带领日伪军 30 余人再次包围了秦明道的住处。当时，鲁南军区联络员张逊谦、傅宝甲刚好到此。秦明道忽听院外有动静，忙出门察看，发现敌人已将他的院落包围，冲出去已来不及，情况万分紧急！于是，他决定用声东击西的办法掩护张、傅二人突围。他把突围的路线向二人交代清楚后，立即抄起拐棍跑到院西北角矮墙

---

① 中共枣庄市委党史办公室编：《鲁南铁道大队纪实》，中共党史出版社 1992 年版，第 157 页。

处敲击墙头，吸引敌人。

张、傅二人乘机敏捷地越过院落，安全突围。敌人发觉上当后，咆哮着向秦明道扑来，朝他开了枪，秦明道中枪倒在血泊中。叛徒田广瑞见他还没咽气，狞笑着指挥日伪军把他放在门板上，准备抬到临城日本宪兵队请功。鲜血不断地从门板上流下来，不到二里路，秦明道便流尽了最后一滴血，为革命献出了生命。敌人将秦明道的遗体抬到临城，见已无法从他嘴里得到情报，便气急败坏地将其挂在临城东门外的电线杆上暴尸数日，后被群众将遗体秘密移走掩埋。

一一五师进入鲁南创建以抱犊崮山区为中心的抗日根据地，鲁南的地方武装就有了一一五师这个强大的后盾和鲁南抗日根据地这块可靠的后方。鲁南地方武装在游击区和敌占区实在坚持不下去的时候，就被调到山区休整。这种休整不是简单地撤到根据地藏起来被动的休息，而是一种积极的休息、整顿和提高。在根据地一方面要接受政治教育，另一方面要接受军事训练，等到部队的军事和政治素质有较大提高时，军区再派正规部队护送游击队出山，帮助游击队在游击区打开局面。游击队在根据地休整期间还要向根据地的军民介绍游击队打鬼子的经验，从而形成了互相学习的局面。

鲁南铁道大队曾有三次进山休整的经历，第一次是1940年8月，由于铁道大队频频出击，导致日军纠集大批兵力清剿铁道大队，刚刚组建起来的鲁南军区在得知铁道大队困难处境后，就马上命令他们到山区根据地进行整训。在此之前由于铁道大队一直活动在敌占区，队员们没有接受过八路军的正规训练。这次到山里后，铁道大队的队员们亲眼看见了山区老八路的艰苦奋斗的作风，高昂的斗争意志及革命的乐观主义精神，使全体队员深受感动和鼓舞。通过一个月的正规化训练和整顿，部队的军事和政治素质都有较大提高。

第二次进山休整是在1941年年底。铁道大队在反扫荡中损失较大，大队长洪振海也在战斗中牺牲，鲁南军区随即调铁道大队进山休整，1942年2月在一一五师教导二旅五团的护送下出山。

第三次是1942年4月敌人纠集枣庄、临城、峄县、兖州各据点日伪军三四千人，扫荡微山湖地区并攻占微山岛，铁道大队经苦战化装突围后，再度进山休整，直到 6 月才出山。

在第一次进抱犊崮山区根据地休整时，鲁南军区是通过交通员秦明道通知的铁道大队，让他们除留下少量人员坚持在本地活动外，其余人员全部撤到山里进行整训。

鲁南铁道大队接到命令后，决定留下孙茂生、田广瑞等 15 名骨干队员在微山湖边坚持隐蔽斗争，其他人员分三批连夜向山里挺进。王志胜率领一中队在前面，杜季伟率三中队居中，洪振海率二中队殿后。下半夜时分，他们到了临枣支线附近，并派人与刘景松联系，刘景松安排他们当夜住在小屯。杜季伟向刘景松询问了去山区根据地的路上敌人防守情况。因日军已知道铁道大队转移到临城一带的农村，所以对临枣支线的防守有所放松。鲁南铁道大队得知这一情况后决定当夜搞一次火车，作为给山里部队的见面礼。他们在临枣线碰到一列日军的买卖车，弄下来不少香烟和罐头之类的生活用品。第二天晚上，部队沿山区小路继续向北开进，天亮时到达鲁南军区驻地埠阳。

鲁南铁道大队在根据地受到了鲁南军区全体指战员的热烈欢迎。还安排宣传队演出了文艺节目。让铁道队激动不已的是，宣传队把他们打洋行的事编成了节目演出。鲁南军区的指战员听说在铁道上打游击的英雄们来了，纷纷要求铁道大队派人给他们作报告，向连队介绍他们截火车、打鬼子的英雄事迹。

整训的第一个阶段是学习。除洪振海因伤口未愈，到军区医院继续治疗外，其他人全部参加。在开始学习之前，杜季伟作了动员报告。他希望通过整训，铁道大队能成为一支有教养的部队，使每个队员都成为有阶级觉悟的战士。只有这样，出山的时候才能完成领导交给的更加光荣而艰巨的任务。

此后，每天天刚亮，他们就集合起来，像山里部队一样跑操。军区驻地的各个连队都穿着统一的军装，迈着整齐的步伐，喊着嘹亮的口号。铁道大队的队伍却跑得稀里哗啦。队员们服装也不统一，有穿蓝的，有穿黑的，有戴礼帽的，有戴毡帽、鸭舌帽的，还有不戴帽的。附近的群众看着都禁不住发笑。军区首长指着铁道大队向群众介绍，他们就是传说中的飞虎队时，旁边的群众听后马上对这伙人肃然起敬起来。本来都垂头丧气跑着的铁道大队队员们，听到有人赞扬，也增加了自信心，步伐也慢慢整齐了。

学习开始了，鲁南军区司令员兼政委邝任农、政治部主任彭嘉庆等领导都亲自来给铁道大队讲课。学习的主要内容有：一是在军事方面，除了讲游击战争的战略和战术外，特别强调群众工作和组织纪律性；二是在政治方面，除了讲中国革命的一般问题外，还特别给他们上了几次党课，讲中国共产党的建立发展和坚持党的领导；三是在时事政治方面，讲抗日战争形势和抗日根据地的建设。

为了加强铁道大队的军民关系教育，军区还专门安排政治部民运科科长给铁道大队作群众工作的报告，使队员们都深刻认识到军民关系应该像鱼和水一样密切。他说，八路军是人民的军队，人民的军队要处处尊重和爱护人民的利益，才能得到人民的拥护，只要人民拥护，部队就能成为不可战胜的力量。他在报告中还列举了许多八路军爱护老百姓，老百姓帮助八路军的生动事例。队员们听了这个报告，联系到自己前段时间的亲身体会及在根据地所见到的实际情况，展开了热烈讨论，并在思想上认识到了群众工作的重要性，纷纷表示今后一定要用实际行动加强群众观念。

整训的第二阶段是住村锻炼，其实这也不是军区领导特意为铁道大队安排的。根据地虽然比敌占区安全多了，但县城和铁道线上的敌人常派特务到根据地侦察，如果发现军区领导的驻地，马上就会有鬼子来扫荡。因此，部队在一个地方住，多则三天，少则一两天，就得转移，使敌人摸不清军区司令部的固定驻地。部队每转移到一个地方，鲁南铁道大队都学着山里部队的样子，给老百姓劈柴、挑水。临走的时候把铺草收拾好，院子打扫干净。部队走后，还派专人负责检查群众纪律，看看地扫干净了没有，借的东西都还了没有，有没有打碎或损坏的东西，如有就照价赔偿。

通过一个月的学习整训，队员们明白了过去自己为什么受苦，现在应该怎样斗争，以及抗战胜利以后，要建立一个什么样的幸福社会。同时也了解到，自己所参加的斗争并不是孤立的，在陕甘宁、在华北、在华中，敌人的后方都有着大块的根据地。那里有着党领导的抗日军民，展开着火热的对敌斗争。在他们的斗争中，抗日根据地在一天天地扩大。特别是山区部队艰苦奋斗的作风，高昂的斗争意志及革命的乐观主义精神，更使铁道大队全体队员深受感动和鼓舞。

整训期间，杜季伟政委又发展了刘金山、曹德全等一批队员入党，并提拔几名骨干队员任分队长。

早在1940年1月28日，毛泽东为中央书记处起草了《集中一切力量为发展武装建立根据地而斗争的指示》。指示要求山东分局和一一五师"把发展武装力量作为一切工作的中心。在今年一年内山东分局与一一五师至少应发展武装军队（包括游击队）到十五万人枪"。一一五师根据这一指示，先后对鲁南的抗日武装进行了整编，并派出特务团、六八六团、苏鲁支队等部向北发展，经过反复争夺，攻克鲁南山区的战略要冲——白彦。在击退8000名日伪军的扫荡后，乘胜开辟了天宝山区。8月，派兵两路出击：一路开辟邹（县）滕（县）曲（阜）泗（水）边地区，打通了与泰西、鲁中地区的联系；另一路开辟了临（沂）郯（城）赣（榆）地区，打开了鲁南向滨海的通路。至此，鲁南抗日根据地的地域已基本形成，根据地党政军民转入各项建设工作。

同年夏，一一五师为统一鲁南主力部队的领导与指挥，适应鲁南斗争形势的发展，将进入鲁南的苏鲁豫支队第四大队编为东进支队；将六八六团、董尧卿领导的抗日自卫军和冀鲁边转来的第六支队第七团合编为鲁南支队，并统一整编了地方武装。

1940年10月，为了加强部队的正规化建设，一一五师在天宝山区的桃峪召开了为期3周的高干会议。根据八路军总部的整军计划，一一五师所属部队统一整编为6个教导旅，共6万余人。一一五师领导的鲁南部队整编为两个旅：教导二旅和教导五旅。苏鲁支队被整编为教导二旅五团。10月25日，鲁南区党委、鲁南军政委员会在大炉召开会议，决定撤销一一五师后方司令部，建立鲁南军区。邝任农任司令员兼政委，彭嘉庆任政治部主任，并相继建立了一、三军分区。翌年4月，鲁南军区领导成员调整，张光中任司令员，邝任农任政委，贾耀祥任政治部主任，李荆山任政治部副主任。

苏鲁支队整编为一一五师的野战部队教导二旅五团后，活动地区无法固定在一个地方，继续领导鲁南铁道大队有困难，就把鲁南铁道大队交给鲁南军区直接领导。此后鲁南铁道大队在鲁南军区领导下进入了一个新的发展时期。

1941 年至 1942 年是山东抗日根据地最为困难的阶段。1940 年日军在山东的总兵力约为 3.6 万人、伪军 8 万人，几乎占领了山东所有县城，控制了全部铁路和将近 5000 公里的公路，建立据点 1156 个，并对各战略区实行分割、封锁。[①] 1941 年 2 月，一一五师师部为统一山东军事领导，根据中央指示，离开鲁南，由费县北聂家庄一带，转入沂蒙山区的青驼寺，与山东分局及山东纵队机关靠拢。之后，主力部队教导二旅活动于鲁南、滨海两个地区。

鲁南抗日根据地在主力部队北移的情况下，又遭到日伪顽的三面夹击。1941 年 3 月，国民党游击第七纵队司令申宪武部和山东一区专员周侗部等联合进犯鲁南抗日根据地，侵占了滕县东部地区。接着，国民党游击第十纵队司令王洪九部和游击独立第二十一支队李以锦部，乘根据地军民反扫荡之际，于 4 月 25 日侵占了以抱犊崮为中心的四县边联全部地区，杀害干部、群众 77 人，收去民兵枪支 2000 余支，制造了"边联惨案"。同年 10 月，东北军五十一军张本枝团袭击了驻银厂的鲁南区党委机关，区党委书记赵镈等 40 余位同志牺牲，造成"银厂惨案"。针对国民党顽军对根据地的步步紧逼，鲁南军区部队被迫奋起反击，先后击溃王洪九、李以锦、刘桂堂等部，收复部分地区。

根据地军民在开展反顽作战的同时，又不得不对日伪军开展反扫荡和反蚕食、反封锁斗争。1941 年 4 月，日军对鲁南进行了一次千人以上的大扫荡。扫荡后，蚕食了临（沂）郯（城）邳（县）边区和微山湖东岸鲁南铁道大队的活动区域。7 月，再次对鲁南进行大扫荡之后，蚕食了苍（山）码（头）地区。12 月，日军 3000 余人分九路合击费西天宝山区。

---

① 中共枣庄市委党史研究室编：《鲁南革命史》，山东人民出版社 1998 年版，第 129 页。

年底，敌人打通了临（沂）滋（阳）、台（儿庄）潍（县）两公路，使鲁南抗日根据地较 1940 年缩小一半。1942 年，日军继续大力蚕食，至年底，在鲁南地区建日伪据点达 441 处，平均每 1—2 个村庄就有一个日伪据点。1943 年 1—2 月，日军继续深入抱犊崮山区内部安设据点、修建公路，以抱犊崮以东的梁邱为中心，先后修通了到费县、邹县东城前、抱犊崮东南的埠阳等地的几条公路。这时鲁南抗日根据地已被分割成费（县）南、邹东、峄滕边、边联县东部、边联县西部互不联系的 5 小块地区。

为了扭转不利局面，鲁南区党委和军区采取了一系列措施。一是加强党的一元化领导，全地区党政军民工作，由区党委统一负责领导；王麓水任区党委书记兼鲁南军区政委，各地委书记兼任军分区政委；鲁南部队统一归一一五师指挥。二是实行"精兵简政"，全区精减机关人员 27%。三是开展大生产运动，从机关干部到部队战士，全体人员投入开荒种地、纺纱织布、养猪晒盐运动；同时设法到敌占区筹粮、筹款，到日军手中去夺物资。四是按"三三制"原则，进一步健全各级政权组织，从主力部队抽调干部加强地方政权。更重要的是实行了"敌进我进"方针，广泛组织武工队，深入敌占区。各县除留一名书记和县长领导县大队坚持原地斗争外，其余负责干部全部下到区，直接领导武工队、区中队，深入敌区，开展斗争。运河南北地区，处于敌之铁路、公路包围圈内，为华中根据地与华北和津浦路西根据地的联系通道之一。1940 年 10 月，主力部队从该地撤出，1941 年，鲁南军区以小股武装配合地方工作人员秘密插回运南，继又转至运北，在峄县地区整理好几个支部作为立足点，然后发动群众，建立两面政权，打入伪军据点，掌握伪军，有力地坚守了这一地区。在开展敌占区工作方面，鲁南铁道大队是小部队中的一面光辉旗帜。

1940 年年底，徐州日军纠集台儿庄、峄县、枣庄、滕县、韩庄、临城日伪军数千人，扫荡峄滕边和运河南北两岸地区，活动在微山湖东的教导二旅五团一部、运河支队、峄县支队及微山湖西的苏鲁豫支队第四大队等主力部队和滕县的党组织都暂时撤离了该地区，留下来的党组织和抗日武装都转入了地下活动，微山湖区的抗日斗争更加艰苦、残酷。日伪顽相互勾结，大肆搜捕隐蔽下来的干部和抗日武装。沛滕边县委民运部部长张运沛等十几名干部被捕，峄县县委宣传部部长李涛、沛滕边县委委员司那夫等几十名干部和民兵被杀害。峄县第四区留下来的 4 名干部，由于叛徒出卖，代理书记孙耀南被捕，贺文藻牺牲。运河南北、微山湖内外，日伪军炮楼林立，交通封锁沟纵横交错，严重阻碍了这一地区地方党和抗日武装的发展。鲁南铁道大队进山整顿学习后，当地的日伪军即声称鲁南铁道大队已经被他们消灭，铁道大队的活动地区几乎全部伪化，只有六炉店等两三个村庄尚可立足。

1941 年 2 月初，八路军教导二旅五团三营在副团长王根培率领下，配合运河支队、峄县支队，以及朱道南率领的峄县民主政府机关从根据地南下，鲁南铁道大队亦随之出山。由于主力部队出山的目的主要是帮助恢复以周营为中心的运河地区抗日根据地，鲁南铁道大队便在途中与他们分手，悄悄地返回微山湖东岸。

在六炉店村，鲁南军区津浦铁路西联络站站长秦明道向杜季伟汇报了铁道大队进山后日伪军和国民党顽军合流，残杀共产党员和抗日群众的血腥恐怖情况。他说，现在区、乡都在扩招伪军，成立反共自卫团，地主出身的乡、保长多数转变了态度。不过六炉店和乔庙两个村庄变化不大，虽可驻军，但截车、征粮有困难。

尽快扭转不利局面成为铁道大队首先要解决的问题。他们努力恢复并扩大了情报联络站，在日伪军内部、火车站及各区、乡都安插了情报员，以便尽快搞清楚临城日伪军及乡村伪政权的情况。王根培率五团三营进入运河地区后，首战拔除了周营伪据点，接着在运河南岸六里石击毁日军的汽艇一艘，并铲除巨梁桥闸的伪据点。1941 年 3 月中旬，由运河南岸转至运河北岸，在前牛庄俘获与日伪军勾结的伪峄县县长顾问，外号叫"二县长"的反动和尚本和。数日后，五团三营经过一夜的夜行军，穿越津浦铁路封锁线，直抵微山湖东岸的夏镇附近，驻杏园村的国民党顽军周侗所部的郝团见三营进入他们的活动地区，遂对三营进行袭扰。三营为了自卫，在杏园对郝团展开反击，在鲁南铁道大队和运河支队的配合下，经过一个多小时激战，消灭了郝团团部 120 余人，缴获机枪一挺、步枪 20 余支及其他大批物资。至此，微山湖以东、运河两岸地区的局面初步打开，王根培率五团三营返回抱犊崮山区根据地。

铁道大队在濒湖村庄虽然有了立足之地，但铁路沿线形势仍不断恶化。临城的铁道队员回家后，大都通过熟人关系领到了"良民证"，但多数人不甘心隐蔽，还想自由结合截车、破袭活动。第一个上路的是王新合，他在姬庄南截车，被日伪军包围，在与日伪军交火中牺牲。5天后，孙茂生在韩庄被捕，直到6月上旬才脱险回到部队。回家待命隐蔽的队员，看到敌人控制铁路十分严密，情绪普遍低落，有的与部队断绝了联系，有的带枪投敌，当了可耻的叛徒。

在前一段调查摸底的基础上，鲁南铁道大队在乔庙村召开了大队骨干队员会议。情报站站长秦明道综合了各方面的情报，讲了本地区抗日斗争的严峻形势。他说，由于去年在敌人扫荡的空间袭击了临城车站，毁了敌人的坦克，引起了济南日军对临城及铁路沿线的重视，开始在临城修城墙、增据点、筑碉堡、加岗哨。更为严重的是，济南军部派来了特高课课长高岗茂一。此人在中国东北出生，后毕业于日本东京帝国大学，不但能说一口流利的中国话，而且对我国的风土人情、宗教信仰等也比较了解。去年底来临城取代黑木西六任警务段长兼管保安。今年他给路警立了军令状，哪个车站、哪条路段出了问题，就按军法处理，所以铁路沿线戒备森严，不准百姓靠近铁路。两个月前，王新合在姬庄截车牺牲了，临城铁道队的同志为给王新合报仇，打了日本人的巡逻车，城里日伪军全部出动，在姬庄搜查了一天，没有查出铁道队的队员，逮捕了伪保长张亮文和9位农民兄弟，牵走了10头耕牛，烧毁了280多间房屋。

高岗不仅军事手段强硬，还用政治、文化手段来收买人心。在政治上，他大讲中日同文同种、东亚共荣。在日常生活中，他通过拜把兄弟、认干亲等手段笼络人心。特别是与常庄乡伪乡长兼反共自卫团团长常尚德关系很好，他还认临山乡乡长兼反共自卫团团长种化智的母亲做干娘，认姬庄伪保长姬茂喜的儿子为干儿子。他通过这些手段刺探地下党和游击队的情报，并把从伪乡、保长口中得到的情报交给警务段特务队长松尾去处理，他自己却冒充"好人"。

另外，滕县日军宪兵队从申宪武那里要出了阎成田，任命他为鲁南剿共团团长。阎成田手下有 800 多人，年初已分驻在坦山、柏山、东西托、临城、古井等地。此人原为滕县的小型铁道队头目，熟悉铁道队的情况，他与高岗结合，对抗日游击战争的开展极为不利。

不过，从滕八区十乡一镇 150 多个伪乡、保长目前的态度分析，像常尚德这样的卖国贼，只有三五个，大多数人都在观望，只要多做工作，他们是会站到革命一边的。

杜季伟同意秦明道对敌情调查分析。他说，敌情明了，是下决心的时候了，如果能把高岗、阎成田和三五个汉奸除掉，把伪军、伪政权中的大多数人争取过来，这个地区的形势一定能够好转。现在的工作是要使队员们放下包袱，振作精神，树立战胜敌人的决心和信心。

杜季伟指出，鲁南铁道大队出山一年取得了巨大成绩，在微山湖东岸基点村重新站稳了脚跟，并与兄弟部队共同开辟了微山岛抗日根据地，使微山岛成为活动在鲁南地区的各路游击队的后方基地；深入虎穴，击毙了给铁道大队造成较大损失的临城特务头子高岗茂一，重建了情报联络网；截布匹、截药品和医疗器械，为鲁南军区主力部队解决了冬季缺棉衣和伤病员缺医少药问题。特别是消除了高岗茂一、阎成田两大隐患，是铁道大队能在微山湖边立住脚的关键。高岗不是一般的日军低级军官，而是懂军事、懂政治，生在中国、熟悉中国国情的少佐特工，阎成田曾是滕县小型铁道队的头目，熟悉临城铁道队的内情，既是汉奸，又是内奸。如果高岗与阎成田勾结起来，将会对铁道大队带来灾难性的后果。铁道大队看到了高、阎勾结后的问题严重性，群策群力，先用离间计使二人互不信任，杀了高岗茂一，再用借刀计，解散了阎成田团，消除了铁道大队的后顾之忧。去年上半年，100 多名队员回家隐蔽待命，尽管敌人进行了多次搜查，绝大多数队员在敌人疯狂杀人的腥风血雨中安然无恙。去年下半年，敌人进行多次报复扫荡，多数队员没有进湖躲避，而是一直在临城周围与敌人周旋。这说明鲁南铁道大队是一支能够在敌人心腹地区生存、战斗的特殊部队。

杜季伟指出，去年的教训也是深刻的、沉痛的。洪振海大队长在黄埠庄战斗中牺牲，能文能武的青年战士曹德全在与敌人的遭遇战中为掩护洪大队长而英勇献身，临城铁道队早期优秀队员王新合在截车时牺牲。尤其是洪振海大队长，是出于对群众的爱护，对敌人的仇恨，才组织部队抗击敌人，并且让敌人付出了沉重的代价，为乡亲们报了仇，为铁道大队解了恨。他是鲁南铁道大队当之无愧的抗日英雄。他的英雄气概永远是铁道大队全体同志的学习榜样。对这样的英雄人物，应该引以为豪，微山湖边的人民群众也不会忘记他们。但是，教训必须吸取，在敌强我弱的情况下，只能打游击战，不能与敌人硬拼，更不应该在敌情不明的情况下盲目出击。这样做，是不符合毛泽东主席的游击战术和中国兵法原则的。今后应当吸取教训，认真学习游击战术，学习军事常识。

杜季伟主持召开支委会进行讨论，支委们认为，为了稳定情绪，统一思想，坚定信心，有必要办一期训练班，进行学习整训。于是鲁南铁道大队决定，从1942年1月上旬开始，在微山岛的杨村进行为期20天的冬季训练。

冬季训练分政治学习和军事训练两个方面。政治学习的内容主要是学习毛泽东主席和朱德总司令的关于如何开展游击战和持久战方面的文献，加强部队的组织纪律性，一切行动听指挥，加强党支部的战斗堡垒作用。军事训练的内容主要是：长枪队进行射击、投弹和利用地形、地物作战等方面的训练；短枪队进行扒车、破路和截击火车等方面的训练。

训练期间，枣庄、临城两个中队分别介绍了过去一年的战绩和经验。杜季伟综合两队的情况，作了总结发言。

鉴于铁道大队多是以分队、小组为单位活动，学习军事技术的任务由各中队指导员负责，班、组长具体安排，定期检查汇报。

杜季伟在总结中还谈了临枣一带的日伪军兵力部署情况。他说，鲁南临（城）枣（庄）滕（县）一带目前共有日军3000多人，伪军1万多人，其中滕县驻有日军步兵1个联队、9个中队，其中4个中队500余人转为枣（庄）陶（庄）煤矿矿警，5个中队分驻在陶庄、山家林、邹坞、枣庄、峄城、泥沟、台儿庄铁路沿线及北部山区的周围据点里。伪军主要分驻在大运河、津浦铁路、临枣、台枣铁路支线及台潍公路沿线的封锁线上。临城日军的铁路防卫，主要由日伪合编的250名铁路警察负责。临城、韩庄、夏镇三地有日军两个中队、铁甲车一个中队，另有由日本铁路员工组建的铁道青年队配合，共有日本兵 500 多人、伪警察 1500 多人。[①]最后，杜季伟根据鲁南军区的指示精神，安排了 1942 年春季的作战计划。作战目标：牵制、袭击津浦铁路兖州至韩庄段以及临枣、台枣铁路支线沿线的日伪军。春季战斗任务：主要是配合鲁南军区主力部队，在反扫荡中破袭铁路交通，袭击敌人据点，牵制敌人的兵力，减轻山区抗日根据地的压力。集训期间还发展了部分共产党员。

经过近一个月的集训，铁道大队统一了思想，认清了形势，提高了军政素质，进一步密切了军民关系和干群关系。

微山湖冬训刚刚结束，敌人就纠集徐州、济南、青岛等地的日伪军数千人集中扫荡鲁南抗日根据地。为粉碎敌人的扫荡，迟滞敌军的行动，鲁南铁道大队奉命投入铁路破袭战。战前，他们派人详细侦察了津浦铁路临城南、北路段及临枣铁路支线日军的防备情况。侦察人员汇报说：枣庄敌人防务较前松弛，临城至井亭驻军较少，其他路段戒备森严。鲁南铁道大队根据侦察到的情况，决定分四路对敌人展开破袭战。

第一路由王志胜带 5 名队员乘夜奔赴枣庄，通过内线关系，潜进枣庄火车站。自从鲁南铁道大队离开枣庄，转移到微山湖东岸活动后，枣庄的日伪军松了一口气，对火车站的警戒有所放松。王志胜发现一列运煤车停在一辆火车头后面的铁轨上，另一头的另一股道上，还停着一辆车头。王志胜就命令曹德清和李云生各开一辆车头，同时撞向运煤车。曹德清乘人不备，跳上煤车前面的车头，开出了月台。等到车站上的人发现煤车前面的车头怎么会无缘无故地自己跑出车站时，曹德清已经把车头开回，飞快地向运煤车撞去，只听"轰隆"一声，两辆车头同时倒在了铁轨旁边，而曹德清在此之前已经跳了下来。就在车站上的日军被撞车巨响吓得惊慌失措时，李云生已经将另一头的车头开出，并将车头调到与运煤车同一条轨道上，全速向运煤车开去，在快要相撞的一刹那跳下车头，李云生开的车头又从后面撞向运煤车。顿时，整个车站乱作一团，王志胜等人趁乱撤

①　中共枣庄市委党史办公室编：《鲁南铁道大队纪实》，中共党史出版社 1992 年版，第 47 页。

离了车站。

第二路由政委杜季伟率领长枪队部分队员，到临城以北发动群众切断敌人的通信联络。他们将津浦铁路井亭至官桥段路旁的电线杆全部锯断。

第三路由徐广田、华绍宽率领一、四中队破袭临城至井亭段的铁路，他们将十余里长的铁轨和枕木扒掉抬走，并破坏了路基。

第四路由孙茂生率领 70 余名队员在津浦铁路临城至韩庄段破袭铁路，他们破坏铁轨多处，造成日军一列载有 20 节军用物资的火车在塘湖北脱轨翻车，车厢和所运载的货物均被烧毁。

鲁南铁道大队在津浦铁路临城南北的大破袭行动，迫使日军的铁路运输中断半个多月，迟滞了敌人的运兵行动，为鲁南军民反扫荡的胜利做出了贡献。

1942 年是鲁南铁道大队斗争形势最为严峻的一年，也是从这一年开始鲁南铁道大队的战略任务发生了转移，转变为保卫秘密交通线的畅通，护送干部过路。一一五师和鲁南军区把秘密交通线上最重要的一段即跨越津浦铁路的护送任务交给了鲁南铁道大队。在严重局势面前，鲁南铁道大队在芦苇荡里召开了骨干会议，讨论研究如何落实一一五师和鲁南军区首长的指示。会上，杜季伟指出，日军在中国的占领地分为广州、武汉、华中、华北四个战略区，鲁南处在敌人华中和华北战略区的接合部，因此敌人会不惜重兵扼守这个地区。鲁南同时又是连接新四军华中抗日根据地和八路军山东抗日根据地的通道，保证这两大根据地的联系畅通，具有重大战略意义。现在华中抗日根据地通往延安的交通线也被国民党顽固派切断了。一一五师和鲁南军区首长指示开辟一条新的秘密交通线，以便山东抗日根据地和华中抗日根据地的领导干部能够跨越敌人重兵防守的津浦铁路，经微山湖，西去延安。这是一个光荣而艰巨的任务，鲁南铁道大队一定要把这条交通线开辟成功，保证两大战略区的领导干部通行无阻。因此下一步的中心工作，不是扒铁路、炸火车，而是要做好秘密交通线沿途的群众工作和敌伪军工作。这项工作比扒铁路、搞火车还要困难。

杜季伟表示，相信鲁南铁道大队完全有能力完成这项光荣而艰巨的任务，他列举了有利的条件：第一，有军区首长的关心帮助，下一步要派专门从事敌工和锄奸工作的干部来帮助工作；第二，有成功开辟跨越两条铁路封锁线到抱犊崮山区根据地的秘密交通线经验；第三，在这一地区的情报网虽然遭到敌人的破坏，但大多数联络站都保存了下来；第四，在这一地区拥有良好的群众基础。

随后，鲁南铁道大队对这一带的地主、汉奸、日伪组织逐一进行了分析，区别他们的不同情况，决定实行打拉并举、分化瓦解、争取多数、重点打击反动骨干的策略。会议认为，要想让群众不害怕，就得首先除掉那些"坏中坏"，特别是铁道队内部的叛徒，他们的破坏力最大，因为他们知道铁道大队的活动规律，掌握不少情报联络站的地点和接头人。

会议根据大家的意见，对铁道大队下一步如何开辟秘密交通线做出决定：一是开展群众工作，先有立足之地；二是铲除叛徒；三是恢复健全情报网；四是加强敌伪军工作；五是联合兄弟部队共同开辟秘密交通线。

铲除"坏中坏"的工作是鲁南铁道大队工作中的重点。1942年夏，鲁南军区组织干事褚蓝田叛变投敌，把他掌握的中共地下党员的名单交给了敌人，还带领日伪军去抓捕地下党员，使这一带党组织遭到重大损失。鲁南铁道大队决定除掉这个叛徒。可是褚蓝田大部分时间都蜗居在韩庄据点里。铁道大队就给附近情报站布置任务，让他们严密监视褚蓝田的行动。

有一天，情报员褚思军找到曹修富，说褚蓝田要去张阿村收款，还准备在那里吃晚饭。曹修富认为这是干掉褚蓝田的好机会，马上向铁道大队做了汇报。铁道大队随即派孙茂生、孟庆海、王福胜去铲除这个叛徒。张阿村有好几条出村路，他们不知道褚蓝田从哪条路出村，因此无法在路上伏击，只有趁天黑后闯进褚蓝田吃饭的地方击毙他。孙茂生等人在曹修富的带领下，埋伏在村头附近的一片高粱地里。他们潜伏了大半夜，内线才送信来说褚蓝田第二天上午来。孙茂生等决定继续在青纱帐里隐蔽，直到第二天中午，正当褚蓝田在张阿村一户地主家里喝得醉醺醺的时候，孙茂生等在褚思军的带领下，以迅雷不及掩耳之势直冲到褚蓝田的酒桌旁，褚蓝田还没弄清楚是怎么回事，就被铁道大队绑了起来。为了避免过铁路时岗楼里的敌人怀疑，他们在撤出时每人都戴了一顶草帽，披着衣服，手里拿着镰刀，装作干农活的样子，两个队员把褚蓝田夹在中间，在衣服内用手枪顶着他，顺利过了铁路。他们把叛徒带到马家庄，审问后将其处决。

之后，鲁南铁道大队又铲除了其他几个威胁较大的叛徒和铁杆汉奸，又重建和完善了这一地区的情报网。

瓦解日伪军，变一面政权为两面政权是鲁南铁道大队的一项重要工作。微山湖区一带的伪区、乡、保长危害是很大的，铁道大队活动的情况，有不少是他们密报到敌人据点的。为了改变这种情况，铁道大队坚决镇压了那些与人民为敌的顽固不化死硬分子，对另外一些态度摇摆不定的人，则利用敌人的内部矛盾，实行打拉结合，争取转化。铁道大队具体采取的方式有：一是对伪乡、保长进行爱国救亡教育，争取不当汉奸，对日本人只是表面应付；二是对伪军家属做深入细致的思想工作，劝其亲人反正；三是查清据点、碉堡里的伪军姓名，然后开展喊话教育。通过政治攻势和宣传教育，交通线附近大多数炮楼内的伪军和乡村里的伪乡、保长都能够及时给铁道大队通风报信，变为两面政权。

西万的地主、恶霸、伪乡长张步锋一直与铁道大队为敌，罪大恶极。铁道大队抓住他后，召开了公审大会，并当众将其枪决。这样既平了民愤，也震慑了当地大大小小的地主。只要不是死心塌地为日伪军卖命的伪乡、保长，鲁南铁道大队还是尽最大可能做他们的转化工作，临山乡乡长兼反共自卫团团长种化智就是一例。

为了提高微山湖东岸广大村庄群众的抗日积极性，在湖区还没有建立抗日民主政府的情况下，鲁南铁道大队决定组织群众开展减租减息运动。但活动遭到当地土顽、地主的竭力抵制。特别是有"东霸天"之称的种庄的种化智带头抵制减租减息。铁路两侧18个村庄的地主，见种化智抵制减租减息活动，也跟着抵制，致使减租减息工作无法开展。鲁南铁道大队决定先制服种化智。

种化智有30多人的自卫团武装，在当地很有影响，临城特务头子高岗茂一为了拉拢他，曾认他母亲做干娘。他自恃离临城日军据点不远，自己又有武装，所以对群众的减租减息要求根本不予理会。杜季伟以鲁南铁道大队的名义一连给他写了三封信进行劝说、警告，他都不加理睬。有人建议除掉种化智，但杜季伟不同意。他认为种化智虽有罪恶，但不是罪大恶极，何况他在这一带影响很大，如果能将他制服，这一带其他地主就不攻自破，最好先把他抓来教育教育，如果经教育仍死不悔改，再除掉他也不迟。

鲁南铁道大队大队长刘金山率领曹德清、李云生等队员装扮成交租子的农民，推粮食走到种庄的庄外时，派人去向种化智报信，说租子被别人截住了。种化智出来查看时被活捉。

种化智被铁道大队"请"到微山岛的消息很快在铁路两侧的村子里传开了，各村的地主都紧张起来。村里的老百姓也纷纷议论：种化智这种地主恶霸落到铁道大队手里，恐怕是有去无回，凶多吉少。

种化智是欠了鲁南铁道大队血账的。铁道大队刚到微山湖东岸的时候，曾带领群众到种化智家借粮，他不但不借，还命令家丁开枪射击铁道大队和借粮的群众。所以刘金山等人把种化智带到微山岛后，岛上的队员都坚决要求杀掉种化智，为死难的队员和乡亲们报仇。杜季伟耐心解释，杀了种化智可解心头之恨，可是这样一来，铁路两侧18个村的大小地主就会人人自危，转而死心塌地地去投靠敌人。把种化智捉来，是为了教育改造他，让他有所用。

队员们按杜季伟的要求，将种化智关在原伪乡公所大院的一间屋里。种化智心里很纳闷：作为曾经杀过他们的人的人，犯到他们手里，肯定没有活命。现在不仅不杀，还好好招待，到底是为什么？

每天，杜季伟都来给种化智上一课，讲共产党抗日民族统一战线的政策，讲八路军优待俘虏的政策。告诉他，只要他能够认识到以前所犯的罪恶，改恶从善，铁道大队就会既往不咎，对他宽大处理。种化智为了活命，总是装着认罪的样子忏悔自己，表示只要铁道大队饶他不死，回去后绝不再欺压百姓，一切听从吩咐。

经过20多天的教育、反省，杜季伟认为种化智确实有悔改表现，决定放他回去。临放之前，杜季伟给他提出了三个条件：一是不准与日伪军勾结对付铁道大队；二是不准欺压百姓；三是实行减租减息。种化智一听要放了自己，连忙承诺照办。

　　种化智从微山岛上放回来的消息很快传遍铁路两侧的十几个村庄，这一带地主们都很震惊，想不到种化智还能活着回来，共产党的政策真宽大。但对铁道大队又都很害怕，种化智手下有几十人的自卫团都不能保证自己的安全，其他地主家的几名家丁更挡不住铁道大队，因而都不敢轻举妄动。

　　种化智回到种庄后，果然拿出了实际行动，联络了本乡的大小地主，秘密进行减租减息。有的地主还借此与铁道大队拉近关系，向铁道大队通风报信，希望得到原谅。

　　滕县伪八区副区长兼沙沟乡乡长董华堂的区公所离沙沟车站很近，站上驻有日本兵和伪军，他本人系地主兼资本家，沙沟乡的乡、保长都听他的，日本人对他也很信任。因此，他自恃靠山硬，势力大，对铁道大队的忠告置之不理。为了让他转变态度，铁道大队想了个以毒攻毒的办法，就是经常在他的区域制造麻烦，扒车、破路、锯电线杆，甚至在临城或其他地方抓了特务也专门弄到沙沟附近枪毙。这样一来，董华堂经常被日本人骂得狗血喷头。这时，铁道大队又抓了他在商店当经理的儿子送进山区根据地，接着传话给他，如再不转变立场，就将采取断然措施。董华堂在走投无路的情况下，不得不向铁道大队屈服，主动找上门来要求宽大，表示只要不杀他们父子，就改恶从善。他答应了铁道大队提出的三个条件：一是不得破坏抗日民族统一战线；二是他本人和所属人员都要为铁道大队提供情报；三是从物资上给铁道大队一些支援。为了应付日本人，铁道大队仍让他当伪区长。从他后来的表现看，基本上做到了与铁道大队约定的条件，铁道大队在他的辖区出入比较安全，有的队员家属来了，在他家里住上一段时间也平安无事，他家甚至还可以收留铁道大队的伤病员。

　　1942 年 7 月，刘少奇在山东检查工作即将结束，并决定从鲁南经微山湖西行。为了加快开辟这条交通线，鲁南军区派军区城工部专做敌军工作的王建安到鲁南铁道大队和微湖大队的活动区域微山湖畔的津浦铁路两侧检查对敌军工作，并协助这一地区开辟交通线。

　　王建安，祖籍山西省洪洞县。1917 年出生于一户富裕农民家庭。兄弟 5 人，他排行最小。17 岁那年，他离开家乡到外地读书。大学二年级时，抗日战争爆发。同年底，他怀着抗日救国的愿望，投笔从戎，参加了八路军——五师，在师直机关从事部队的文化宣传工作，不久加入中国共产党。此后，他随部队转战晋冀鲁各个抗日战场。

1939年10月，王建安随八路军——五师东进支队抵达鲁南。首长根据他在大学时已掌握日语的特长，让他改做敌军工作。1941年6月，"在华日人反战同盟"鲁南支部成立后，他奉命前去从事培训日本和朝鲜籍盟员的工作。

鲁南军区城工部建立后，他又调入该部从事敌军工作，充分发挥精通日语的有利条件，积极带领反战盟员瓦解日军，深入各支抗日武装部队指导和检查敌军工作。由于他把这项工作搞得非常出色，使许多据点的日军丧失了战斗力，为巩固和扩大抗日根据地做出了贡献。

王建安到微山湖地区后，指导鲁南铁道大队和微湖大队很快查清了敌伪顽军反动势力的分布情况，并对交通线上的日伪据点做了大量分化瓦解工作，采取了一些果断措施，使这里的抗日斗争形势有很大的好转，为刘少奇等大批党政军各级领导干部安全跨越津浦铁路和微山湖，打下了良好的基础。

鲁南铁道大队在王建安的具体指导下，还做了大量伪军家属的工作。他们通过深入细致的调查摸底，认为伪军中真正死心塌地为日寇卖命的只是极少数，大部分人是迫不得已，他们的家属更不愿意他们为鬼子卖命。为瓦解和争取伪军，王建安带领铁道大队的同志有时一夜跑两三个村庄，冒着生命危险到伪军的家中做其家属的工作，让他们明白当伪军是卖国行为，应规劝其夫尽快悬崖勒马。如暂时不能弃暗投明，也要给自己留条后路，不要当出卖民族利益的铁杆汉奸。在王建安和铁道大队其他同志的积极努力下，许多据点里的伪军对铁道大队的态度有较大转变。特别是一些家庭比较贫穷的伪军，不仅偷偷给铁道大队送情报，有的还主动投诚，要求参加抗日武装。

经过一段时间的工作，鲁南铁道大队对护送干部所要经过的村庄，如津浦路东的聂庄、放马场、老和尚寺、横山口、小北庄、曹窝、界沟、吕沟、董庄、茶棚、麦穰店、姬庄和路西的孟岭、郭家洼、乔庙、西万、蒋集、夏镇、南庄等地，进行了详细的摸底调查，凡是沿途村庄的伪乡、保长、日伪据点，以及家里有人当伪军、特务或与其有联系的人，都是铁道大队重点做工作的对象。铁道大队向他们讲明抗日救国的道理，规劝其不要做死心塌地的汉奸，否则便没有好下场。通过工作，一部分伪军和伪乡长与铁道大队建立了联系，保证"身在曹营心在汉"，有情况及时向铁道大队汇报。

为了进一步瓦解敌人，他们还给附近的伪乡、保长及伪军建立了一本"账"，群众称为"生死簿"。谁帮助共产党、八路军做了件好事，就在其名下记个红点；谁对共产党、八路军干了坏事，就记黑点，到一定时候算总账。这种"红黑点"活动对敌人起到了很大威慑作用。对坚持反动立场的顽固死硬分子，铁道大队则予以坚决铲除。交通线沿途村庄的伪乡、保长，经做工作，多数表示愿意合作。有些人成了铁道大队的情报员，他们的家也成了铁道大队的地下联络站，姬庄的伪保长姬茂喜就是其中之一。

姬茂喜，字厚朴，1899年生。1935年，在姬庄任地保的堂兄姬茂海因年迈将地保之职让给了姬茂喜。从此，他就走村串户，为旧官府催粮要款。1938年临城沦陷后，姬茂喜由地保又变成了日伪的保长，为日军办事。因姬庄地处津浦路旁，又离沙沟车站不远，战略位置比较重要。临城特务头子高岗为了拉拢姬茂喜，曾将他儿子认作干儿子。铁道大队认为，如果能把姬茂喜争取过来，把姬庄作为铁道大队的一个落脚点，就等于控制住了这一段的津浦铁路，将来护送干部就可以选择这里作为一个过路点。为此，铁道大队于1942年夏派二中队长孙茂生将姬茂喜"请进"微山岛。经过一个多月的说服教育，使他转变了立场，并立誓"真心向我，假心向敌"。姬茂喜回去后以日伪保长的身份作掩护，积极为铁道大队搜集情报，传递信件。

有一次，鲁南军区派一位姓郎的军官到鲁南铁道大队布置任务，途中与日军遭遇，战斗中腿部受伤。由于当时日军在沿湖地区三天一扫荡，五天一清剿，没法在基本群众家里养伤。铁道大队领导经过商量，决定让他住在姬茂喜家里养伤，因为敌人进村后一般不搜查伪乡、保长的家。铁道大队将伤员送到姬茂喜家养伤。姬茂喜把他安排在家里的地下室里，并通知妻子和孩子，千万不能走漏消息。虽然姬茂喜一家对伤员照顾得无微不至，但由于缺医少药，伤口开始发炎溃烂。姬茂喜看着恶化的伤口，很是着急。于是决定亲自去临城买药。日伪军为封锁根据地军民，对药品销售控制得非常严格。盘查时如果发现有人私带药品，特别是外伤药品，便以私通八路罪名立即抓捕，并严刑拷打，甚至处死。姬茂喜与临城保康医院的大夫陈文景是朋友，想通过他买些消炎的西药。为保险起见，他又带上本村的殷昭福同去。到临城找到陈大夫买好药后，他把药品放在篮子底下，上面盖上青菜，让殷昭福挎着。他二人匆匆走出医院，又买了些其他食品。当他们行至临城东门口时，突然被4个伪军用枪拦住，其中两个伪军夺过篮子就要搜查，姬茂喜急忙抢先一步，一面同日伪军打招呼，一面取出事先准备好的香烟、花生等送给他们。4个伪军一见有香烟和好吃的，就放松了搜查，殷昭福趁机溜出了东门。由于姬茂喜一家的精心调治和护理，郎政委的伤口很快愈合康复并返回了鲁南军区。

鲁南铁道大队见姬茂喜真心为部队办事，就把他家当作了地下联络站，大队领导及其他队员也经常在他家落脚。只要姬茂喜家里有游击队员落脚，就把自己的家人派出去站岗放哨。有一次，杜季伟、刘金山、王志胜几位大队领导刚到姬茂喜家，准备吃了饭就走。从村西的炮楼里来了四个伪军，放哨的孩子马上把这一情况告诉了姬茂喜。刘金山听说伪军来了，立即掏出手枪，要消灭这几个伪军。姬茂喜马上哀求不要在家里把他们打死，以免一家老小受牵连，并安排他们先到地下室里躲避。然后，姬茂喜巧妙地支走了伪军。随后，鲁南铁道大队领导迅速离开了姬茂喜家。

后来，铁道队把姬庄西铁路道口旁炮楼里的伪军也争取过来了，从而使铁道大队在这里基本上可以公开活动。

通过以上工作，铁道大队基本上将微山湖东岸的伪军据点控制起来，当地群众也把铁道大队当成自己的靠山。

1942年9月，日军一列运耕牛和大米的军车因给运兵车让道，停在临城站南的一条道岔上。当时临城的日军只顾调集大批人马到乡下扫荡，没有在火车附近放岗哨。铁道大队得到这一情报后，乘夜将火车上的耕牛和大米卸下来，运到西万村分给正需要耕牛开荒种麦的农民。日军丢失了牛和大米后，济南军部派人追查，松尾说车站南的岗哨由岩下中队负责，岩下说岗哨原由警务段负责。松尾指责岩下没和警务段协商便派兵接管了岗哨。日军军部要小林对岩下严加惩办，小林当即将岩下拳打脚踢了一顿，并让岩下答应被盗的牛和米由他赔偿。岩下在上司面前受了屈辱，回去后立即召集伪乡、保长开会，把一口大水缸架来，放进石灰水，缸上面盖着石板。他要伪乡、保长们说出铁道大队在哪个村宿营，不说就放进水缸做"水缸监牢"。伪乡、保长们吓得魂不附体，没人出声。姬庄的姬茂喜以全家人的性命担保村里没有铁道大队队员住宿。其他伪乡、保长也都表了态。岩下问：铁道大队没在村里宿营，去哪里了？有几个保长说，铁道队员都是"飞毛腿"，可能天天回微山湖里住宿。岩下气得干瞪眼也没什么办法，只好把他们都放了。

为了破坏铁道大队的情报网络，日军对伪乡、保长恩威并用，一方面使用拉拢手段，对听话的伪乡、保长进行奖赏，将表现"好"的村子评为"模范村"、"爱护村"；另一方面，对给八路军通报消息的伪乡、保长，使用残酷刑罚折磨他们。同时重金悬赏捉拿铁道大队的主要领导人，并策动共产党员和游击队员叛变。这样一来，附近的伪乡、保长人人自危，各色叛徒成了敌人的"座上宾"。针对敌人的这一花招，铁道大队采取了以其人之道还治其人之身的方法，派出部分思想觉悟过硬的队员打入敌人内部潜伏。既然给敌人当"特务"，长期不给敌人提供情报就会引起敌人的怀疑。于是铁道大队就让他们给敌人提供一些滞后的情报，但前提是绝对不能让铁道大队受到损失。但也有个别被铁道大队派进去的卧底经不起考验，向日伪军提供真情报，向铁道大队提供假情报，做了可耻的汉奸。铁道大队查实后立即派出锄奸组将其铲除。

这一时期，临城已成为鲁南的情报中心。鲁南军区、湖西军区、沛滕边县、峄县、鲁南铁道大队、微湖大队等党委和武装都在临城设立了情报站，敌人方面，日军济南军部、临城、枣庄、滕县、韩庄等宪兵、警察和特务部门也在这里设有情报机构。情报工作出现了"敌中有我、我中有敌"的复杂局面。鲁南铁道大队派出的卧底人员冒着生命危险在魔窟中与敌人周旋、斗争，他们传送出来的情报，为铁道大队机动灵活地转移和抓住战机、消灭敌人，提供了可靠的信息。有的人被敌人发现后严刑拷打，但宁死不屈，表现了革命者视死如归的崇高精神。刘胜喜、曹修富便是他们中的代表。

刘胜喜是受铁道大队派遣打入顽军内部的地下工作者。1941 年他曾在伪军阎成田的部队里从事过一段秘密工作。1942 年春，受铁道大队副大队长王志胜派遣，打入顽军胡介藩部。后来他得知胡介藩打算指使一个连队向铁道大队假投降，企图里应外合，消灭铁道大队。刘胜喜迅速将情报送给其单线接头人王志胜，使铁道大队早有准备。当胡部的王化根率领一个连队来投降时，铁道大队及时将该连分散整编，逮捕并处决了连长王化根。胡介藩"偷鸡不成，反而蚀了把米"，白白送给铁道大队一个连队的兵力。他恼羞成怒，疯狂在内部查找奸细，当他怀疑到刘胜喜头上时，刘胜喜已经奉命撤出，胜利返回铁道大队。

1945 年 4 月，刘胜喜在一次单独执行任务时，由于汉奸告密，被临城日军宪兵队抓捕，关押在临城监狱。铁道大队通过关系营救时，刘胜喜已被押到滕县日军大本营，被关押在滕县的还有铁道大队的情报员张秀盈等 9 人。刘胜喜被押去的第二天，敌人开始对他们轮番审讯，逼问谁是"飞虎队"。尽管敌人用尽酷刑，但始终没有一个人招认。刘胜喜见自己的同胞受苦受罪，于心不忍，突然从地下站了起来，承认自己是飞虎队！日军审讯官将刘胜喜安排在一个单间房子里住，每天好吃好喝伺候着。刘胜喜是来者不拒，吃饱喝足后仍旧不买日本人的账。刘胜喜在滕县被关押了三个多月，不仅敌人没从他那里得到半点铁道大队的消息，一个日军的翻译反而被他争取了过来，替他传递了不少情报。铁道大队根据他提供的情报，通过关系将刘胜喜和张秀盈营救出狱。

刘胜喜归队后马上又投入新的战斗。一天，他和队员程怀玉奉命到临城侦察，在古井村遇到两个巡逻的日本兵要盘查他们。刘、程二人立即扑上去，欲夺取日军的枪支，结果被迎面而来的一队伪军包围。他二人见日伪军人数太多，撒腿就跑，结果程怀玉脱险，刘胜喜被捕。敌人将他折磨了四天四夜，什么也没得到。一天夜里，天下着大雨，敌人冒雨将他和另外四名被捕的群众押到临城东门外，推到早就挖好的土坑里，将他们活埋了。埋完之后，敌人怕他们不死，又往土坑里打了几枪才离开。这时，雨越下越大，刘胜喜身上埋的新土很快变成了泥浆流走，他成功脱险并跑到薛庄的姐姐家躲避养伤。

第二天早晨，刘胜喜的妻子马秀英听到丈夫被敌人活埋的消息后，哭得肝肠寸断，立即抱着刚出生 5 个月的孩子，在乡亲们的帮助下，到刑场收尸。他们把埋人的 5 个土坑都挖了，结果只找到 4 具尸体，唯独不见刘胜喜的尸体。马秀英和乡亲们一合计，判定刘胜喜可能死里逃生了。为了迷惑敌人，马秀英仍然大哭着离开了刑场。她刚回到家，薛庄的姐姐派人来送信说，刘胜喜在她家，马秀英心里的石头才落了地。不久，铁道大队便派人将刘胜喜接到安全的地方养伤。

1942 年秋的一天早晨，临城地下党员曹修富带领褚衍臣去何庄北的大槐树底下集合开会，当他们沿着一条胡同走到一半的时候，看到槐树底下黑压压的一大片人，以为是先到的同志，就继续往前走。刚出胡同，就突然被人从后面抓住了。他定睛一看，树底下都是日军和临南剿共自卫团的人。曹修富马上意识到集合地点被敌人知道了。怎么办？自己的人马上要在这里集合，可敌人已经包围了这里。为了给其他同志报信，他假意对敌人说，活动是以三声枪响为号，听到枪声，地下党员都到这里集合。敌人上当，果真打了三枪，其他的地下党员听到枪声，知道出了事，便不再往这里来集合。敌人的目的没有达到，便把曹修富和褚衍臣绑上带到临城。第二天，临城宪兵队长岩下亲自审问。曹修富在被捕时暴露了自己的身份并提供了假联络暗号。而褚衍臣并没有暴露，曹就让褚说是他的表侄，来找褚玩的。敌人把褚衍臣放了，然后让曹修富供出自己的同伙，曹修富拒绝透漏任何信息。敌人先是用皮鞭抽、铁棍打，接着又灌辣椒水，曹修富始终守口如瓶。

因曹修富是杜季伟单线联系的地下党员，杜季伟得知他被捕后，赶快设法营救。但内线人员汇报说，现在曹修富已经承认他是地下党员，无法保出来。杜季伟从曹修富给敌人提供假联络信号受到启发，决定让曹修富假自首，从此打入敌人内部。曹修富通过内线关系得知杜季伟的指示后，就主动向敌人"自首"，当了日军的"特务"。为了便于给铁道大队递送情报，他通过考察，发展了临南剿共自卫团的袁成厚，作为自己的下线，让他帮助抄送情报。

有一天，日军翻译官告诉曹修富，敌人对他并不信任，因为他的家属不在临城。曹修富知道，这是敌人为了长期控制他，而采取的最残忍的办法，如果不把家属接来，敌人就会认为他不是真心投降；如果真的把家属接来，将来万一暴露了身份，全家都要面临危险。但为了博得日军的信任，他只能同意把家属也接到临城。

杜季伟指示曹修富，要尽可能利用敌人的力量来打击敌人，保护自己。还指示要曹修富想法除掉几个铁杆汉奸。曹修富领受任务后，发现汉奸崔景宽与伪乡长李岩昌有矛盾，决定利用李岩昌除掉崔景宽。一天，曹修富请李岩昌喝酒，喝到半醉，李岩昌愁容满面地说，不知道哪天，姓崔的小子要干掉他。曹修富趁机献策说：那怕什么，你可以先下手为强！不久，日本人请崔景宽喝酒，崔景宽喝得东倒西歪回到家门口，正要开门，被藏在一旁的李岩昌打了一枪，但没打中要害。崔景宽一惊拔腿就跑，被曹修富又补上一枪，结果了性命。随后他们立刻用事先准备好的烧酒擦了枪。刚射击过的枪，枪口上有火药味，用烧酒擦过之后就没味了。日军发现大汉奸崔景宽在自家的门口被打死，怀疑是内部人所为，立即将院内的日伪人员集合起来，挨个闻枪，每闻一个就伸出大拇指点点头，结果什么也没查出来，只好不了了之。

日军通过特务得知铁道大队驻在哪个村后，通常采取拂晓包围的办法。曹修富知道敌人将要搜捕的情报后，便及时通知铁道大队提前转移，敌人每一次都扑空，就怀疑到了曹修富的头上。他们把曹修富抓起来，用麻袋装上，押到兖州。与曹修富同住一个大院的孙翻译，与曹修富关系密切，他亲自出面向日军宪兵队长岩下说情，说他绝对保证曹修富没有与可疑的人来往。孙翻译颇受岩下的重用，看到孙翻译作保，岩下就打电话把曹修富要了回来。

由于掌握了日军出动的规律，为了避免曹修富暴露身份，杜季伟决定让曹修富也立点功。他把铁道大队当天住宿的地点提前告诉曹修富，让曹向敌人报告。岩下带人于拂晓包围了村子，结果晚了一步，铁道大队刚刚撤走。敌人虽然没有抓着铁道大队，仍然表扬了曹修富，说他提供的情报非常准确。此后不仅不再怀疑曹修富，反而对他信任有加，提拔他当了特务头目，手下还管着部分小特务。

有一次发生了一件意想不到的事。当日军得知铁道大队住在西托村的消息后，不是拂晓出发，而是拂晓前就出发。曹修富担心铁道大队没有及时转移，就主动要求给日军带路。日军听说曹修富要带路，当然很高兴。出临城东门，有两条路通往西托，一条近路直通西托，但中间有个小桥，不能过汽车；另一条路需经过东托村再到西托，路宽通畅，如果走这条路就麻烦了。曹修富对日军说他知道一条近路，可直通西托。日军大喜，便跟着曹修富直奔西托。当他们的汽车走到小桥时，开过来倒回去，费了很大的劲，仍没过去。问曹修富还有没有其他路通西托，曹修富只得带敌人从东托绕道去西托。这样一来就为铁道大队转移争取了时间。

有时，临城一带的国民党顽军也派人来与日军拉关系，曹修富发现后，就说顽军带的信件是假的，让手下的小特务把他们打一顿赶了出去。曹修富听说西万乡伪乡长张建池、东巨山的地主崔兴泽、西巨山的地主"崔麻子"在当地作恶多端，危害乡里，就以"私通八路"的罪名把他们抓起来，严刑拷打后，再加罚款，从而使他们不敢胡作非为。

曹修富不仅利用坏人惩处坏人，还能及时解救被捕的地下党人和群众。1942年秋，老红军朱道南的母亲被韩庄的宪兵队抓去。曹修富得到消息后，便主动要求与孙翻译一起去韩庄押解犯人，半路上他们就把人放走了。

1942年春，岩下到临城任中队队长时，铁道大队曾派人潜入临城，打死了他的两个宣抚官，给了他一个下马威。但岩下并没有接受教训，而是一面疯狂对微山湖地区进行大规模扫荡、清剿，一面利用各种手段招降纳叛，破坏抗日武装的情报联络网，像滕八区区长殷华平、鲁南军区的褚蓝田，以及铁道大队的黄文发、田广瑞、杨茂林等人，先后都叛变投敌。

与此同时，他又重新建立和强化已经被铁道大队分化瓦解的伪政权和情报特务网，在铁路沿线挖沟筑墙，建立"爱护村"，实行"保甲制"、"连坐法"。

1942年6月的一天，铁道大队得知岩下率领临城的日伪军到潘庄、郗山一带扫荡，城内空虚。鲁南铁道大队队员便化装成赶集的群众混进城里，打死了临城车站上的日军值班员和一个伪军小队长。岩下闻讯暴跳如雷，急忙带领日伪军赶回城里，并下令全城戒严，搜查了整整一天，一个铁道大队队员也没抓到。

临城车站被袭，岩下受到上级的训斥，心里很是窝火。不久，他打听到铁道大队驻在蒋集、黄埠庄一带，便又纠集临城、沙沟据点的日伪军，到蒋集、黄埠庄扫荡。鬼子还没出城，铁道大队已经得到消息及时转移了。铁道大队得知沙沟的伪军大部分都被抽去扫荡时，便越过封锁沟，把沙沟以南津浦铁路上的电线割断十几处，造成敌人通信中断。岩下在扫荡途中接到报告后，接受了以前的教训，并没有立即移兵去沙沟，而是仍马不停蹄地直奔蒋集。蒋集一带还有没撤出来的伤员，如果岩下在那里时间长了就会威胁伤员的安全，还得想法给岩下制造麻烦。铁道大队又组织人在沙沟附近破坏铁路，悄悄地将枕木上的道钉拔掉几处，表面上看不出什么破绽。不多时，一列满载作战物资的日军列车驶过这里时，由于铁轨错了节，造成翻车，十几节车厢都翻到路旁的沟里去了。铁道大队击毙了押车的日军后，又将车厢浇上汽油，焚烧了货车。浓烟和烈火搅在一起，映红了半边天。

岩下在蒋集一带又扑了空，正在懊恼之际，突然看见沙沟方向浓烟滚滚，还是沉不住气，带领队伍向沙沟赶去，结果又是一无所获。此后，济南的上司对岩下曾经保证"在三个月内剿灭铁道队"不再相信，还严厉警告他，如果路段再出事故，就把他"军法从事"。

经过一年多的斗争，岩下确实老实了许多，龟缩在临城一般不外出，偶尔出来一次，也只是带着日伪军在城边和铁路沿线例行公事地扫荡一圈后，又赶快缩回城里。

第三节　铁道队的主要活动

一　开义合炭场，谋职业掩护

1939 年秋，八路军——五师部分主力挺进鲁南，苏鲁人民抗日义勇总队被改编为八路军苏鲁支队，鲁南抗日形势大有好转。苏鲁支队指示枣庄抗日情报站，在继续搞好情报工作的基础上筹建抗日武装。这时情报站除洪振海、王志胜外，又发展了赵连友、徐广田、赵永泉、李荣兰、王志友、曹德全六名骨干情报员。为了隐蔽身份，必须有一个正当的职业掩护，经过一番讨论之后，他们认为开炭场子最合适。原因有两个，一是炭场子经销的煤炭可以从日军火车上搞，不用花钱买，这也是他们一直在做的事情，"业务"熟悉，轻车熟路；二是炭场子可容纳多人，有利于集体行动，便于隐蔽。

1939 年 11 月，经过积极筹备的"义合炭场"正式挂牌开业，洪振海任经理，王志胜任副经理。因炭场子由八名情报员合"股"开办，故又称"八大股"。白天，他们忙忙碌碌做买卖，千方百计搜集情报。夜晚，多数人去截取日军掠夺的煤炭，少数人将搞到的情报秘密送往抱犊崮山区根据地。

尽管枣庄的日本特务非常猖狂，八方搜集有关抗日情报，但对炭场子的活动却毫无察觉，毫不怀疑。在开炭场子的当月，洪振海便秘密筹建了一支有 11 人的抗日武装，公推洪振海为队长，王志胜、赵连友为副队长。他们将建立武装的情况上报苏鲁支队，请求支队派政委。1940 年 2 月，苏鲁支队正式将铁道队命名为鲁南铁道队，并派杜季伟任鲁南铁道队政委。杜季伟化名刘鹤亭，公开身份是义合炭场的管账先生。

二　小屯整训

鲁南铁道队成立之初，由于是在敌人重兵把守的地区活动，为了隐蔽身份、保护自己、做好工作，打击敌人，鲁南铁道队没有正规部队那么严明的纪律。再加上，鲁南铁道队的队员大多文化水平较低，长期下层社会生活的经历，使一些人身上不可避免地沾染了"流氓无产者"的习气。鲁南铁道大队政委杜季伟就采取发现一个、提醒一个、帮助改正一个的方法，抓住队员们怕别人因自己有毛病而被瞧不起的心理，及时提醒。被提醒的队员都表示一定要改掉坏毛病。开始一段时间，他们也能好几天，但过不了几天又犯了。即便如此，也总还是起着部分作用。

鲁南铁道队做的基本上是无本买卖，队员们的手中都还是比较宽裕的。所以，吸烟、喝酒甚至赌博的事情就经常发生。喝酒后，队员们常因一些鸡毛蒜皮的事争吵不休。在这种情况下，杜季伟常常站在说事人的立场去劝解他们。解决了矛盾的同时，拉近了杜季伟与队员们之间的距离。杜季伟还引导队员们建立了"戒烟戒酒理事会"。当然，杜季伟也明白，想让队员们一下子改掉多年养成的坏习气也是不现实的，只能随时发现随时说服教育，督促改正。

对于政委的说服教育和督促，一般情况下，队员们还是能够做到知错就改的。当然，也有例外。据鲁南铁道队副队长王志胜回忆，有一次，队员徐广田外出执行任务不顺，就喝了闷酒。回队后，杜季伟见他满身酒气，就批评了几句。徐广田很不服气，借着酒劲，顺手抓起一根树枝，往杜季伟身上乱抽一气，嘴里还骂骂咧咧。杜季伟让在场的队员拉徐广田去休息。徐广田酒醒后非常后悔，马上给杜季伟赔礼道歉，并当众承诺戒酒。

经过杜季伟两个多月的辛勤工作，鲁南铁道队的队员们在日常生活作风方面有了较大好转，一些坏习惯也有了较大改变。杜季伟感到在铁道队建立党组织的时机已经成熟，先后吸收了曹德清、赵永泉、徐广田等人加入中国共产党，并建立了党支部，杜季伟任书记，曹德清、赵永泉任支部委员。

到1940年4月，鲁南铁道队基本队员已增加到15人，另有近百名外围人员。对基本队员，铁道队作了明确分工：有搞侦察的，有扒火车的，有掩护的，有运输的，有经销煤炭的。对外围人员，也帮他们在枣庄、峄县、临城、韩庄等地建立了十几个联络站，有情报先送给联络站，由联络站再送到铁道队，情况紧急时也可直接送到铁道队。通过明确分工，不团

结的现象明显减少了，情报的准确度也增加了。同时，还按队员的贡献大
小实行奖励政策，使队员的工作积极性大为提高。

为了对全体人员进行一次系统的教育，杜季伟和洪振海商量后，决定
于1940年4月将队员分两批集中到枣庄西南10公里处的小屯村进行整
训。之所以选择在小屯整训而不是在铁道队的驻地陈庄，是因为铁道队所
在的陈庄处在日伪的控制范围内，不便于集体活动。而小屯村是苏鲁支队
三营营长刘景镇的家乡，群众基础好，便于保守秘密。

整训内容为：政委杜季伟讲授《论持久战》、抗日战争新阶段和社会
进化史等方面的政治知识；队长洪振海讲解扒火车、破铁路、袭击敌据点
及常规武器使用方法等军事常识。但因为游击队员们文化水平普遍较低，
再加上平时散漫惯了，从没有参加过正规的训练，现在突然集中整训，感
觉就像笼中之鸟。让他们静静地坐下来听课则如坐针毡，加之授课人缺乏
讲课技巧，教条、呆板、毫无激情的讲课方式，使参训队员根本听不进
去。特别是当杜季伟讲到人类的进化史时，队员们很是想不开，大为恼
火，心中暗想：日本鬼子骂我们是"毛猴子"，政委怎么也说我们是猿猴
进化来的？于是产生了较大的抵触情绪，原定一周的整训5天就结束了，
而且原本计划两期的整训只进行了一期。小屯整训临近结束时，王志胜和
梁传德二人被吸收为中共党员。

表面上看，小屯整训收获不大，但意义不可低估。这毕竟是第一次让
这些在铁道线上扒火车、打鬼子、从不知整训为何物的游击队员们坐下来
接受了一次较正规的教育、训练，知晓了作为共产党领导下的革命武装与
老百姓的区别及自身的历史责任和担当。

三 公开"八路军鲁南铁道队"的旗号

坦率地讲，因为铁道队队员大都由失业工人和无业游民组成，文化水
平普遍较低，再加上游击战争的分散性和隐蔽性的需要，所以队员组织纪
律性较差。1940年2月，苏鲁支队正式将铁道队纳归直属，同时任命洪
振海为铁道队队长，王志胜为副队长，杜季伟为政委，来管理这支尚不规
范的游击武装。

1940年4—5月，鲁南铁道队发展较快。因是地下活动需秘密进行，

所以队伍的扩大主要是在队员们的亲人中发展，这样比较可靠，让人放心。因此出现了很多兄弟队员及同宗队员，像曹德清、曹德全、赵永泉、赵永良，王志胜、王志友、王志曾等。徐广田则相继动员了其五弟徐广才、大哥徐广林及三哥徐广松参加队伍，再加上其堂兄徐广海，在铁道队有"徐家五虎"及"徐半班"① 之称。这一时期，由于队员们斗争热情高涨，成功搞车多，分红多，再加上经营炭场子的丰厚利润，所以铁道队经济上较宽裕。参加鲁南铁道队，既可以报国恨家仇，又可以过较宽裕的生活，这对于深受敌人残暴压榨迫害、生活困难、缺吃少穿的穷苦百姓来说无疑具有巨大的吸引力。虽然这时铁道队尚未公开，但陈庄、齐村、小屯等基点村的穷苦百姓都知道他们已经组织起来，纷纷将自己的孩子送到铁道队，要求参加队伍保家卫国。铁道队经过认真考察，将其中一部分素质好的发展为队员，其余安排在炭场子当伙计。不久，就发展到近 40 名队员。由于鲁南铁道队的领导们存在着错误的单纯军事观点，只鼓励队员搞情报、搞物资，且地点大多集中在枣庄火车站周围，放松了对队员的保密教育和严格的保密纪律约束，致使队员保密观念淡薄。

1940 年 5 月初的一天，一李姓队员因与其亲戚争地产而翻脸，他掏出手枪进行恐吓，其亲戚告发他是八路军。日伪军即将鲁南铁道队的义合炭场子包围，捕去李姓队员 3 名，其中两名队员后被救出，一名队员惨遭杀害。其他队员虽在群众掩护下成功撤离，但炭场子和焦池却被日军查抄没收。鲁南铁道队被迫转移到距离枣庄 3 公里的齐村，公开打出"八路军鲁南铁道队"的旗号，在临枣铁路线上与日军展开面对面的斗争。炭场子的丢失，使鲁南铁道队失去了职业掩护，丧失了一大部分的经费来源。"八路军鲁南铁道队"旗号的公开，使得他们可以抛开地下工作的种种羁绊，光明正大地与敌人展开斗争，也得到了更多群众的支持和拥护。但也遭到敌人近乎疯狂的打压，斗争的环境更加恶劣。

"泄密"事件使杜季伟坚定了整顿队伍的决心。针对铁道队的特殊情况，他采用到群众中去进行教育的办法。队员们喜欢谈论同矿警英勇斗争

---

① 因铁道队成立之初仅十余名队员，"徐家五虎"在人数上占到近半。

的故事，杜季伟就借此引导他们，从政治方面进行教育。这种教育方式效果非常好。队员们开始明白，他们的使命不仅仅是从日军的列车上夺取货物，而是要彻底将日军赶出枣庄、赶出中国。

四　再打洋行

鲁南铁道队公开打出"八路军鲁南铁道队"旗号后，之所以选择距枣庄仅3公里的齐村落脚，是因为齐村的地理位置在枣临铁路北侧，是距离枣庄火车站最近的一个点，选择了这里他们可以仍然战斗在最熟悉的铁道线上。之所以能够在齐村站住脚，一是因为齐村群众基础好，铁道队有不少队员的家就在齐村；二是因为他们设在枣庄的情报网未遭破坏，尚能正常发挥作用，枣庄的日伪军一有风吹草动，负责情报的同志马上就把消息送到铁道队，他们就可以提前做好一切准备。尽管敌人数次到齐村搜查，但始终未找到铁道队一个人。在鲁南铁道队驻齐村期间，发展了4名队员，使铁道队队员总数超过了40人。

日军从1940年4月开始，调集其三十二师团、二十一师团、独立第六和第十混成旅团各一部，共8000多人，由临沂、邹县、滕县、峄县、费县等据点，分十路向鲁南山区根据地扫荡。

八路军一一五师与当地军民密切配合，用20天左右的时间，作战30余次，粉碎了敌人的扫荡。

公开打出"八路军鲁南铁道队"旗号后，铁道队一直在寻找一个"表现"的机会，一可以挫敌锐气，二可以提高部队威望，坚定抗战信心。5月下旬，他们获悉，驻枣庄日伪军将到山里根据地扫荡。为了牵制敌人兵力，打击其嚣张气焰，鲁南铁道队决定，再次袭击日军正泰洋行，铲除日军的特务机关。

正泰洋行是个四合院，西南是日军大兵营，驻着敌人一个联队的兵力；北面隔着铁道是枣庄火车站，有一个小队的日军兵力警戒，车站的铁道上还停着一辆铁路巡逻车；东南面是面粉厂，修有一个日军炮楼。自1939年8月遭枣庄抗日情报站第一次打击后，日军增添兵力，加强了对洋行的保护。由原来的3个日本特务增加到13个，由茅山一郎大佐任大掌柜，院墙也架设了铁丝网。虽然洋行戒备非常森严，但王志胜还是在洋行的三掌柜日本人金山的带领下，对洋行进行了侦察。

在周密侦察的基础上，鲁南铁道队抽调了 32 名精干队员，分成 5 个战斗小组，其中 4 个战斗小组每组 3 人，由王志胜率领进入洋行消灭鬼子，洪振海率领 1 个小组在洋行外警戒接应。王志胜任院内行动总指挥兼一组组长，徐广田任二组组长，梁传德任三组组长，曹德清任四组组长。一组负责歼灭北屋的鬼子，二组负责歼灭东屋的鬼子，三组负责歼灭南屋的鬼子，四组负责歼灭西屋的鬼子。参加行动的队员天黑前到齐村隐蔽，晚上统一行动。因洋行的正门对着车站的站台，站台上有日军的巡逻岗哨，不宜接近。所以，他们决定从其后墙打洞进入洋行，这样比较隐蔽，不易被发现。

当天晚上，鲁南铁道队副队长王志胜带领 4 个战斗小组通过打墙洞进入洋行，将分住在 4 间屋内的敌人全部消灭。是役共杀死 13 名日军和 1 名翻译。缴获长、短枪 6 支，手表、怀表 100 多只。这便是在群众中盛传的"血染洋行"，也是鲁南铁道队公开旗号后的首次战斗。再袭洋行的胜利，对威慑敌人，鼓舞队员斗志，提高铁道队在群众中的威信，具有重大意义。

驻枣庄的日军眼看着自己的特务机构在眼皮底下被连窝除掉，恼羞成怒，派兵包围了齐村，欲将鲁南铁道队一举消灭干净，结果却扑了个空。此时鲁南铁道队已经转移到临枣铁路南侧的小屯一带。日军在枣庄一连戒严了一个星期，也没查到铁道队的下落，只好贴出布告，悬赏捉拿洪振海、王志胜等人。

五　袭扰峄县

日伪军于 1940 年 4—5 月，纠集鲁南地区 8000 多人的兵力扫荡抱犊崮山区抗日根据地，妄图趁青纱帐起来之前，一举消灭根据地的抗日武装力量。面对敌人的疯狂进攻，八路军一一五师提出了著名的"翻边战术"，即敌人到根据地来扫荡，我们就打到敌人老巢去。为此，一一五师师部决定，除师机关率特务团两个营配合四县边联支队坚持在内线与敌人周旋外，其他主力部队均置于外线，从背后打击敌人。内线部队在敌军合围圈中寻找缝隙，灵活穿插，伺机打击进犯之敌。为缩小目标，便于机动，一一五师司令部、政治部都分散活动，罗荣桓率领师政治部机关，只带一个连与敌周旋。苏鲁支队、运河支队、鲁南铁道队和六八六团、师教导大队等主力武装作为外线部队，跳到敌人后方，抓住战机，集中兵力，歼敌一部，以有效地支援内线作战，保护群众利益。

苏鲁支队遵照师首长的战略意图，跳到滕（县）费（县）边的白彦、山亭、徐庄一带与敌周旋。1940 年 5 月下旬，支队长张光中、政委彭嘉庆决定，抽出实力最强的三营一部，由营长刘景镇、教导员张鸿仪率领，深入到临（城）枣（庄）铁路以南，会合已在那里活动的鲁南铁道队，扰乱敌人的后方，袭击敌人的据点，在敌人的后院烧一把火，让其不得安宁。鲁南铁道队与苏鲁支队三营部分指战员共同组成敌后小分队，在峄县城"兴风作浪"20 多天，搅得敌人鸡犬不宁。日军不得不抽回部分兵力应对袭扰。当日伪军布好口袋向他们合围的时候，他们又从敌人的鼻子底下溜了出来，胜利地完成了战斗任务。

袭扰峄县是八路军"翻边战术"成功运用的典型案例，不仅打击了日伪军的嚣张气焰，而且成功地减轻了抱犊崮山区根据地反扫荡的压力，坚定了鲁南军民坚持抗日的信心和决心。

六 截击混合列车

1941 年 6 月中旬，为了打击日伪军的嚣张气焰，提振士气，按照苏鲁支队的指示，鲁南铁道大队组织了一次铁路大破袭。铁道队出动 30 多名精干力量，发动铁路沿线上百名群众，将临城至枣庄的铁路支线的铁轨扒掉 3 里多长，砍断 100 多根电线杆，还将搞下来的铁轨、枕木、电线和线杆能运走的全部运走，不能运走的就地破坏掉，致使敌人的交通运输和通信联络中断了一个多星期。

破袭临枣铁路不久，交通员刘景松给铁道队送来了一封苏鲁支队首长的信。信中说敌人大扫荡给抱犊崮山区部队带来了巨大损失，目前部队生活极端困难，希望铁道大队能筹集部分资金，帮助山区部队渡过难关。鲁南铁道大队接到信件以后，马上召开会议进行研究。会上，洪振海、王志胜等人表示一定要尽最大可能，帮助山区根据地渡过难关。会议决定，先将前期开炭场子和截车结余的共计 8000 元钱托刘景松带给支队，以解燃眉之急。然后迅速给各情报联络点布置任务，让他们密切注意火车站和铁路上的动静，如有值钱的货物或大量现金等可搞物资出现，立即通知铁道大队。

各情报联络点领受任务后，均开始刻意寻找机会，派人到沿途车站侦察。6月22日傍晚，鲁南铁道大队接到济南至连云港票车的车队长、铁道大队地下情报员张秀盈的情报：每个星期六，济南至连云港票车沿途各站的日军都通过这趟车向济南交钱，现在已到月底，估计上交的钱会更多。济南至连云港票车实际上是客货混合列车，有四节客车厢、十余节货车厢，尾部挂一节零担车厢，沿途收的钱款都放在这节车厢上。共有8名日军和4名伪军押车。每节客车厢里有两名日军押车，伪军都在尾车上。

得到情报后，鲁南铁道大队认为截击这次混合列车，可一举多得，既能搞到钱帮助山区部队解决经济困难，又能搞到部分物资，还可以扩大铁道大队的影响力。因客车上有乘客，乘客就是最好的宣传员。再加上日军为了加强对铁路交通的护卫，避免火车再次遭截，必然会从山区撤回扫荡的兵力，回防铁路线，根据地的压力自然就会减轻。于是鲁南铁道大队开始连夜着手策划截车方案。

他们仔细分析了这次行动的特点：以往截车，都是派少数人在火车驶出车站以后的半路上扒上车后往下扔东西，多数人在沿途等待、捡拾、运输物资。这次截的是混合列车，不能在半路扒车，因为客车车门紧闭，即使爬上车也无法进入车厢内，只能在车站上下乘客时混上车。为不引起敌人怀疑，他们决定派一支由12人组成的先遣小分队，分成3组，分别从泥沟、峄县、枣庄车站上车，分头监视4节客车厢内的鬼子，见到急刹车信号，就分别动手消灭押车的鬼子。为避免车站内鬼子的盘查，先遣小分队身上不能带手枪。另派大队长洪振海和队员曹德清二人扒客车的车头，控制驾驶室，以便火车到达预定地点时紧急刹车。副大队长王志胜率20名短枪队员在预定地点设伏，待客车急刹车时扒上客车，协助车内的队员消灭敌人，并负责将装现金的袋子及其他贵重物品弄到手。政委杜季伟率领其余队员配合峄县二区区队在车下接应，负责疏散乘客并打扫战场。关于截车地点，在实地侦查考察后，选在王沟车站至邹坞车站之间的一个弯道地方。这里地势有利于埋伏，处于两个车站之间，不易被发现。

6月23日下午，梁传德带两名队员化装成小商贩模样，早早地来到泥沟车站等候。大约在6点半左右，从连云港开往济南的混合列车进入了泥沟车站。候车的人群拥挤着准备上车，梁传德等人也混杂在上车的人群之中。票房门一开，他们随着拥挤的人流进了站，按事先的分工上了一号车厢，在靠车门口两个押车鬼子的对面坐了下来。火车开到峄县车站时，第二小组的徐广田等三人上了二号车厢。在枣庄站，第三、第四小组的赵永泉、李云生等6名队员分别进入三、四号车厢，在靠近押车的鬼子的地方坐下等待命令。

火车刚刚驶出王沟车站，洪振海和曹德清就扒上车头，成功控制了驾驶室。当火车行驶到曾店四孔桥时，接到战斗信号的洪振海命令曹德清刹车。各车厢的队员与押车的鬼子展开了搏杀。事先埋伏在铁道旁的王志胜，带着20名短枪队员迅速登上各节列车，配合车上的队员消灭了押车的鬼子和伪军。当他们准备消灭尾车上的伪军时发现尾车里除了有4个押车的伪军外，还有20多个调防的伪军。他们听到前面的车厢里发生了战斗，开始吓得没敢动，见铁道大队向他们包围过来时，纷纷跳车逃跑，结果被杜季伟率领的区队全部缴了械。王志胜等人在尾车里找到5个装钱的帆布袋子扔下车，又从货车车厢里扔下一些布匹、药品和日用百货。

杜季伟指挥区中队在混合列车周围俘虏了20多名伪军后，派人把铁道队宣传抗日的标语贴到车厢外面，还把车上扔下来的部分布匹和日用品分给乘客，由区队队员掩护着向蔡庄方向转移。不多时，一辆日军铁道巡逻车从枣庄方向急驰而来，他们看到的只是一列空车和车皮上贴的抗日标语。

杜季伟率队掩护乘客转移到南于北面的小山脚下时，作了简短的讲话，主要是说明鲁南铁道大队这次截火车的目的和意义，揭露日本侵略军的残暴罪行，宣传中国共产党的抗日方针政策。然后就让乘客们各自分散离开。

这次战斗共消灭8个日军、俘虏20多个伪军，缴获法币8万多元、手炮1门、机枪1挺、短枪3支、长枪20余支，子弹、布匹、药品和日用百货一宗。除经上级批准留 3 支短枪自用外，其余物资全部上交苏鲁支队。鲁南铁道大队把这些战利品送交苏鲁支队后，受到了支队长张光中的嘉奖表扬。

被截火车上的乘客目睹了铁道大队战士英勇杀敌的壮举，特别是杜季伟的讲话增加了他们对共产党、八路军抗战方针政策的理解和支持，大大提高了鲁南铁道大队在群众中的威望。

七　参加百团大战

抗日战争进入相持阶段以后，日本侵略军改变了侵华策略，对国民党采用政治诱降为主，军事进攻为辅，集中主要兵力进攻共产党领导的部队。由此，国民党变得消极抗日，积极反共。挽救危局的历史重任就落到了共产党的肩上。为了坚定全国人民坚持抗战的信心，制止国民党的投降活动，同时打击日寇的"囚笼"政策，开辟敌后斗争的新局面，八路军毅然发起了百团大战。

百团大战共分三个阶段：1940 年 8 月 22 日至 9 月 10 日为第一阶段，作战中心任务是交通总破袭战，破坏敌人华北交通。9 月 11 日至 10 月 5 日为第二阶段，作战中心任务是攻夺敌军深入根据地腹地的据点，并继续破袭敌交通线。10 月 6 日至 12 月 5 日为第三阶段，作战中心任务是反扫荡。八路军总部要求，整个战役只要求时间上的大体一致，不要求组织上的统一指挥，各地区原则上分散行动。

苏鲁支队根据八路军总部的作战指示精神，要求鲁南铁道大队在津浦线及临枣、台枣支线上开展铁路大破袭，全力配合百团大战。

1940 年 8 月下旬，交通员秦明道把苏鲁支队的指示向鲁南铁道大队传达后，杜季伟马上召集洪振海、王志胜等人讨论如何实施破袭计划。洪振海认为，配合百团大战，就要搞得轰轰烈烈，打出气势，敌人才可能害怕，才可能从根据地撤兵。他主张在津浦线和临枣支线两条铁路线上全面展开大破袭，动静越大越好；杜季伟认为：因日伪军对铁路线控制很严，实行全线破袭，既不可能，也没有必要。只能在临城南、北地段和临枣线上选择一个地点，集中兵力破袭。如果全线出击，只能伤及敌人的一点皮毛，正像毛主席所说的"伤其十指不如断其一指"。他提出要稳扎稳打，有选择、有重点地打击敌人的致命处，不要全面铺开。在队委扩大会上，王志胜、赵永泉、曹德清、徐广田、刘金山等人原则上同意杜季伟的意见，但提出可多派几路人马。同时提出，破袭铁路，铁道大队的人主要是作为组织和指挥者，关键是发动群众。最后他们商定分四路出击。王志胜带一个分队到临枣线发动群众破袭铁路并相机炸毁铁路上的桥梁；杜季伟带一个分队到临城以北破袭津浦铁路；洪振海带一个分队伺机偷袭临城火车站并相机破坏日军的火车；曹德清带一个分队到临枣支线破坏桥梁并伺机炸毁敌人的火车。

王志胜和杜季伟率领的两路人马，发动了铁路沿线的上千名群众，分别在临枣铁路曾店和津浦铁路官桥一带扒铁轨、撬枕木、割电线、砍电线杆。共计破坏铁路 10 余里，砍断电线杆 300 多根，炸毁铁路桥两座，使敌人的铁路交通和通信联络中断一个多星期。

洪振海率领的分队队员与湖西五县游击大队的鱼台队配合，两次袭击临城火车站，共击毙日伪军 11 人。临城驻有一个中队的日军，火车站站台上有一个小队的日军防卫，另外还有一个伪军警备队。当时日军正在临城火车站北约 300 米的地方修建水塔。日军为了赶工程进度，四处抓人出苦力。洪振海先派人化装到车站进行侦察得知，监工的共有两个鬼子和三个伪军。洪振海率孙茂生等 7 人扮成小贩在北临城的逢集日混进临城，趁监工的日伪军不备，将其全部击毙，并取下他们的枪支。正在修水塔的工人见状四散而逃，洪振海等人也趁乱撤了出来。数日后，他们再次发动袭击，消灭了临城火车站的岗哨 6 人。

曹德清带领的小分队于夜间潜入临枣铁路王沟附近隐蔽起来。不多时，从枣庄方向驶来一列 40 多节车厢的运煤车。曹德清带领一名队员巧妙地躲开刺眼的探照灯，飞速扒上机车，控制火车停在四孔桥桥上。然后，曹德清将机车头的挂钩摘脱，将机车单独向前开出一段距离，快速向后倒车。机车快到四孔桥时，曹德清成功跳车。只听"轰隆"一声震耳欲聋的巨响，机车与车厢撞在一起，十几节车厢翻到桥下，四孔桥也发生了断裂。事后，日军用了一周的时间才把桥梁修好，把铁路抢通。

四孔桥铁路损坏这么严重，日军仅用一周的时间就抢通了，原因是日军专门成立了抢修铁路的铁道队。原来，为了对付铁路沿线的游击队，确保交通运输线的畅通，1940 年春，日军在经常遭到游击队破袭的铁路干线路段，组建了一支全部由日籍技术人员组成的铁道队，称"日本铁道青年队"。设在津浦线兖州至徐州段（含临枣支线和台枣支线）的是日本铁道青年队第六大队，大队部设在临城，由临城日军头子岩下统一指挥。该队由临城、枣庄、峄县、邹坞、山家林、南沙河、官桥、滕县、界河、两下店、邹县和徐州 12 个车站的在职日籍铁路员工组成，共 115 人。其中临城站人数最多，为 63 人，其次是徐州 20 人，再次是枣庄 11 人。日本铁道青年队第六大队下设 3 个中队，每个中队辖 3 个小队，每个小队下设 1—2 个分队。日本铁道青年队建立之后，凡有铁路、桥梁被破袭，便立即前去抢修，抢修铁路的效率有了较大提高。日本铁道青年队的另一项任务就是利用与中国铁路员工接触的机会，表面上与中国员工交朋友，实际上则暗中调查中国铁路职工的政治、生活状况，以便加强对他们的控制和监管。①

11 月，鲁南铁道大队获悉，有一列日军货车要通过津浦铁路南下。经过周密计划，他们在沙沟至塘湖之间把该列货车截住，截获大宗药品、食品及其他军用物资。他们将药品、布匹等军用物资送往山区根据地，将白糖、食品分给当地群众。

鲁南铁道大队的节节胜利，极大地震慑了敌人，有力地配合了八路军百团大战和山区根据地的反扫荡作战，同时也提高了铁道大队在群众中的威信。至 1940 年年底，鲁南铁道大队已发展到 150 余人。

八 铲除日军头目高岗

1940 年 4 月，日军第三十二师团和独立第十旅团共集结近万日伪军，对抱犊崮山区进行大扫荡。一一五师一面利用地理优势与日伪军展开周旋，一面命令活动在日军占领区内的地下武装趁敌后方空虚，袭扰日军，破坏扫荡行动。

① 中共枣庄市委党史办公室编：《鲁南铁道大队纪实》，中共党史出版社 1992 年版，第 162 页。

　　鲁南铁道队接到命令后迅速行动：5月，击毙日军谍报队员13名；6月，截击日军混合列车，缴获法币8万余元；8月，破坏津浦铁路韩庄段，致使日本运兵军列脱轨；9月，拆除枣庄至临城铁轨1.5公里，砍断电线杆百余根，使驻枣庄日军的通信和交通同时瘫痪。

　　铁道大队的频频出击、连连获胜引起日军的高度警觉。日军在枣庄和临城紧急组建铁甲列车大队和铁道警备大队，还专门从济南调来特高课课长高岗茂一，在临城组建针对铁道大队的第五特别侦谍队，并专门训练出一支特种作战小队。

　　高岗他是日军调来专门对付铁道大队的。他采用鲁南地区"拜仁兄弟"等手段，与临城附近40多个伪乡、保长结拜为仁兄弟，从而建立起自己的情报网。与此同时，针对铁道大队的活动规律，高岗茂一还加紧了搜捕行动。他改变了以往的方式，采取的新措施主要有以下几点：一是夜间盯梢，拂晓包围。日军派出特务对铁道大队进行跟踪，发现铁道大队住在哪个村后就调集部队在黎明时将村子包围，集中搜捕；二是利用训练有素的特种作战小队伪装成铁道队队员到铁道大队经常活动的基点村挨家挨户喊门，只要群众一开门，就以"私通八路军"的罪名抓捕，以破坏铁道大队的群众基础。这导致老百姓遇到铁道大队队员借宿，根本不知真假，不敢开门，铁道队连个喘息歇脚的地方都没有了，斗争形势异常严峻；三是日伪军外出活动时强迫老百姓在前面带路，遭遇时，铁道大队无法实施有效攻击。这样一来，铁道大队经常处于挨打的境地，直至无法在村内活动，被迫撤到野外露宿。极具革命乐观主义精神的鲁南铁道大队队员唱的歌谣"天当被，地当床，半身土来半身霜"就很形象地反映了当时的艰苦斗争形势。

　　鲁南铁道大队经过研究，认为要扭转被动挨打的局面，就必须除掉特务头子高岗茂一。要除掉高岗，首先要搞掉他的情报网，干掉他的耳目。鲁南铁道大队选择拿常庄乡伪乡长兼反共自卫团团长常尚德开刀。这是因为他与高岗茂一关系密切，是其座上宾，又住在临城附近，影响最大。

　　常尚德家里有十余名带枪的家丁看家护院。他外出时一直有两个家丁跟着保护，很难动手。经过仔细侦察发现，常家有个大菜园子，种有各种蔬菜，每天由菜贩子弄到城里去卖。常家的后门通往菜园，常尚德每天下午从乡公所回家后，总要到菜园子里去转转。鲁南铁道大队经研究决定利用这个机会。一天下午，刘金山和徐德功两人化装成菜贩子，挑着担子进了常家的菜园子。当他们正向雇工打听蔬菜的价钱时，常尚德手托水烟袋向他们走来。当常尚德走到跟前时，他们二人一跃上前，用手枪顶住了他的前胸。常尚德见势不好，又无法逃脱，只得跟着他们走出菜园子。他们向临城方向走了100多米，常尚德的家丁追了过来，并不断开枪。刘金山和徐德功二人只好马上干掉常尚德后迅速钻进高粱地里，顺利脱身。随后几天，他们又除掉了几个作恶多端的伪乡、保长，剩余的伪乡、保长再也不敢像以前那么嚣张了。

鲁南铁道大队根据鲁南军区"要控制津浦铁路沿线"的指示，决定在临城周围的伪乡、保长不敢轻举妄动的情况下，尽快铲除特务头子高岗茂一。

高岗茂一行动诡秘、狡猾，深居简出。鲁南铁道大队通过秘密侦查，逐步摸清了高岗茂一的活动规律。他白天一般不出来，总是晚上8点钟到临城火车站上班，夜里和他的情报员接头。这样，要想除掉高岗茂一，就只能夜间到临城火车站干掉他。但是，临城火车站戒备森严，要铲除高岗茂一难度很大。为做到万无一失，鲁南铁道大队决定进行详细侦察之后再行动。

1941年7月的一天晚上，鲁南铁道大队派两名游击队员化装成铁路检车工人潜入临城火车站。他们一人手拿信号灯，另一人手拿检修锤，沿着铁轨慢慢前行，并不时用铁锤敲击几下停着的火车的轮子。当逐渐靠近高岗茂一的办公室时，他们放慢了脚步，牢牢记住其办公室的位置、周围的地形及其警卫的安排等情况后，顺利返回，向鲁南铁道大队的领导做了汇报。

鲁南铁道大队根据侦察的情况，决定兵分两路行动。一路由王志胜、刘金山、徐广田3人潜入临城火车站铲除高岗茂一；另一路由杜季伟率领部分队员在车站外接应。第二天晚上，王志胜等3人化装成铁路工人，从六炉店出发，直奔临城火车站。计划没有变化快，他们刚进入车站，还没到达站台，突然从北面开来一列军车，慢腾腾地在临城火车站停了下来，从车上下来不少日本兵，站台上顿时乱糟糟一片。王志胜等人马上隐藏躲避细心观察动静。大约过去了一个多小时，日军车仍没有开走的迹象。刘金山拿着小榔头装作检车工，靠近了高岗的房子，再次详细地侦察了周围的环境。

由于日军火车挡住了铁道大队撤退的路，并且从车上下来了一批日军，采取行动后根本无法脱身。如果等到军车开走，可能天已大亮，就不能按原计划行动了。王志胜决定暂时停止行动，撤了回来。这次行动虽然没达到铲除高岗茂一的目的，但也有很大收获，对敌情侦查掌握得更详细了。

第三天，鲁南铁道大队召开了战情分析会，详细地分析了敌情。从侦查情况看，高岗茂一办公地点的东面300米便是驻车站日军的兵营；北面80多米是站台，有日军警戒；南面500米处是一座炮楼，驻有日军一个小分队；西面古井村里驻着伪军阎成田团的团部。车站外墙架着高高的电网；墙外是宽5米、深3米的封锁沟。高岗茂一办公室两扇门两边各有一个一尺左右的长方形小窗。透过小窗，可清晰地看到房子里的布局：屋里共两张桌子，正中间大桌子可能是高岗茂一的办公桌。南边有个套间，靠后墙摆着一排步枪和两挺机枪。晚上，鲁南铁道大队重新做了任务分工，共组织了4个战斗小组。第一组由王志胜、刘金山、徐广田组成，化装成铁路工人，任务是：刘金山负责打死高岗茂一和卫兵，并把他们的枪收了；王志胜负责堵住套间里的敌人，撤出时抱一挺轻机枪和部分子弹；徐广田负责扛一挺轻机枪。第二组由曹德清、孟庆海两人组成，化装成伪军，任务是负责堵住鬼子兵营的大门，阻止日军增援。第三组由李云生、梁传德等6人组成，负责扛第一组剩下的步枪和弹药。第四组由大队长洪振海率领，在外围负责监视驻古井的伪军阎成田团的行动。整个战斗由政委杜季伟指挥。

经过详细分工之后，各小组立即分头准备。晚上10点钟之后，各组准时来到临城火车站外围集合。第一组首先进站，他们越过封锁沟，爬过电网，几个箭步便靠上了高岗的房门。当时高岗正伏在桌子上写字，卫兵正趴在靠近门的桌子上打盹儿。徐广田一脚将门踹开，紧随其后的刘金山首先一枪干掉了高岗茂一，然后消灭了刚刚惊醒的卫兵石川。随着刘金山的枪声，王志胜和徐广田迅速冲进屋里，直奔套间。徐广田顺手拿起被击毙的卫兵石川的枪，又抓起高岗茂一的手枪。刘金山一个箭步跳过高岗茂一的桌子，拖了挺机枪，王志胜右手举枪对准套间的门，左手去抓子弹袋，把摸到的子弹袋挂在身上，在做这一系列动作的同时，他眼睛始终没离开套间的门。套间里的鬼子听到枪响乱喊乱叫，有一个鬼子刚刚伸出脑袋，就被王志胜一枪打得缩了回去。这时，第三组的队员也冲了进来，收缴了屋里的所有枪支和弹药。他们刚一出屋，第二组的队员就向日军兵营里投掷了几枚手榴弹，随着手榴弹的爆炸声，日军鬼哭狼嚎。他们闪电般地通过接应队员预先放在电网上的木板，全部安全撤出。

王志胜等人完成任务撤出车站，跨过封锁沟，向驻地奔去。他们一口气跑出老远，还能依稀听到临城传来的枪声和狗叫声。

第二组的曹德清和李云生在过铁路时，把化装伪军时用的军帽扔在了铁轨上。军帽是缴获的，有伪军阎成田团的番号。

这次战斗共缴获机枪 2 挺、手枪 3 支、步枪 30 余支及子弹数千发，参战队员无一伤亡。

第二天，从济南来的一个日军少将，到临城车站勘查现场。整个临城到处都是日伪军，整整戒严了 3 天。日军除了在现场找到两顶伪军帽子外，一无所获。日军少将在站台上大发雷霆，认为八路军游击队是进不来的，这件事肯定是内部搞的。于是伪军的帽子成了分析的重点。最终，日军一怒之下，收缴了伪阎成田团的全部枪支，处死了阎成田及其参谋长郭秀林等几个主要伪军头目，还把阎成田团其余的 300 余伪军押送到东北去做苦力。

半个月后，日军才从鲁南铁道大队的宣传中得知，高岗茂一是铁道大队所杀。日军怎么也没有想到，一个特工出身的侦谍队长会在自己的办公室里被击毙。高岗茂一苦心经营的谍报网络从此分崩瓦解。那些曾经依附他而干过坏事的伪乡、保长们个个如惊弓之鸟。高岗茂一被杀的地方戒备森严，在他们看来是那么保险的地方，在那里，高岗茂一都被除掉了，更何况自己在家里，这给他们造成了极大的恐慌。于是纷纷主动向鲁南铁道大队坦白认罪，表示痛改前非。根据上级的指示，除首恶分子外，一律采取宽大政策，争取让他们为铁道大队做事。

鲁南铁道大队面临的斗争局面逐渐好转，队伍不断扩大。经鲁南军区批准，鲁南铁道大队用缴获的枪支组建了长枪队，军区派政治部保卫干事赵宝凯任队长兼指导员，调五团三营排长赵永良任副队长。此后铁道大队相继在其他中队也配备了指导员，使党员的基层组织进一步加强和完善。

九 劫布车解决冬衣难题

1941 年冬天，鲁南军区被服厂在日伪军扫荡中遭袭击，布料和棉花被洗劫一空。时值严冬，山区根据地部队指战员都还穿着薄薄的夏天衣服。军区首长为此事一筹莫展，他们紧急召集鲁南铁道大队政委杜季伟和大队长洪振海到军区开会，研究能否通过扒敌人的火车来解决部队战士过冬的棉衣问题。

鲁南铁道大队接受任务后，为了尽快搞到布匹，洪振海决定采取见车就扒、见货就查的办法搞布。结果一连几个晚上，先后扒了十几次火车，连一寸布也没搞到。鲁南铁道大队只好召开"诸葛亮会"讨论截布计划。会上，对任务及斗争形势进行了详细分析，提出了三个必须解决的问题：一是必须搞到布车的准确情报；二是必须解决大量布匹的运输问题；三是要解决大量布匹暂时隐蔽存放问题。对于第一个问题，鲁南铁道大队向所有情报人员发出密切注意"布情"的命令。

关于运输和存放问题，他们认为将布匹暂时存放在微山岛比较安全。因为微山岛易守难攻，具有良好的群众基础。为此必须发动沿湖村庄的群众帮助搬运，还须与微湖大队和湖区政府联系，让他们协助动员群众、组织渔船和安排布匹存放地点。截车地点选择在沙沟车站至塘湖车站之间，因为那里离微山湖最近，便于运输。

不几天，鲁南铁道大队便接到地下情报员沙沟站副站长张允骧的情报：在日军由青岛开往上海的某次客车上，尾部两节闷罐车厢内装有布匹。这是大好的消息，为完成任务提供了机会。但同时也有不利的消息：火车经过鲁南铁道大队既定截车地点的时间是白天，不便动手。唯一的办法就是拖延布车出站的时间。

于是，鲁南铁道大队命令张允骥先到滕县站把沙子放进了火车的油壶里。火车从滕县站开出后，发现有故障，被迫在下一站临城站修理。当日军将车修好时已到夜间。当布车开出临城火车站时，铁道大队队员李云生就爬到零担车厢的顶部潜伏起来。待列车运行到姬庄西面的转弯处时，他拔掉车厢间的风管和挂钩销子，使两节布车厢与前面的车厢脱钩。疾驶的列车继续前行，脱了钩的两节布车逐渐减慢了滑行的速度，慢慢停了下来。

与此同时，鲁南铁道大队联络了微湖大队，抽调200余人，又在几个基点村动员了600多名群众参加抢运。铁道大队将这些群众分编为三队，每队都有游击队员掩护。当晚10点钟，铁道大队将群众全部集合在沙沟的关帝庙前，由杜季伟作了简单的动员。

当两节布车厢停下来时，洪振海等人便箭步登上车厢，撬开大锁，打开车厢门，将大捆大捆的布匹往下扔。早已等待在那里的群众在铁道队员的指挥下，立即围了上来，开始转移运输。微湖大队大队长张新华和湖区区长黄克俭已组织好船只在微山湖边接应，再把布匹运往微山岛。

大约两个小时之后，从南面开来一辆满载日本兵的巡道车。原来客车到徐州后，敌人发现少了两节零担车厢，就开着巡道车向北沿途寻找。还没等敌人靠近，负责警戒的鲁南铁道大队队员便机枪、步枪、手榴弹一齐开火，向巡逻车进攻。时值天降大雾，巡逻的日军只听见人声嘈杂，感受到进攻火力强大，以为碰上了八路军主力部队，不敢贸然前进。鲁南铁道大队见情况紧急，便将没卸完的布匹连同车厢一起付之一炬。待运布群众走远后，铁道大队队员撤出战斗，巡逻日军才来到车厢跟前，看到附近大片的耕地被踏平时，更相信是主力部队所为，不敢追赶，只是朝铁道大队撤退方向放了一阵空枪便回去了。

这次截布车，战果颇丰，共截获棉布1200余匹、皮箱200件、日军服装800余套、缎子被100余床、显微镜4架，及药品、呢料、毛毯等物品一宗。

把成功截下的如此大量的战利品送到抱犊崮山区根据地，对鲁南铁道大队来讲是一件十分具有挑战性的事情。通过集思广益，他们最后决定由鲁南铁道大队组织发动群众将布匹分散运出敌占区，同时通知鲁南军区到根据地与敌占区接界边沿交接布匹。

于是鲁南铁道大队开始利用夜间先用小船将布匹从微山岛运到湖边几个渡口，然后由等候在渡口的群众肩担车推，分五路悄悄运到根据地与敌占区接界边沿，铁道大队派人沿途保护。到达接头地点的时候，鲁南军区五团政委王六生已带领一个连的人马在那里等候。鲁南铁道大队大队长洪振海和政委杜季伟带领部分队员协同运送布匹到达鲁南军区，其他人员返回驻地。

鲁南军区司令员张光中、政委邝任农接见了洪振海和杜季伟等人，并代表鲁南区党政军机关向英勇的鲁南铁道大队表示感谢，称他们是"雪中送炭"，鼓励他们发扬英勇、机智、顽强的战斗精神，争取更大的胜利。

鲁南铁道大队截获的布匹解决了鲁南军区机关及三个军分区和教导二旅部队人员的冬装问题。铁道大队还将剩余的花色布分给了群众，解决了部分贫苦人家的穿衣困难。

不曾想节外生枝，一件意想不到的事情发生了。在铁道大队分批把布匹从微山岛运往渡口时，队员黄文发私藏了几匹布。事后，当他把布匹拿到市场上去卖时，被临城的特务发现并逮捕。黄文发经不住严刑拷打，变节投降，供出了铁道大队截布车的事情。内线情报人员把黄文发被捕叛变的消息送来后，王志胜第一个反应就是张允骥可能要暴露，因为黄文发知道铁道大队是通过张允骥得到的关于日军布车的情报。他当即让徐广田、孟庆海连夜赶到沙沟、古井接出张允骥和妻子，秘密转移到微山岛，才避免了更大的损失。

十　建设微山湖后方基地

鲁南铁道队的活动区域是动态变化的，总体方向是由东向西沿铁路迁移。最初是在枣庄，公开打出旗号后，沿枣临铁路西迁至齐村。后来斗争形势进一步恶化，鲁南铁道队继续向西转移到临城一带在津浦路上活动。在这里，与其他几支铁道队合编为鲁南铁道大队。

　　鲁南铁道大队转移到临城区域活动以后，在兄弟部队的密切协作和广大群众的鼎力支持下，很快在微山湖东岸的津浦铁路两侧初步站稳了脚跟。虽然这一区域内的几个鲁南铁道大队经常活动的村庄都有较好的群众基础，但毕竟是平原地带，无险可守，极易遭到日伪军的致命打击。微山湖是鲁南铁道大队铁路两侧斗争的依托，铁道大队活动的区域距离微山湖很近，有些活动村庄就在湖边。鲁南铁道大队经讨论，决定将微山湖开辟为后方基地，既可作战斗空隙的暂时休整之地，又可在日伪军扫荡时隐身于茫茫芦苇荡，与敌周旋。鉴于此，鲁南铁道大队派副大队长王志胜带刘金山等人到微山湖做开辟工作。

　　位于津浦铁路西侧的微山湖是南四湖①中面积最大的一个，湖内水产丰富，渔业发达。湖中偏北部有个小岛屿，名叫微山，又称微山岛。岛上有吕蒙、杨村等大小 18 个村庄，两千多口人，群众基础较好。

　　微山岛向东十几华里就是津浦铁路的塘湖车站。塘湖原本仅是铁路旁的一个小村子。抗日战争初期，由于游击队经常在这一带活动，日军火车在此经常遭到截击，日军才在此地设立了火车站，并在不远的微山岛上建立了伪乡公所。

　　1941 年春，王志胜和刘金山受命来到微山岛时，运河支队已派褚衍启上岛工作。王、刘二人便与褚衍启一起做伪乡长殷占鳌的工作。经过与伪乡长的多次谈判，终于达成协议：伪乡公所可以暂时在微山岛公开存在，表面上应付日本人，但不能干涉抗日武装进岛活动。此后，活动在微山湖里和岸边的鲁南铁道大队、微湖大队、沛滕边大队等几支抗日武装都先后上微山岛活动，把微山岛作为后方基地。

　　1941 年 6 月，在微山岛上的抗日武装便拔掉了伪乡公所，建立了滕县第八区抗日区政府，微山岛成了鲁南几支游击队共同开辟的抗日根据地。

　　微山湖抗日根据地的创建，为鲁南地区几支抗日游击队提供了较为稳固的后方，对日军维持占领区的治安和津浦铁路的安全造成威胁。于是，

---

　　① 微山湖、昭阳湖、独山湖、南阳湖统称南四湖。

日军派伪鲁南剿共自卫团团长阎成田攻打微山岛。

1941 年 6 月 16 日夜，临城日军一个分队加伪军一个大队共计 300 多人进占微山岛。当时，鲁南各抗日游击队都在岛外活动，岛上只留有十几名后方留守人员。日伪军在夜间突然上岛，因乘船渡湖，再加人员众多，声势较大，留守人员闻讯后便分散乘船进入湖中的芦苇荡隐蔽。日伪军扑了个空，恼羞成怒，便大肆抓捕岛上的普通百姓，以私通八路的罪名逮捕了家里住过游击队或与游击队有来往的人家。数日后，日伪军押着 40 多名百姓离开了微山岛。留下阎成田团副团长苏海如带领阎团一个营的伪军驻守微山岛。

当时在这一带活动的几支抗日游击队，分别属于湖西军区、鲁南军区领导，没有统一的指挥机构。6 月 22 日夜，鲁南铁道大队的政委杜季伟、大队长洪振海，运河支队的作战参谋褚雅青、一大队长邵子真，微湖大队的大队长张新华以及沛滕边大队、水上区和滕八区区中队等 8 支抗日武装的负责人在小袁庄南坝开会，商量如何夺回微山岛。

会上，根据侦察员的情况汇报分析了斗争形势。岛上日军小分队已经撤走，只有 300 余名伪军驻守。伪军团部设在杨村东头殷茂全家里。杨村殷延榜、殷延东、殷昭廷以及吕蒙村的殷昭学家各驻有一个伪军小队。各抗日武装能参战的人员总数不足 200 人。伪军兵力虽多，但战斗力不强，驻地分散，人生地疏，群众痛恨，不了解游击队的情况，又处在远离伪军据点的孤岛之中；游击队参战人员虽然不多，武器粗劣，但是地形熟，敌情明，深得群众的拥护和支持，指战员士气高涨，作战勇敢，完全可以取得胜利。

通过分析讨论，一个完整的消灭驻岛伪军的战斗计划形成了：运河支队负责攻打苏海如的伪团部驻地；鲁南铁道大队负责攻打驻杨村殷延榜家的伪军；沛滕边县大队负责攻打驻殷延东、殷昭廷家的伪军；微湖大队负责攻打驻吕蒙的伪军。运河支队的作战参谋褚雅青曾在旧军队中担任过连长，当过八路军陇海南进支队的作战参谋，富有作战经验，被一致推举为作战总指挥，王志胜、邵子真、张新华为副总指挥。攻击时间定于 6 月 23 日晚上，集合地点为微山湖东岸的蒋集村南坝子。褚雅青对各武装的任务进行了明确分工，提出了备战要求，然后大家分头准备。

23 日下午，鲁南铁道大队在六炉店集中，先由杜季伟作了战前动员，随后洪振海布置了行动任务。晚上 8 时整，各抗日武装在蒋集南坝子分乘 10 多只渔船向微山岛进发。晚 11 时许，攻岛战斗在杨村、吕蒙等地同时打响。

鲁南铁道大队悄悄包围了杨村殷延榜家的院子，趁着两枚手榴弹爆炸的声响和硝烟冲进院子时，里边却空无一人。找附近的村民一打听才知，原来伪军怕游击队夜里袭击，天黑前已经转移到伪团部去了。于是鲁南铁道大队又在大队长洪振海带领下与运河支队合兵一处去攻打殷茂全家的伪军团部。

一个小时后，完成既定作战计划的各部迅速向杨村靠拢，对伪团部实施合围。部队组织了三次进攻都未奏效，伪军见攻击部队没有攻坚武器，更加嚣张起来，有的在炮楼垛口打冷枪，有的则伸出半截身子向进攻部队射击。运河支队战士王兰坡在观察敌情时被冷枪射中牺牲。总指挥褚雅青下令再次发起强攻，院子东南角炮楼上的两挺机枪压得进攻部队无法接近。洪振海带领队员强攻时，程怀玉等两名铁道大队队员负伤，被迫撤了下来。然后命令曹德清带领 5 名队员绕到炮楼后面去进攻，也没有成功。最后，在强大火力压制下，总指挥褚雅青命令用火攻。战士们随即拿出事先带来的几只大公鸡，将用豆油浸泡过的棉花捆扎在鸡腿上，用火点着棉花，朝伪军的大院里扔去，公鸡在院子里乱飞乱钻。有两只鸡飞到了伪军的炮楼里，炮楼顿时火光冲天。就在院内的伪军乱作一团的时候，褚雅青果断地命令架云梯发起强攻。苏海如见大势已去，让伪军推倒院子东北角的围墙，朝湖边逃去。

伪军拼命逃窜，游击战士乘胜追击。在杨村西部的一个柴草垛里活捉了苏海如和伪军官兵 30 多人。

攻打微山岛的战斗大约进行了 10 个小时，消灭伪军阎成田团的一个营和设在微山湖的伪团部，活捉副团长苏海如，毙、伤、俘伪军官兵 200 多人，缴获步枪 200 多支、机枪 4 挺、手炮 2 门、伪军军装数箱及其他战利品一宗。

四五天后，临城日军又从邹县调来以尹洪兴为团长的伪军团反攻微山岛。当伪军刚进到湖滨建闸处时，遭到鲁南铁道大队等抗日武装的伏击，没敢渡湖进岛，就逃回了临城。

打"阎团"、"尹团"的胜利，鼓舞了微山湖地区抗日军民坚持抗战的信心，微山湖地区出现了崭新的抗日局面。峄县县委为了统一在微山湖地区的行政工作，成立了微山办事处。从此，微山湖成了在鲁南活动的各支抗日武装的后方基地。

1942年1月，日军又纠集日伪军3000余人，战船百余只，乘夜幕分东南北三路向微山岛发起进攻。当时驻扎在岛上的还有运河支队一大队、微湖大队、峄县大队、沛滕边大队、水上区中队等抗日武装。他们组成临时指挥部，分头阻击敌人。激战7个多小时，毙伤日伪军200余人。因寡不敌众，指挥部决定分路突围。铁道大队在王志胜率领下换上敌人服装，从东北方向突出重围。

突围后，鲁南铁道大队于傍晚来到六炉店村，但村里死气沉沉，村民们都陷入恐慌之中。滕八区区长殷华平在微山岛突围时被捕，已经叛变投敌，正领着日伪军四处搜捕抗日群众。过去的基点村现在迅速伪化，成了汉奸、特务横行的天下，老百姓失去抗日武装的依靠，四处奔走逃难。王志胜只好把队伍拉到野外隐蔽，亲自去彭楼找地下交通站站长秦明道，并通过秦明道与早先带曹德清分队在微山湖外活动的杜季伟和刘金山取得了联系，随即与他们合兵一处。这时，鲁南军区听说微山岛失守，微湖东岸抗日根据地伪化，便命令鲁南铁道大队除留下少数队员坚持隐蔽斗争外，其他人员进山修整。

苦心经营的微山湖根据地在强大的敌人进攻下失守了。微山岛失守的最根本的原因是敌人的强大，攻岛的日伪军人数众多、武器精良、野蛮残暴，致使微山岛失守。

另外，驻微山岛的各抗日游击部队既没有人数的优势，又没有精良的武器，再加上主观上出现的一些错误，导致微山岛失守。对日伪军扫荡缺乏充分的思想准备，经验匮乏，导致决策失误，认为敌人进岛扫荡，会以伪军为主，配有少量日军，联合部队完全可以对付。因此在决定是守还是撤的时候，多数人主张坚守。但事实是，到微山湖扫荡的敌人是以日军为主，本来扫荡鲁中的大批日军被调往微山湖地区，而且还配备了炮兵、舰船等攻坚部队和装备，实施大规模、多方向攻击，使守岛部队无力防御，无法互相策应。微山岛上的群众并没有真正发动起来，军队与群众的关系还没有达到水乳交融的地步，反扫荡的微山岛保卫战主要依靠几支游击队单薄的力量。微山岛上各抗日武装缺乏统一领导，再加上主要指挥员指挥调度无方，直接导致了保卫微山岛战役的失败。驻岛游击武装没有实行统一领导，致使各武装基本上各行其是，遇有重大事件，才以联席会议形式协商，对敌斗争力量不够统一。战斗出现严重局面时，指挥部主要领导人消极退缩，特别是指挥部决定撤退时，没有通知到所有守岛部队就先自行突围而去，从而造成驻杨村的褚雅青孤军死守，最后几乎全军覆没。

微山岛失守后，微山湖东抗日根据地和黄邱山套抗日根据地基本伪化，鲁南地区的抗日游击武装都受到重大损失。微湖大队转移到湖西活动，鲁南铁道大队进山修整，峄县县大队主力部队几乎全军覆没，运河支队一大队、二大队在岛上被打散，剩下的先后叛变投敌。鲁南地区的抗日斗争形势极为严峻。

十一 黄埠庄战斗洪振海牺牲

日军为彻底消灭鲁南铁道大队，派出特务化装成铁道大队队员，侦察铁道大队的行踪。1941 年 12 月 24 日，临城日军特务头子松尾亲自出马，带上 3 名特务化装后偷偷溜进铁道大队驻地六炉店村时，被群众识破，铁道大队迅速出击，击毙 2 名特务，松尾和另一名特务跳墙逃跑。

大队领导估计敌人不会善罢甘休，肯定会组织兵力到六炉店报复。为尽量减少损失，铁道大队一面将主力部队转移到黄埠庄，一面帮助群众将粮食等物品转移，坚壁清野，同时动员群众暂时离开六炉店，到别的地方躲避起来。

果然不出铁道大队所料，松尾逃回临城后，立即纠集日伪军数百人，于 12 月 27 日晚分两路包围了六炉店，但铁道大队此时已转移到了黄埠庄。敌人没有找到铁道大队，便将六炉店村没来得及撤退的村民抓起来，拷问铁道大队到什么地方去了，许多村民被打得皮开肉绽，也没透露铁道大队的去向。敌人恼羞成怒，为了泄愤，把该村的房屋全都放火烧了，整个村庄只剩下残垣断壁。敌人接着又朝乔庙村扑去，仍未发现铁道大队的踪影，便气急败坏地往东撤走了。

鲁南铁道大队大队长洪振海听说六炉店被烧义愤填膺，立即率领部分队员到日伪军扫荡后的六炉店村进行慰问。他见逃难归来的乡亲们无家可归，只能夜宿村头或断壁残垣旁，哭哭啼啼，一片凄惨景象，心情十分难过。他立即召开中队长以上的干部会议，研究保护群众生命财产的问题。他们讨论决定，铁道大队拿出部分资金帮助受害群众重建家园。要求暂时安排好受害群众的生活，尽量不让无家可归的群众挨饿受冻。并决定今后要在保护好群众生命财产的前提下，寻找机会打击敌人，为受害群众报仇。

洪振海大队长安置好群众的生活，刚从六炉店返回黄埠庄，大批日伪军便尾随而至，从三面将黄埠庄包围。当时，铁道大队的长枪队正在微山岛上进行冬季训练，大队部加上短枪队共有50多人，配备两挺机枪。杜季伟政委见敌人的兵力数倍于自己，便提议趁敌人的包围圈尚未形成，赶快突围转移。可大队长洪振海不同意转移，他说，六炉店的群众已经为掩护撤退付出了巨大牺牲，如果在黄埠庄也悄悄撤退，让黄埠庄的群众也遭到与六炉店村民同样的残害，以后群众会怎样看铁道大队？即使撤退，也得先掩护群众疏散，然后再撤。尽管敌强我弱，不宜硬拼，但杜季伟找不出更好的理由来说服洪振海，只得与他一起组织部队疏散群众，迎击敌人。同时派人通知尚在微山岛上活动的长枪队火速前来参战。

铁道大队一面掩护群众转移，一面调集兵力，准备在黄埠庄的运河堤上阻击进犯的敌人。当日伪军进入铁道大队埋伏圈后，洪振海大队长一声令下，手枪、步枪、机枪的子弹一齐射向敌群，日伪军的前锋部队顿时倒下一片。日伪军本以为铁道大队还像在六炉店那样早就吓跑了，因此耀武扬威地开进村子，正打算拿群众出气，突然遭到铁道大队密集火力的攻击，马上乱成一团，吓得趴在地上不敢动。

不多时，装备精良的日伪军发现铁道大队的兵力并不多，便又恢复了疯狂，立即组织强大火力还击，敌我双方展开激战。铁道大队在洪振海大队长指挥下，依靠有利地形越打越猛，敌人则依仗人多势众，也不示弱。政委杜季伟和其他大队领导见敌我众寡悬殊，不宜久战，劝告洪振海撤出战斗，马上率队转移。可洪大队长正打在兴头上，决心在这里歼灭更多的敌人，便没有理会政委的劝说，继续带头向敌群射击。他见一个隐蔽在坟头后面的机枪手被敌人的火力压得抬不起头来，很是生气，便过去一把推开机枪手，端起机枪半跪着向敌人扫射，敌人的火力马上被压了下去。

但是，洪振海大队长这样做就过于暴露目标了。敌人集中火力向他射击，一颗子弹击中他的头部，洪振海身子摇晃了一下，坚持射出最后一梭子弹，便倒在血泊中，牺牲时年仅32岁。副大队长王志胜见大队长倒下了，旋即冲上去，将大队长扶起，发现洪振海已经牺牲，怒火中烧，拿起洪振海的机枪，继续指挥战斗。杜季伟政委见敌人火力仍很猛烈，且我方的子弹已消耗得差不多了，为了保存铁道大队的有生力量，避免更大的牺牲，含泪下令部队撤退。在撤退过程中，他们将洪振海的遗体暂时隐藏在黄埠庄西头的一个麦秸垛里面。这时长枪队奉命赶来接应，共同阻击追来的日伪军。敌人见天色已晚，铁道大队又有援军赶来参战，因此没敢继续追击，就撤回临城了。

第二天，铁道大队派人把洪振海的遗体抬到蒋集村，在那里举行了简单的追悼仪式后，便将洪振海埋在蒋集村西的运河岸边。两年后，这一地区的抗日斗争形势好转，洪振海的遗骨又被迁至其家乡滕县羊庄镇大北塘村重新安葬，鲁南铁道大队为洪振海举行了隆重的追悼会。

洪振海牺牲后，鲁南军区首长亲自召见了铁道大队的几位领导人，详细询问了黄埠庄战斗的经过，高度赞扬了洪振海的革命英雄主义和爱国主义的高尚品德。同时通知他们，鲁南军区党委已经批准洪振海加入中国共产党。遗憾的是，洪振海没有办理完入党手续就牺牲了。

大队长洪振海的牺牲在鲁南铁道大队全体指战员中震动很大，大家都非常悲痛，他们为失去这位足智多谋、英勇善战的好带头人而悲痛欲绝。王志胜最是悲愤，忧思成疾，吐血不止，不得不住院治疗。

大队长牺牲，副大队长住院，鲁南铁道大队急需军事带头人领导大家继续战斗。由谁来做鲁南铁道大队的大队长呢？杜季伟第一个想到的是一中队队长徐广田。徐广田是铁道队创始时期的早期队员之一，枪法准，作战勇敢，铁道队的不少重要任务是由徐广田完成的。他又是共产党员，在铁道大队的地位仅次于洪振海和王志胜。但是徐广田性格鲁莽，好感情用事，在不少事情上过于计较个人得失，因此在队员中的威信不是很高。他只是个将才，而不是帅才，如果把铁道大队的担子放在他身上，恐怕难以胜任。二中队队长孙茂生，在临城一带人熟地熟，截车、作战机智勇敢，但他是在临城铁道队成长起来的，恐怕驾驭不了枣庄铁道队的一帮人。最后杜季伟决定推荐刘金山。刘金山虽然参加铁道队的时间较晚，而且还不是中队干部，但是自从深入虎穴，击毙临城特务头子高岗之后，在铁道大队中的威信迅速上升。他不仅作战勇敢，而且不贪财，能够团结同志。不足之处是刘金山资历浅，经验少，必须给他配一个得力的助手。赵永泉也是早期队员之一、共产党员，有文化，在杜季伟没到铁道队之前，曾任义合炭场的管账先生，在铁道队中人缘较好，让他协助刘金山工作应该没有问题。杜季伟考虑成熟之后，先召开支委会进行了讨论，支委们对提名这两个人代理铁道大队的正副大队长都没有异议。于是杜季伟便召开全体队员大会，提名刘金山任代理大队长、赵永泉任代理副大队长。全体队员举手表决通过了杜季伟政委的提名。

为了加强铁道大队的政治工作，杜季伟又决定让长枪队队长兼指导员赵宝凯改任大队政治协理员，协助杜季伟做思想政治工作，长枪队副队长赵永良代理长枪队队长。随后，杜季伟政委将铁道大队领导人的调整结果上报鲁南军区。没想到，送报告的人第二天便返回来说，近期日伪顽合剿抱犊崮山区根据地，鲁南军区机关已经跳到外线与敌人周旋，无法联系。直到1942年5月，鲁南铁道大队进山修整时，鲁南军区才正式批准刘金山任鲁南铁道大队大队长，赵永泉任副大队长。这时铁道大队已经发展到200多人，重新编为4个中队。

十二　飞车夺药品

缺医少药是根据地遇到的最主要的困难之一。1942年6月，鲁南铁道大队第三次进山休整出山后不久，接到了鲁南军区司令员张光中要搞些"救命药"的命令。药品是日伪军对抗日根据地封锁的重要战略物品，也是根据地伤员们日夜盼望的救命物，要在当时的背景下搞到药品难度可想而知。鲁南铁道大队只能先指示内线情报员，搜集有关药的情报，而后伺机搞药。

指示发出去没有几天，在临城火车站工作的内线宋帮珍传来一个重要情报：有一个车皮从日本运来一批药品，从北往南运，通过临城的时间是深夜10时30分，装药品的车厢记号也摸得一清二楚。

鲁南铁道大队收到情报后，立即召开战情分析会制订了一个大胆而周密的飞车夺药品的行动方案。参加活动的队员分为两个小组，一组由扒飞车技艺高超的梁传德、孟庆海跟随刘金山潜伏在临城站南边的一个弯道隐蔽处，在弯道列车减速时爬上药品车，撬开车门往下掀药。另一组由副大队长王志胜率一批队员埋伏在沙沟车站西北一个洼地里接应搬运。

这趟军列果然准时进站，加了水后继续往南开去。出了临城不到五里地，刘金山和梁传德、孟庆海便轻盈地爬上飞驰的火车，很快找到那个有暗号的药品车皮，用扳手熟练地打开铁闷子车的结实铁门。到了预定地点洼地，他们把车厢内的箱子，一阵子猛掀。王志胜带领接应人员迅速搬运转移，大批药品器械终于在拂晓前运到微山湖边，交给鲁南军区。

后来才得知，一直到这趟军列到了南京时，日本人才发现药品丢失，沿路追查，竟查不出丢失地点，无人承担责任，最后只能处理了一名押车的日本军官，草草了事。

十三　保卫交通线

抗日战争期间，根据地被日伪军分割、包围、封锁。为了坚持长期抗战，必须建立各根据地与延安之间以及各根据地之间的交通联系。苏北、鲁南地区是日军华北、华中两个战略集团的接合部。纵贯其间的津浦铁路与京杭大运河是贯通南北的交通要道。日军对鲁苏战区发动的强大攻势，使驻在这一地区的国民党山东省政府及其武装在敌人进攻中，逃的逃、散的散，潜伏的潜伏，且投敌者日益增多。最终，蒋介石下令撤销鲁苏战区，国民党山东省政府随鲁苏战区总部和部队一起撤离。在此期间，山东抗日根据地的军民粉碎了敌人连续的残酷的大扫荡，打破了敌人妄图消灭山东抗日力量，摧毁山东抗日根据地的阴谋。

抗日根据地军民大力开展了反蚕食、反扫荡、反清剿、反封锁斗争。而进行反蚕食、反封锁斗争的首要办法，就是在敌人占据的主要交通线附近建立秘密交通点、站，开展隐蔽斗争。交通要道，既是敌人的交通命脉，又是敌人对抗日根据地实行封锁的干线。在交通线的两侧，抗日武装开设了许多交通点、站，完成了护送干部、运送物资的重要任务，对打破敌人的蚕食、封锁起到了重要的作用。

（一）秘密交通线的开辟

早在 1938 年 5 月 19 日徐州失陷时，日军把鲁南、苏北和皖东北等抗日根据地与延安之间的秘密通道进行分割、阻塞。日伪军重兵把守交通要道，严密封锁，致使经过鲁南的秘密交通线被严重破坏。为恢复通往延安的秘密交通线，从全国大局来看，抗日武装先后开辟了 5 条从鲁南地区出发或者经过鲁南地区的漫长而艰险的秘密交通线。刘少奇从苏北阜宁县启程，通过秘密交通线，9 个月才到达延安，其戏称"小长征"；陈毅从皖东北到延安，通过秘密交通线，走了 7 个月，可见秘密交通线的艰险程度。无数先进分子、抗战军民通过秘密交通线，追寻红色足迹，到达红色延安，实现了红色梦想。

这五条秘密交通线是：第一条交通线要通过津浦铁路以西新四军第四师彭雪枫部队的活动地区，向北过陇海铁路，到微山湖，经湖西根据地，再经过冀鲁豫边区，最后到延安。因敌伪对陇海路严密封锁，所以经过陇海路颇为艰险。1941 年 5 月 30 日，新四军第四师主力奉命从津浦铁路西撤到洪泽湖，开辟皖东北根据地，这条交通线随即废止。

第二条交通线是走海路，从盐（城）阜（宁）区乘船，绕道连云港，到达赣榆海岸，再经抱犊崮山区越过微山湖进入冀鲁豫区去延安。因为海上日军战略防御森严，加之海上交通设施匮乏落后，这条交通线很不安全。1943 年 3 月，新四军第三师参谋长彭雄和第八旅旅长田守尧等人乘船走到连云港海域与日军巡逻艇遭遇，彭雄、田守尧等全部英勇牺牲。随后，国民党军统派一名高级特务，冒充田守尧来到延安，计划在毛泽东接见时，刺杀毛泽东。在计划接见两天前，阴谋被保卫处干部识破，才避免了大的损失。

第三条交通线是东起中共山东分局所在地沂水，经抱犊崮抗日根据地的大炉、姬庄，越津浦铁路，过微山湖，经沛县至丰县，再到单县，到冀鲁豫抗日根据地，最后到达延安。

第四条交通线是从苏北阜宁县的单家港出发，经东海县、赣榆县，先过陇海铁路，行进到临城附近过津浦铁路，然后渡过微山湖，到达沛县、丰县、单县，再转冀鲁豫抗日根据地，最后到达延安。

第五条交通线是从中共华中局和新四军驻地盱眙县的黄花塘出发，经睢宁、邳州、铜山三县，先过陇海铁路，再越过津浦铁路，渡微山湖，到达沛县、丰县、单县，再经过冀鲁豫抗日根据地，最后到达延安。

这些交通线途经鲁南时，实际上所走路线合并为两条线，即鲁南铁道大队参加开辟和保卫的两条秘密交通线：一条是由抱犊崮山区抗日根据地，跨越临枣铁路支线和津浦铁路，经微山湖、湖西到冀鲁豫根据地，然后去延安。铁道大队护送刘少奇去延安时就是走的这条交通线。这条交通线主要用于护送鲁南军区以及中共山东分局和一一五师的领导及从海路来的新四军领导去延安；另一条是由华中新四军的邳睢铜根据地，经运河支队活动的鲁南黄邱山套游击区，从沙沟附近跨越津浦铁路，经微山湖到湖西，再经冀鲁豫根据地去延安。这条交通线是由新四军四师、运河支队、鲁南铁道大队、微湖大队共同开辟的，主要用于护送新四军的领导干部去延安。

1942年鲁南铁道大队的战略任务转移后，主要任务就是护送各级领导干部跨越日伪军重兵把守的津浦铁路。护送的干部都是党政军的各级重要负责同志，其中包括刘少奇、陈毅、萧华、陈光、朱瑞等领导。由于鲁南铁道大队的准备工作充分，加上护送人员的英勇机智，护送干部近千人通过交通线，从未发生任何意外，受到鲁南军区和一一五师首长的高度评价。鲁南军区发通令嘉奖铁道大队，并给在护送活动中做出重大贡献的铁道大队队员徐广田、郑林川记一等功。

时任中共山东分局书记、山东军区司令员兼八路军一一五师政委的罗荣桓给铁道大队写的嘉奖信中指出，鲁南铁道大队的任务是艰巨而光荣的，肩负着保卫通向全国人民向往的抗日圣地延安的通道。鲁南铁道大队保证了这条重要的交通线，使根据地的情况能够随时报告给党中央；同时也能够及时得到党中央的指示；安全护送了在前线根据地工作的大批干部到延安学习，这具有重要的政治意义。罗荣桓称赞鲁南铁道大队像一把钢刀，插入敌人的胸腔，给敌人以沉重的打击。他希望鲁南铁道大队做好坚持长期斗争的思想准备，再接再厉，不怕艰难，不怕牺牲，积极开展对敌斗争，机动灵活地打击敌人，坚决完成党交给的任务，粉碎敌人的扫荡和"强化治安"阴谋。坚决执行党的方针政策，做好群众工作，更加紧密地团结和依靠群众，克服困难、战胜敌人。

从抱犊崮山区抗日根据地通往微山湖区的交通线是通往延安的多条交通线重合的重要一段。这条交通线要越过日伪军重兵把守的枣庄和津浦铁路与临枣支线两条铁路，护送难度可想而知。1942年年初，枣临一带的日军通过铁路、公路等交通要道及封锁沟墙和据点，隔断了微山湖东地区与抱犊崮山区根据地的联系。2月21日，延安派来山东的两批干部100余人，抵达微山湖地区，要求鲁南铁道大队设法护送他们去抱犊崮山区抗日根据地。此前，鲁南铁道大队以前去往山区根据地的秘密交通线已被敌人破坏，这条路还能不能走呢？为确保万无一失，鲁南铁道大队派大队文书张亮元带领6名侦察员，走原先的道路，沿柴胡店、羊庄一带的山间小道去抱犊崮山区走一趟，进行实地侦察，如果沿途敌情不复杂，就沿这条老交通线护送干部队去抱犊崮山区。

张亮元等人领受任务后，首先来到柴胡店，侦察得知小石楼村的地主张兆谨成立了一个有几十支枪的反动民团，经常骑自行车巡逻，并且与阎村的国民党顽军勾结，作恶多端。侦察队认为，张兆谨盘踞的地方处在秘密交通线的必经之地，要恢复秘密交通线就必须铲除这股反动民团。于是，侦察队乘夜向民团的围子发起攻击，激战一个多小时，毙伤敌人十余个。这时，阎村的顽军赶来支援。张亮元腹背受敌，只好撤出战斗。为了掩护其他侦察员撤退，张亮元不幸壮烈牺牲。这条交通线沿线村庄皆有日伪军的据点，炮楼、封锁沟墙纵横交错，且有敌人日夜巡逻，显然，重新开通的难度非常大，必须开辟一条新的交通线。

中共苏鲁豫皖边区特委津浦路西交通站站长秦明道建议废弃老路开辟新路。新路可以走南线即临城劫车案发后，孙美瑶返回抱犊崮山区所走的道路。此路虽要越过津浦、临（城）赵（墩）两条铁路及曹窝、棠阴、上辛庄、渴口等6道日伪军的封锁关卡，但鲁南铁道大队二中队队长孙茂生熟悉这条路线也熟悉沿途的地理人情。鲁南铁道大队政委杜季伟采纳了秦明道的建议，派孙茂生带部分侦察员前去侦探。孙茂生领受任务后，千方百计安抚了沿途关卡的伪军，这条新的交通线开辟成功。

首次护送任务是由孙茂生率领20名铁道大队队员护送延安派来的干部队去抱犊崮山区根据地。因为沿途关卡都已疏通，所以没出任何意外，就安全地将干部队护送到抱犊崮根据地，因而受到军区首长的表扬。

孙茂生归队后，鲁南铁道大队专门开会研究了今后如何开辟和保卫微山湖东抗日根据地与抱犊崮山区抗日根据地和微山湖西抗日根据地之间连接的秘密交通线问题。会上，大队政委杜季伟指出，敌人为了津浦路的安全，日军三十二师团用一个联队、两个大队2000余人的兵力，驻扎在津浦铁路鲁南段及多道封锁线上，现在原先的老交通线已被敌人重兵卡死。新开辟的交通线是与上级联系的唯一通道。他要求一定严守秘密，千方百计地保护它。

1942年秋，鲁南铁道大队出色地完成护送刘少奇过津浦铁路后，在鲁南军区的帮助下，又开辟了两条新的路线。即从抱犊崮山区根据地经马庙、税郭、放马场、曹窝、姬庄至湖边的乔庙、蒋集一线和从抱犊崮山区根据地经郭村、齐村西、聂庄、放马场、曹窝、姬庄一线。确保在任何情况下都能完成护送干部安全穿越津浦铁路的任务。他们对这两条秘密交通线所经过的村庄全部进行了调查摸底。交通线两侧的12个据点、炮楼中的伪军，除上辛庄、税郭两个据点外，其余的都被鲁南铁道大队争取过来，实现了全天候安全通过。

在鲁南铁道大队活动范围内，由铁道大队护卫的另一条秘密交通线是由华中抗日根据地通往延安的交通线。这条交通线是1942年新四军四师政治部经过考察后，与活动在鲁南一带的八路军运河支队、鲁南铁道大队、微湖大队等游击队共同开辟的。主要是护送新四军的领导干部从华中来往延安。

1942年年初，为了切实加强调查研究，整顿学风，新四军四师成立了调查研究室。鉴于鲁南苏北地区的复杂斗争形势，调查研究室决定派奚原前往了解日、伪、顽情况，搜集其军事、政治、经济、历史等各方面的资料，供领导参考。8月23日，奚原离开四师师部，随护送部队通过封锁线，26日拂晓抵达邳（县）睢（宁）铜（山）根据地。在邳睢铜地委和铜山县委的帮助下，奚原开始了在陇海铁路以南地区的调查工作。9月中旬，又随萧（县）铜（山）独立营到达萧（县）铜（山）灵（壁）路东根据地。10月进入萧铜路西游击区。在一个半月的时间里，他穿行于敌人的封锁线之间，克服种种困难，对该地区的敌伪情况做了较为详细的调查，但对西部顽军情况了解不多。萧县的同志告诉他，北边八路军掌握西部顽军材料较多，值得前去搜集。于是奚原决定北上，到陇海路北继续进行调查。要越过陇海铁路北上，只有从津浦路东的邳睢铜根据地北上到八路军运河支队的活动地区，但中间要穿过日军控制的陇海铁路和顽军韩治隆控制的不老河地区。

10月下旬，奚原重返邳睢铜根据地，得到铜山县委书记王子模的热情帮助。奚原在运河支队交通员高守泉的带领下，越过敌顽的几道封锁线，于11月中旬到达运河支队支队部的驻地，由苏北来到鲁南进行细致的实地调查。调查完毕后，奚原提出了由华中经运河地区过津浦铁路经微山湖去延安的建议。随即，鲁南军区派王建安、郑林川二人对运河支队、文峰大队、鲁南铁道大队等部活动区域进行了详细的实地考察，一条由华中经鲁南去延安的秘密交通线便正式开通了。鲁南铁道大队担负的护送任务就是其中最关键的一段即横越津浦铁路。当时，日军为了保障交通命脉的畅通，加强了对铁路的控制。尤其是津浦铁路，采取了十分严密的防护措施，铁路两旁挖了很深的护路沟，架有铁丝网。在每个小站和铁路通过的桥梁旁还修筑了碉堡、岗楼，派驻日伪军把守。每到夜晚，两个小车站之间不仅有伪军或民夫巡路，而且日军还经常开着铁甲车巡逻。要穿过日军的铁路封锁线，困难可想而知。

在极其艰苦的条件下，鲁南铁道大队积极地开展对敌伪顽的斗争，以高度的革命热情和责任感，机智勇敢地执行着护送任务。一批又一批的干部通过这条交通线来往于延安和华中根据地之间。1943年12月，陈毅去延安时就是走的这条路线。

之所以能够顺利完成护送任务，是因为鲁南铁道大队采取了正确的策略。他们坚持对日军小打狠打，对伪军打拉结合的策略。逐步在敌占区建立起了地下联络站、工作站、情报网，建设维护地下交通线。交通线上关键节点的伪军中队长、小队长及伪乡长等被铁道大队争取过来后，干过不少诸如送情报、搞弹药、购买短缺物资的活动。当需要过铁路时，伪军不但让路放行，而且有时还站岗放哨暗中保护，从而建立起了跨越临枣铁路支线和津浦铁路的安全走廊。

鲁南铁道大队保护秘密交通线的任务是非常繁重的，特别是华中经运河地区去延安的交通线开辟之后。由山东地区去延安的过路干部由鲁南军区移交给鲁南铁道大队，铁道大队护送横越津浦铁路经微山湖去湖西军区，从延安来山东的干部，走的路线正好相反。从华中去延安的过路干部则由运河支队移交给鲁南铁道大队，铁道大队护送横越津浦铁路经微山湖去湖西军区，从延安去华中的干部，走的路线正好相反。

（二）护送领导安全通过秘密交通线

1. 护送刘少奇

1942 年 7 月底 8 月初，护送刘少奇从鲁南军区驻地埠阳出发经秘密交通线跨越津浦铁路到微山湖是鲁南铁道大队首次正式护送干部。既是首次正式护送干部，又是护送中央级别的领导，所以参加护送的队员的心情是既激动又紧张的。从抱犊崮山区根据地到微山湖有近百里的路程，中间要穿越台枣铁路和津浦铁路两道日伪严密封锁线。为安全起见，队伍只能昼伏夜行，所以前后用了一个星期的时间。虽然护送过程如此艰难，但是所有参加护送的队员都没有感觉到路途远，也没有感觉到时间长。

刘少奇当时担任中共中央政治局候补委员、华中局书记、新四军政委。1942 年 1 月，中央决定让他回中央工作。鉴于山东抗日根据地面临的形势和问题，中央决定刘少奇在由华中返回延安途中，检查指导山东的抗日工作。中央书记处在给刘少奇的电报中指出，山东工作处于一个艰苦的阶段，"不仅由于敌人残酷扫荡，地区缩小与分割，主观上亦存在相当严重弱点"。电报分析了山东抗日根据地的形势，指出了在执行政策、主力部队与地方部队的关系、军队干部与地方干部的关系以及外地干部与本地干部的关系等方面存在的问题，要求刘少奇路过山东时，进行调查，指导解决。

3月18日，刘少奇化名胡服同随行的100余名华中局干部，由一一五师教导五旅十三团团长周长胜率部护送，从苏北阜宁县单家港启程。刘少奇一行穿越数道日伪封锁线，于4月初从山东滨海区的海陵县过陇海铁路，进入山东抗日根据地，4月10日到达山东分局、一一五师师部驻地临沭县朱樊村。在山东，刘少奇经过3个多月的调查研究、谈心交流、开会讨论，终于使山东分局及一一五师领导干部认清了形势，统一了思想，明确了任务，山东的形势开始好转。

7月下旬，刘少奇一行由一一五师教导二旅旅长曾国华率部护送，从朱樊启程，重新踏上去延安的征途。鉴于沿途敌情复杂，为减小目标，隐蔽行动，根据山东分局的建议，刘少奇只带18名工作和警卫人员继续前行，其余随行人员返回华中根据地。

7月底的一天下午，鲁南铁道大队突然接到鲁南军区司令部的一个紧急通知，让大队领导人马上赶到军区接受重要任务。鲁南铁道大队政委杜季伟、大队长刘金山和副大队长王志胜等人连夜赶到军区司令部驻地埠阳。张光中司令员和王麓水政委接见了他们并布置了护送刘少奇到微山湖的秘密任务。

这是鲁南铁道大队首次正式执行护送任务，特别是护送的又是中央首长，尽管有一一五师教导二旅的同志随行，但他们还是感到压力特别大，因此对护送方案进行了多次认真推敲研究。护送方案把整个护送路程分为两段，第一段是从军区驻地埠阳到津浦路东十余里的小北庄。这段路是鲁南铁道大队与鲁南军区经常联系的交通线，由于开辟的时间较长，基础较好，所以沿途比较安全。第二段是从小北庄到微山湖。这段路要经过津浦铁路，是鲁南铁道大队的重点警戒路段。刘少奇要在小北庄休息一个白天，晚上通过津浦铁路到微山湖，交给微湖大队，由微湖大队负责护送到微山湖西，交给湖西军区继续护送西去。鲁南铁道大队将护送方案报送鲁南军区首长批准后执行。

刘少奇到达鲁南军区驻地后，听取了军区司令员张光中关于四县边联地区党政军三方面的工作情况汇报。根据工作汇报和沿途观察到的情况，刘少奇分析了造成困难局面的原因和克服的办法。他鼓励鲁南党政军民用斗争赢得胜利，变被动为主动。刘少奇要求，一要正确执行党的抗日民族统一战线政策，坚持独立自主，既团结又斗争；二要加强地方抗日武装力量，巩固抗战成果，扩大根据地；三要利用敌伪顽的矛盾，狠狠打击日寇，提高部队的威信，坚定人民抗战胜利的信心；四是军队要精兵简政，艰苦奋斗，自力更生。

刘少奇在埠阳住了两天三夜，等王志胜带两名队员到沿途伪军炮楼疏通好关系后，第三天上午启程，打算到接近敌占区的马庙庄隐蔽休息，乘夜通过敌占区。

在距离预定休息地点马庙庄三四里的地方，护送队重新分析了敌情和地形，决定改变计划。先到马庙庄附近的云涧峪休息，趁夜间通过敌占区。上午11点多钟，刘少奇一行到了云涧峪。晚上，曾国华按照刘少奇指示，带五团的七八个侦察员，在王志胜的引导下，护送刘少奇继续前行。经过一夜行军，于黎明前抵达鲁南铁道大队的活动区小北庄。

刘少奇在小北庄休息了半天，下午接见了鲁南铁道大队的领导人和参加护送的同志。详细询问了从小北庄到微山湖要途经的地方，路程有多远，要经过敌人多少哨卡等情况。接着，刘少奇对鲁南铁道大队的工作给予充分肯定。同时指出他们在发动和依靠群众方面还有需要努力的地方。刘少奇建议他们在敌占区建立一批基点村，他解释了基点村的概念，一是要把村里的群众基础打牢，得到群众拥护；二是村里要有坚强的骨干，要注意发展党员；三是能掌握住与敌伪军交往的人。他指出，基点村越多，抗日武装活动范围就越大，群众基础就越牢固。

刘少奇肯定了鲁南铁道大队对敌伪军的工作。他强调，不要把敌人看成铁板一块，要对他们中的成员做具体分析，要扩大可依靠的力量，争取中间力量，打击首恶分子。刘少奇还特别提醒鲁南铁道大队警惕叛徒、特务。

当天晚上，为确保刘少奇等人的安全，按照预定护送方案，护送人员兵分三路。一路由杜季伟带6名队员与曾国华带的警卫排一同到津浦铁路西准备接应；一路由王志胜去沿途伪军炮楼疏通关系；一路由刘金山率9名铁道大队队员担任护送任务。

王志胜一组于晚上8点钟左右，带着美酒和香烟来到津浦路旁的伪军炮楼，鲁南铁道大队准备护送刘少奇从这座炮楼附近的涵洞底下通过津浦铁路。王志胜对炮楼的伪军进行了教育并得到伪军的放行许诺后，即刻返回小北庄，把情况向刘金山做了汇报，建议马上出发过路。接着，王志胜又带了几名队员来到炮楼，让队员们都换上伪军服装，守卫在炮楼周围。

一切准备妥当之后，刘少奇一行 20 余人在刘金山等人的护送下，悄悄地离开小北庄，向西行进。晚上 10 点多钟，便来到津浦铁路东侧。护送队决定从沙沟与姬庄之间的一个涵洞下穿过津浦铁路，涵洞下面是一条已经干涸了的沙河，顺着这条干沙河过铁路不容易暴露目标，比走陆路更安全，而且还能避开敌人在铁路两旁挖的又深又宽的封锁沟。王志胜看到护送队伍靠近了炮楼，就用手电筒发出过路的信号。刘金山等人看到信号后，便护送刘少奇朝铁道方向走去。

刚走出不远，突然从北面闪出一道白光，远处的轨道上传来了突突的响声，接着日军的一辆巡逻装甲车从临城方向驶了过来，刺眼的探照灯光束在他们头上扫来扫去。护送队马上采取应急措施，让过路人员立刻退回沙河边卧倒隐蔽，在路西负责接应的杜季伟、曾国华等人也做好了战斗准备。只见巡逻装甲车在伪军炮楼边上停了下来，几个日军走出装甲车。在得到伪军小队长一切正常的报告后，日军就上了装甲车，朝沙沟方向开走了。

日军的巡逻车走远后，刘金山等人簇拥着刘少奇飞快地穿过涵洞，然后命令护送人员跑步前进，与杜季伟、曾国华的接应队伍合兵一处，继续快速向西前进。之后再没有发现敌情，护送队才松了一口气。在护送途中，刘少奇指出，目前日军控制了铁路交通线，对各抗日根据地进行分割封锁，割断了各根据地之间的联系。延安同山东、华中根据地的联系现在只有这一个口子。刘少奇要求鲁南铁道大队用一切力量，保住这条交通线。他指出，今后鲁南铁道大队的重要任务就是护送过往的干部。刘少奇同护送人员一边走一边谈，不一会儿，就到了蒋集镇。

蒋集是鲁南铁道大队的基点村，群众基础很好，位置离微山湖已经很近。本来他们计划安排刘少奇在一位老乡家里休息一天，第二天晚上再进湖。但听房东大娘说沙沟等几个据点最近又增加了兵力，护送队决定取消在蒋集的住宿计划，马上启程，到微山湖里的船上住宿隐蔽，待第二天天黑后再去湖西。于是，他们弄来了三条小船，杜季伟、刘金山与刘少奇同乘一条船，其他人员分乘另外两条船，一起划向湖里的隐蔽地方。

第二天晚上，他们正准备将护送刘少奇的任务转交给微湖大队，由微湖大队护送去湖西。不料敌情又有了变化，日伪军正在湖西一带疯狂扫荡，严密封锁。鲁南军区指示他们暂时不要过湖。就这样，鲁南铁道大队护送队陪同刘少奇在微山湖里的渔船上又度过了四天。

在微山湖停留期间，刘少奇先后接见了鲁南铁道大队政委杜季伟、大队长刘金山、副大队长王志胜，沛滕边县委书记张庆林，微湖大队大队长张新华等人，在听取了工作汇报后，刘少奇对鲁南地区的工作做出了四条指示：一是目前这条交通线是中央联系山东、华中的交通命脉，要千方百计保护好，确保畅通无阻。二要注意做好伪军工作，对那些尚有爱国之心的人要努力争取，在敌占区工作要讲究策略，该团结的一定要团结，该镇压的一定要镇压。三要积极抓好根据地建设，有了根据地，才能站得住脚。四是当前形势敌强我弱，行动要慎重，不要过于刺激敌人。

第五天，湖西的形势开始好转，鲁南军区决定护送刘少奇一行继续西行。临走时，曾国华旅长要求铁道大队派一名侦察员随微湖大队将刘少奇护送到湖西，于是杜季伟就派侦察员陈绪忙随行。刘少奇一行乘数条小船在微湖大队的护送下向湖西驶去。

数小时后，刘少奇一行安全到达微山湖西岸的王楼，湖西军分区的邓克明司令员和潘复生政委已经带着骑兵排在岸边等待。船靠了岸，刘少奇握别了微湖大队的护送人员，然后跨上战马，踏上了新的征程。刘少奇一行经鲁西南于9月进入冀鲁豫边区。随后，又经冀中、太岳、晋西北地区进入陕北，12月抵达延安。

2. 护送萧华

1942年秋天，一一五师政治部主任萧华受中共山东分局和一一五师领导的派遣，由山东分局和山东军区驻地莒南县去太行山区，向中共中央北方局和八路军总部汇报山东分局对敌斗争的形势和5年来的工作情况。同时，检查指导湖西、鲁西的工作，并传达刘少奇对山东抗战工作的指示精神。途中，要横跨晋冀鲁豫四省交界处的敌占区，其中包括跨越敌人封锁严密的津浦铁路和平汉铁路。

10月中旬的一天，萧华在夫人王新兰、警卫员徐登坤和秘书康茅召陪同下，一行4人从莒南县乘马启程，跨过沂河，很快就进入了鲁南军区。在费县的一个小村庄，萧华接见了鲁南军区司令员张光中、政治委员王麓水并听取了鲁南斗争情况的汇报。萧华对鲁南军民在艰难的环境下开展抗日斗争给予充分的肯定。在鲁南军区逗留的短短几天，萧华还对周围群众的生活状况进行了调查研究。

萧华一行需要穿越津浦铁路线，进入湖西根据地继续西行。鲁南军区便通知鲁南铁道大队来军区驻地接送萧华一行。鲁南铁道大队因为有了护送刘少奇的经验，这次已是轻车熟路。政委杜季伟领受任务后与其他领导人商定了护送方案后，就带十几名队员赶到鲁南军区。给萧华一行四人换上便装后，他们就上路了。经过一晚上的夜行军，护送队于拂晓时分赶到枣庄和峄县城之间的丘陵地带。这里距离枣庄只有5公里的路程。因为此时天已大亮，必须隐蔽下来，静候天黑。

天彻底黑下来之后，杜季伟便通知萧华等人继续赶路。他们在曲曲折折的小路上又前行了一夜，终于在黎明前赶到沙沟附近的一个距津浦铁路3公里的小村子。杜季伟将萧华一行安排在伪村长的家里休息。趁休息的机会，杜季伟向萧华详细汇报了鲁南铁道大队在这一带的活动情况及依靠群众的力量建立情报联络网的情况。

萧华一行在这里休息了一个白天，当天深夜，他们在鲁南铁道大队的护送下，越过了津浦铁路。一行人又摸黑走了十余里路，来到微山湖岸边，与微湖大队大队长张新华顺利交接。鲁南铁道大队便完成了护送任务。

萧华对鲁南铁道大队护送他穿越津浦铁路印象深刻，感受颇多。多年后，追忆当时的情景，萧华还赋诗一首为记：

> 神出鬼没铁道旁，袭敌破路毁沟墙。
>
> 深入兽穴斩虎豹，飞越日车夺械粮。
>
> 汪洋大海游击队，怒火熊熊敌后方。
>
> 条条铁轨成绞索，寇灰满载运东洋。

第三章

编入鲁南独立支队：铁道游击队的
发展壮大

（1942 年 12 月至 1944 年 9 月）

1942 年 12 月，鲁南军区遵照刘少奇关于"要解决沛滕峄边区和微山湖地区地方武装统一领导问题"的指示精神，将鲁南铁道大队、微湖大队等 4 支人民抗日武装合编为鲁南独立支队。鲁南铁道大队编为支队二大队，对外仍称鲁南铁道大队，主要任务是开辟和保卫抱犊崮山区抗日根据地通往微山湖西抗日根据地及华中抗日根据地通往延安的秘密交通线，护送过往干部。

二大队辖两个短枪队，1943 年 5 月后，逐步组建了三个长枪队和两个短枪队，指战员近 200 人。鲁南铁道大队的大队长是刘金山，政委先后由杜季伟、文立正、杨广立、赵若华担任。其间，鲁南区党委和鲁南军区先后派来政治、军事干部 10 多人，使部队的军事政治素质得到大幅度提高。

1943 年，山东敌后各抗日根据地一般都度过了最艰苦的岁月，形势开始好转。但鲁南抗日根据地的形势并未好转，边联县东西两面和根据地中心，日伪又安设了一些新据点，使整个根据地被分割成若干细碎的小块，滨海、鲁南到湖西的交通线被一个个日伪据点所阻隔，抗日斗争仍处于极其艰苦的困境。

1944 年 9 月，微山湖东抗日根据地与微山湖西抗日根据地除津浦铁路沿线外基本连成一片，鲁南独立支队完成了历史使命，奉命撤销，二大队恢复"鲁南铁道大队"的番号。

第一节 编入鲁南独立支队做二大队

一 鲁南独立支队的组建

1942 年 7 月 9 日，正在山东检查指导工作的刘少奇接到毛泽东的电报。电报分析了国际反法西斯斗争的趋势和国内形势，着重指出了山东所处的战略位置的极端重要性。电报明确要求刘少奇担负掌握山东及山东一切部队的任务。

为了落实毛泽东的这一指示，刘少奇在山东分局和一一五师驻地检查指导工作时，指出了微山湖地区的重要战略地位，要求加快这一地区抗日武装力量的发展壮大和抗日根据地的开辟与巩固工作。在去延安路过微山湖时，发现当地的几支抗日武装规模都不大，活动地区分散，很难给敌人造成大的威胁，刘少奇指示鲁南军区对这一地区的抗日武装统一领导、统一指挥。

1942 年 9 月 1 日，中共中央政治局做出了《关于统一根据地党的领导及调整各组织间关系的决定》（以下简称《决定》）。决定强调实行党的一元化领导，确定党的各级委员会为各地区的最高领导机关。

1942 年 10 月，鲁南区党委和鲁南军区为落实《决定》精神和刘少奇关于部队的统一领导问题的指示，决定将鲁南铁道大队、微湖大队、沛滕大队和文峰大队合编起来，并派遣沂河支队副政委孟昭煜、鲁南军区城工部干部王建安、沂河支队一大队副教导员赵若华等人去做合编前的筹备工作。

经过紧张、周密的筹备工作，12 月，鲁南独立支队正式建立，张运海任代理支队长，孟昭煜任政委。独立支队下辖四个大队：微湖大队编为第一大队，大队长为张运海，政委为孙新民；鲁南铁道大队编为第二大队，大队长为刘金山，政委为杜季伟；沛滕大队编为第三大队，大队长为钟勇飞，政委为李明；文峰大队编为第四大队，曹杰任大队长兼政委。为了保持鲁南铁道大队对日伪军的威慑，第二大队对外仍称鲁南铁道大队。

　　鲁南独立支队的代理支队长随一大队活动，政委随二大队活动。一大队和三大队负责微山湖区及湖西的交通安全；二大队负责津浦铁路东的交通安全及来往干部通过津浦铁路的护送工作。1944 年之前，第四大队因在运北有任务，没有调到微山湖地区。

　　虽然微山湖地区的几支抗日武装合编为鲁南独立支队有了统一领导，但由于处在敌占区，斗争形势十分严峻。因此，各大队仍以分散活动为主。鲁南独立支队的中心任务是护送干部通过秘密交通线。独立支队的各项工作都围绕这一中心任务展开。

　　自从护送刘少奇通过交通线之后，鲁南铁道大队和微湖大队的工作重点就是护送过往干部。当时，津浦铁路被日伪军严密控制并封锁，津浦铁路东的聂庄、小北庄、西界沟、茶棚和铁路西的乔庙、蒋集是护送干部的主要基点村。从鲁南、滨海到延安的过往干部，必须先过临赵铁路支线，到聂庄休息，再西行到西界沟、茶棚一带；从华中到延安的过往干部，由运河支队护送到西界沟休息，然后由鲁南铁道大队继续护送西行。过往干部都要从临城和沙沟之间跨越津浦铁路，然后由微湖大队护送渡微山湖西去。为了确保秘密交通线的畅通无阻，鲁南独立支队依靠地方干部和广大抗日群众，对途经的村庄、落脚点或休息场所都详细地调查摸底。经过耐心细致的工作，逐步同一些伪军建立了秘密联系，有些还能提供暗中掩护，使支队人员可以随时随地通过封锁线。

　　同时，鲁南独立支队加大了对敌伪顽的工作力度。根据当时的形势，鲁南独立支队昼伏夜出，对秘密交通线沿途的各个村庄的伪乡、保长，地主、特务等，采取打拉并举的方针，能争取的就尽最大努力争取，对极其反动的，则进行坚决镇压，杀一儆百。为了分化瓦解敌伪势力，他们还广泛开展了"黑红点"活动。给附近的伪乡、保长及伪军建了一本"账"，谁干了有利于抗日的好事，就在其名下记个红点；谁干了不利抗日的坏事，就记个黑点，到一定时候算总账。

　　对待顽军的进攻，鲁南独立支队本着有理、有利、有节的原则进行了坚决的斗争。在这一地区有国民党周侗部、申宪武部、冯子固部、胡介藩部、陈世俊部等顽军，他们消极抗日，积极反共，经常挑起反共摩擦，独立支队适时进行了反击。

鲁南独立支队建立后，特别重视部队的政治工作。主动加强连队政治工作，明确抗日斗争的任务。经过抗日斗争形势教育和党的方针政策教育，增强了广大指战员的抗战胜利决心和信心，进一步振奋了革命斗志。独立支队按照军区政治部的指示，在全体人员中开展了全面细致的调查摸底工作。弄清了全体指战员的政治面貌、出身、历史、入伍时间、来历及入伍动机和一贯表现等情况。1943 年 5 月，鲁南独立支队特派员赵若华深入三大队清查时，挖出了暗藏在部队内部的日本特务，并及时作了处理。这些活动使他们进一步提高了政治警惕性，巩固和纯洁了革命队伍。为了做好瓦解敌军工作，独立支队还举办了多期日语培训班，使骨干队员都会用日语对敌喊话，对瓦解敌军起到了一定的作用。还组织干部以不同形式学习党的各项方针政策和三大纪律八项注意，并要求他们身先士卒，在提高政策水平和组织纪律观念的基础上，还要做好队员的思想工作，提高每个人的思想觉悟。

1942 年年底到 1944 年期间，抗日根据地刚刚走过最为困难的 1941 年和 1942 年，但仍然处于严重困难时期。为了动员、团结全党和全体军民克服严重困难，巩固抗日根据地，坚持抗战，争取胜利，中共中央制定了一系列正确的方针和政策：关于对敌斗争，要树立长期坚持的思想，开展群众性的分散的敌后游击战争，以粉碎敌人残酷的扫荡、蚕食和封锁；要实行"敌退我进"的对敌斗争方针，变对敌斗争的被动为主动；要大力瓦解日军，争取伪军反正，以削弱敌人，壮大自己。关于军事建设，要在加强主力部队建设的同时，加强地方武装和人民武装建设，以开展广泛的人民战争。关于根据地政权建设，要在根据地各级政权实行"三三制"，以巩固、扩大抗日民族统一战线；要实行精兵简政，以克服经济困难，提高部队的战斗力，巩固抗日民主政权。关于根据地中党政军民之间的关系，要实行党的一元化领导，以保证各项政策的贯彻执行。

从 1942 年下半年开始，鲁南区党委领导全区抗日军民，结合鲁南实际，认真贯彻执行党中央先后制定的巩固抗日根据地的"十大政策"，实现了党的一元化领导，加强了党的集中统一；进行了精兵简政，实现了主力地方化，加强了地方武装和民兵建设；开展群众性的游击战争，组织武工队深入敌占区分化瓦解打击敌人，大力开展敌伪军工作；开展减租减息和生产运动，努力改善人民的生活和军队的供给。

1943 年 3 月，独立支队政委孟昭煜收到邹坞伪军司令朱玉相的一封信，请求速派人前去邹坞商谈朱部反正的问题。朱玉相曾任过苏鲁人民抗日义勇总队三大队的大队长和峄县支队直属大队大队长，后来叛变投敌，在邹坞当了伪军司令，有队伍数百人。收到信后，孟昭煜政委立即召集王建安、赵若华等人开会研究。大家认为，朱玉相在这时候写信有两种可能：一是真心反正，二是故设圈套。若朱玉相真心弃暗投明，不派人去，会失掉争取这部分人的机会；若朱玉相故设圈套，不派人去，他又会说无诚意。最后，孟昭煜政委决定，他和王建安一起跑一趟。他们深知深入虎穴的危险性，但为了抗日的需要，早已把个人生死置之度外。

当天夜里 12 点左右，他们带上警卫员朱其章从驻地起程，向东进发。当走到黑峪时，在一户姓曹的农民家里稍事休息，接着继续向东赶路。由于天黑路又不熟，加上他们已经非常疲劳，到达杨家峪时便在一户姓杨的群众家里住下了。

第二天吃完早饭又立即动身，出了杨家峪向东北走去。上午 8 点多钟，他们三人走到大香城附近时，被伪军包围。他们还没来得及开枪，便被敌人逮捕。原来这伙人是朱玉相的弟弟朱玉喜派来专门截击他们的。

朱玉喜将孟昭煜和王建安逮捕后，随即报告了枣庄日军宪兵队。日军听到逮捕了鲁南独立支队的政委，欣喜若狂，以为可以通过他们两个把临枣地区八路军党政军情报全部搞到手。但是，敌人的算盘打错了，他们对孟、王二人用尽酷刑，毫无收获。敌人黔驴技穷，于 1943 年 5 月把孟、王绑赴大香城村南的山坡上处死，并强迫部分群众观看。孟昭煜和王建安临刑前毫无惧色。在生命的最后时刻还向群众揭露日伪军的罪恶，宣传国内外反法西斯战争的大好形势。

孟昭煜政委和王建安被敌人杀害的当天夜里，当地抗日群众悄悄地将其遗体掩埋在一个山洞里。1944 年 5 月，峄县二区的抗日群众将孟昭煜和王建安的遗体从山洞里移出，安葬于大香城西南不远的地方。峄县抗日民主政府在两位烈士墓前立石碑一座，碑文是："盖闻英雄豪杰，皆出于乱世，未有不以肝胆流芳于千古者。兹有孟君昭煜，年二十四岁，滕邑土城人；王君建安，年二十六岁，山西人。此二君皆为公捐躯，恐日久湮没，特立石，以垂不休云。"

孟昭煜，山东省滕县羊庄镇土城村人。1918 年生于一个小知识分子家庭。其父孟广厚，原是私塾先生，生活清贫，其后在一盐店当管账先生，生活稍得改善。母亲朱氏，系农村妇女，生育三男一女。孟昭煜 8 岁时进本村小学读书，1934 年考入羊庄高小，1936 年毕业。他高小毕业后即失学在家。因无业可就，只能在家参加劳动，这更加增强了他对旧社会的不满情绪。这时，他和进步青年朱广泉、李瑞、侯慎民、胡金钊等人常在一起议论时局，寻找革命道路。1937 年夏，他加入了中国共产党。1938 年 1 月，中共滕县党组织创办农民抗日训练班，孟昭煜和朱广泉等人即参加训练班学习和工作。同年 3 月，中共滕县特别支部书记王见新等人在农民抗日训练班的基础上建立了农民抗日救国军，孟昭煜任政治战士。4 月，他第一次参加岗头山伏击战，给日军以沉重打击。不久，部队改编为苏鲁人民抗日义勇总队第二大队。8 月，义勇总队被改编为直辖四团，他被提升为营教导员。9 月，他调到山东省委党校学习，年底毕业回直辖四团政治处任组织股长兼机关总支组织委员。1939 年秋，部队改编为八路军一一五师苏鲁支队，他任政治部组织科长。1940 年冬，苏鲁支队改编为一一五师教导二旅五团，他任团政治处副主任。这期间，他为部队党的建设工作做出了很大的成绩，使党员的数量有较大发展，党员质量普遍提高，党对部队的领导也进一步加强。

1942 年春，孟昭煜调沂河支队任副政委。当时沂河支队正处于最困难的时期，孟昭煜为部队的巩固与发展，继续坚持临（沂）郯（城）邳（县）地区的抗日斗争，做了大量工作。10 月，鲁南军区调孟昭煜到微山湖东地区筹建独立支队。

孟昭煜任独立支队政委后，由于支队的几个大队分散活动在微山湖及其沿岸的津浦铁路两侧和临枣铁路两侧，他经常不避艰险，只带两三个人来往于敌占区各个部队之间，为协调部队的军事行动和进行部队政治整顿做了大量工作，使部队的政治教育有所加强，军政素质不断提高。

孟昭煜政委被捕后，鲁南军区任命正在独立支队检查工作的文立正代理独立支队政委。

文立正，原名文立征，1911 年出生，湖南省衡山县东湖镇天柱村人。幼时家贫。1927 年考入长沙岳云中学，1934 年 7 月高中毕业考入北平辅仁大学化学系，他不仅学习成绩优秀，而且积极投身于爱国学生运动，抗议国民党反动政府投降卖国。

1937 年 8 月 8 日北平沦陷，文立正随平津流亡学生到山东济南，接受中共地下党组织的安排，进入韩复榘的第三路军抗日军政人员训练班。同年 10 月，他到鲁西北武城县任政训员。山东全境沦陷后，他到武汉寻找党的关系。1938 年 3 月，经李锐、谢文耀介绍加入中国共产党。不久，由八路军驻武汉办事处介绍，到驻徐州的中共苏鲁豫皖边区特委工作。徐州沦陷前，他随特委领导人郭子化、张光中等人进入抱犊崮山区，参加了苏鲁人民抗日义勇总队的创建工作。1938 年初夏，文立正被派到董尧卿的鲁南民众抗敌自卫军任政训处副处长。6 月，随峄县人民抗日武装负责人朱道南到峄县地区活动，联合当地几支抗日武装，成立了山外抗日军联合委员会。此时，文立正奉命到倾向共产党的国民政府军事委员会战区特种工作团第三总团第二分团第五大队邵剑秋部工作，公开名义为政治教官，并负责在白楼村举办山外抗日军联合委员会抗日青年培训班，不少人经过训练班的启蒙教育，后来成为这一地区革命斗争的重要骨干。在邵部工作将近半年的时间里，他以共产党员的身份积极开展抗日工作，在抗日青年中留下极好的印象。后邵部南下清江，在宿迁战斗之后，哗变北返。

1939 年春，文立正奉命去国民党鲁南专员张里元部所属的保安五旅担任政治部主任，做争取改造土匪部队的工作。同年 10 月，八路军一一五师进入鲁南，鉴于保安五旅难以彻底改造，上级决定撤出工作人员。文立正又重回邵剑秋部，做改编该部为一一五师运河支队的工作。在邵部驻地潘楼，他和邵剑秋一起召开干部会议，分析形势，统一思想，终于使全体与会者一致赞同参加八路军。1939 年年底，一一五师代师长陈光、政委罗荣桓发布命令，将邵剑秋等四部编为八路军一一五师运河支队，文立正任政治处主任。

1940年年底，文立正任运河支队副政委，不久他奉命带领部分部队编入一一五师教导二旅五团。1941年3月，文立正被派往鲁南军区第三军分区任副政委兼政治部主任。之后，又调到沂河支队和鲁南军区工作。

1943年3月，独立支队政委孟昭煜被捕时，正值文立正随鲁南军区政治部主任曾明桃在独立支队检查工作，上级决定让他留在独立支队代理支队政委。由于铁道大队政委杜季伟也于当月调鲁南区党委党校学习，所以文立正暂时还兼任铁道大队政委。

当时，独立支队分散活动在敌占区，环境极为恶劣艰苦，文立正去后与战士同甘共苦，狠抓部队的政治思想工作，重视组织纪律的整顿，手把手地教战士学习文化，对加强部队的政治思想建设起了重要作用。

1943年5月，枣庄日军将孟昭煜政委杀害之后，鲁南军区正式任命文立正为独立支队政委，并调军区武工队副队长杨广立到独立支队任副政委。文立正正式任独立支队政委后，铁道大队政委由支队副政委杨广立兼任。

杨广立，山东省滕县柴胡店村人。1918年出生于一户贫农家庭，兄弟4人，杨广立居长。他9岁进本村贫民小学读书，1936年春考入五所楼私立高小。当时，先后有3名共产党员在该校开展革命活动，进行共产主义宣传。杨广立在他们的教育启发下，懂得了许多革命道理，很快成为学校进步活动的积极分子。在秘密党组织的领导下，杨广立油印革命传单到临城等地散发，到乡村和厂矿向贫雇农和工人进行革命宣传，组织学生对教员中的坏分子进行斗争。1936年10月，他由张学周介绍加入中国共产党，并担任党小组长。1937年12月，中共山东省委派王见新来滕县传达中共中央洛川会议精神，杨广立听后深受鼓舞。次年2月，他带领7人到善堌参加滕县地方党举办的抗日农民训练班，学习结束后被编入滕县人民抗日义勇队。杨广立先为政治战士，后任班长。1938年7月，人民抗日义勇总队东撤到抱犊崮山区后，他升任中队指导员。1939年10月，八路军一一五师主力进入鲁南，人民抗日义勇总队被改编为苏鲁支队，杨广立任二营教导员。1940年年底苏鲁支队改编为一一五师教导二旅五团，他仍任二营教导员。精兵简政时，部队改设大队，他任三大队政委。在一一五师开展的创造模范干部活动中，他被教导二旅评为模范干部，并授予奖章。

1943年3月，五团攻克日伪军楔入鲁南中心区的小埠子据点，杨广立率领的大队担任主攻，全歼据点内的日伪军并生俘日军5人，受到一一五师首长的嘉奖。同月，鲁南军区根据山东军区向敌区进军的指示，抽调军政干部组织武工队，到敌后发动群众，开展对敌斗争，杨广立调任武工队副队长，随队长曾明桃一起到峄县、滕县、枣庄和夏镇一带活动。

杨广立兼任铁道大队政委期间，在部队分散活动、不好管理的情况下，严格掌握政策，坚持原则立场，正确贯彻党的对敌斗争方针。他针对部队内部存在的纪律松懈、山头主义严重的现象，在全队开展了加强纪律性、反对宗派主义、山头主义的教育，使部队上下更加团结一致。

1943年12月，杨广立不再兼任鲁南铁道大队政委，鲁南军区任命独立支队特派员赵若华任鲁南铁道大队政委。

赵若华，山东省苍山县南桥镇赵家庄人。1919年出生于一户富裕农民家庭。少年时就读于农民夜校，在那里受到共产党员赵民三老师的启蒙教育。1932年转入南桥镇高小读书，这时正值共产党领导的苍山暴动前夕，年仅13岁的赵若华与芦汪子村地下党的负责人赵典章结为至交，并被列为党的发展对象。1933年苍山暴动失败，党组织停止活动，他转入郯城小学读书，然后在家务农。1938年10月，赵若华参加了临郯青年抗日救国团。次年2月，临郯县委决定从青年抗日救国团中抽调骨干10余人组建山东纵队陇海支队特务营，赵若华被任命为该营特务连连长。同年3月，加入中国共产党。

1939年夏，特务营被整编为山东纵队陇海支队南进三大队直属特务连，赵若华调任该大队特派员。1940年5月，改任东进支队三大队特务连指导员。1941年12月，被分配到鲁南军区沂河支队一大队任副教导员。

1942年秋，鲁南部队实行精兵简政，沂河支队取消大队建制，连队直接由支队领导。同年10月，赵若华受鲁南军区政治部和鲁南专员公署派遣，到鲁南独立支队任特派员。赵若华到任后，在党的领导下，依靠广大群众，积极从事锄奸工作并建立健全情报网站。

1943 年年底，支队政委张鸿仪鉴于副政委杨广立支队工作比较忙，无暇顾及鲁南铁道大队的实际情况，报经上级批准，决定由支队特派员赵若华接替杨广立，担任铁道大队政委并兼任沛滕边县公安局局长。当时，抗日战争正处在异常艰苦的阶段，日伪顽军对这一地区频繁"清剿"。为了打击敌人的嚣张气焰，他和铁道大队其他领导人一起，积极开展工作，建立基点村和情报网、情报站，并安全护送大批干部通过津浦铁路。

1943 年 8 月，文立正进山东分局高级党校学习，鲁南军区任命张鸿仪为独立支队政委。

1944 年 2 月，鲁南军区为加强鲁南独立支队的军事指挥力量，调富有军事指挥经验的董明春到独立支队任副支队长，并主持支队的军事指挥工作。

董明春，山东峄县枣庄镇人，1908 年生于一户贫民家庭。其父董起奉靠出卖苦力赚钱养家。董明春自幼无钱上学读书，在火车站捡煤渣卖钱贴补家用。11 岁时父亲病故，3 年后开始给地主当雇工。1927 年他为找生活出路，到军阀张宗昌部第十军第三营当传令兵。年底，他随部队由枣庄开赴江苏作战时被中央军俘去。在旧军队干了一年多，亦觉无出路，遂回枣庄下煤井，以出苦力为生。1932 年，共产党员田位东、郑乃序领导枣庄煤矿工人大罢工，他加入了罢工行列。罢工运动虽遭到镇压，却使他开始认识到共产党是劳苦大众的救命恩人。这年，董明春跟随母亲王氏到地主家做长工。因他精明能干，处事有方，被提拔为地主家的管家。从此，他开始广交朋友，并参加"青帮"，先后与近百人拜了把兄弟。这成为他参加革命后拉武装、建立情报关系、在困难情况下坚持斗争的有利条件。后来，他在郭子化、李微冬等人的教导下，逐步提高了阶级觉悟，懂得了共产党人的理想和主张。1937 年 12 月，由李微东介绍加入中国共产党。

1938 年 3 月枣庄沦陷，董明春根据中共苏鲁豫皖边区特委的指示，与李微冬等人一起发动群众，组织起 200 人的抗日游击队，他任分队长。

这支部队活动在临（沂）郯（城）费（县）地区。当年 11 月，他被送到八路军岸堤军政干部学校学习，因原来部队的军事负责人投敌，他未毕业就返回部队。经过他做工作，留下近百人，编为峄县保安大队。他先后任中队长、大队长，带领部队活动在峄县地区。当时，斗争环境极为艰苦复杂，敌人对他以高官厚禄进行引诱策反，他始终不为所动，一直坚持到八路军——五师抵达抱犊崮山区，才打开局面。

1939 年 9 月，董明春带领部队编入八路军——五师六八六团，他任二营营长。1940 年春，他率部参加白彦争夺战，接着又参加反扫荡。同年 6 月，他随王六生政委等人到峄县支队工作，不久任支队参谋长。1941 年 6 月，峄县支队和边联支队合编后，他调任鲁南军区一军分区副司令员。一年后，代理军分区司令员。

1943 年 6 月精兵简政，军分区撤销，部队改建为尼山独立营，董明春任营长。1944 年 2 月，鲁南区党委书记兼鲁南军区政委王麓水找他谈话时指出，为了有效地牵制和打击敌人，在微山湖地区的津浦路两侧，将原来单独活动的微湖大队、鲁南铁道大队、文峰大队、沛滕大队改编为鲁南独立支队。经军区党委研究决定，派董明春去担任副支队长，主持支队的军事指挥工作。王麓水指出，那里的工作是困难和复杂的，敌伪据点星罗棋布，还有许多国民党顽固分子捣乱。王麓水要求部队在津浦铁路两侧、临枣铁路、微山湖，一直到济宁一带站住脚。要和鬼子、伪军、国民党顽固派进行斗争。王麓水要求，董明春到部队后要紧紧依靠党组织，团结好同志，进一步发动群众，把局面打开，创造条件，让山区的主力部队，在适当时机出山，彻底消灭盘踞铁路西的敌顽。

经过准备之后，董明春就告辞王麓水政委和同志们，带着警卫员下山去了独立纵队活动基点村羊庄。羊庄位于滕县城东南 50 里处，是一个百十户人家的村庄。由于这里的群众基础好，独立支队四大队就经常在这一带活动。董明春到羊庄后，叫四大队派人与二大队联系，要他们派人来接他进湖。第二天晚上，二大队大队长刘金山带着两名短枪队队员来到董明春的住处，董明春仔细地询问了沿途敌情之后，就离开羊庄，前往二大队的驻地茶棚。

漆黑的夜晚，伸手不见五指，远处不时传来一阵阵狗叫声。刘金山带着董明春巧妙地绕过敌人的一座座炮楼，顺利地到达临城东南的茶棚。

董明春在茶棚住了两天，了解到二大队的大体情况。他发觉鲁南铁道大队在作风及组织纪律方面，与主力部队有很大不同，纪律较松弛，作风较散漫。同时，他们有革命积极性，在战斗中英勇顽强，敢打敢拼，有一股不怕牺牲的革命精神。并暗下决心今后注意加强政治思想教育，将这支武装培养成一支在政治上、军事上都过硬的部队。

离开茶棚，前往支队部驻地微山湖。二大队大队长刘金山和副大队长王志胜带着几名队员护送他过了铁路。

进了微山湖，在一片芦苇丛中找到了支队部驻地。支队部设在一条船上。政委张鸿仪、地委书记于化琪都高兴地走出船舱与董明春握手相见。支队部当时人员很少。有一个通讯排，一名供给主任，一名保卫股长，连个参谋也没有。为了工作方便，刘金山将特别熟悉当地地形的秦玉斗抽出来，给董明春当警卫员。董明春到独立支队后，先后组织了多次战斗，拔除了微山湖地区的多处日伪据点，使这一带的乡村连成一片，敌人只能控制城镇和铁路沿线。

1944 年 9 月，鲁南军区决定撤销独立支队，并在此基础上建立鲁南二军分区。鲁南铁道大队恢复番号，直属鲁南军区。1943 年下半年，鲁南抗日根据地军民走出困境，在 1944 年一年中，连续发起春、夏、秋、冬季攻势作战，拔除抗日根据地腹地敌据点，歼灭伪和平救国军第十军，打通与鲁中、滨海两根据地的联系。

二 编入鲁南独立支队

鲁南铁道大队于 1942 年 12 月编入鲁南独立支队，随后的 1943 年是抗日根据地开始走出最为困难时期的一年，但仍然处于严重困难时期。为适应斗争形势需要，鲁南军区及所属部队进行了多次整编、精简和调整。

1943 年 3 月，鲁南铁道大队政委杜季伟调鲁南区党委党校学习，鲁南独立支队代理政委文立正兼任鲁南铁道大队政委。5 月，鲁南军区根据对敌斗争的需要，对铁道大队的领导人和编制进行了调整。文立正不再兼任铁道大队政委，调杨广立任独立支队副政委兼铁道大队政委。将铁道大队三个短枪队和一个长枪队调整扩建为三个短枪队和四个长枪队，全大队将近400人，这是鲁南铁道大队自创建以来人数最多的时期。

1943年12月，鲁南军区决定由赵若华接替杨广立任铁道大队政委。1944年9月，鲁南独立支队撤销后，二大队恢复鲁南铁道大队的番号，由鲁南军区直接领导。

第二节　主要抗日活动

一　积极进行反扫荡斗争

临城日军宪兵中队中队长岩下是鲁南铁道大队的主要对手，此人比高岗更狡猾凶残，很难对付。他一直主张将管辖范围内的日伪军全部兵力统一指挥，尽全力彻底消灭辖区范围内的抗日游击队，一劳永逸地确保"统治安全"。他自1942年4月攻下微山岛之后，一直带领日伪军，在湖东地区的铁路两侧及临城周围进行清剿，增筑炮楼，封锁铁路和微山湖沿岸的村庄，追踪打击抗日武装。鲁南铁道大队则采取"敌进我退"、"敌驻我扰"、"避强击弱"、"避实击虚"的战术，趁岩下出城清剿，城内空虚的时机，进入临城，惩办汉奸，散发传单，袭击留守部队；岩下回城时，鲁南铁道大队又利用地形，拦截伏击。与此同时，鲁南铁道大队努力做好炮楼、据点伪军的政治瓦解工作，通过夜间喊话对其进行教育，或深入其家庭做细致的思想工作。

在抱犊崮山区根据地至微山湖的路途中，日伪军设置了6道封锁关卡、8个据点和炮楼。为了切实保障秘密交通线的畅通，鲁南铁道大队摸清了这些据点、炮楼里的伪军头目及沿途10多个村庄的伪乡保长的政治态度，以及村中的危险人物、群众的抗日觉悟等情况。通过耐心细致的工作，向日伪军及伪政权发起强大的政治攻势，打拉结合，争取伪军、伪政权向抗日武装靠拢，铲除一切铁杆汉奸，绝大多数据点和村庄被铁道大队控制。鲁南铁道大队在整个鲁南地区的主力部队和地方武装都因形势严峻而大量减员的情况下，在环境更加恶劣的敌占区不仅没有减员，反而还在发展壮大。不到半年的时间，在敌人重兵围剿下竟然由30多人发展到200多人，除短枪队、长枪队外，还组建了锄奸队、破袭队、政治工作宣传队和情报工作联络站。而且确保了秘密交通线跨越津浦铁路的安全。

1942年12月，鲁南独立支队刚刚成立，驻徐州的日军十七师团、驻兖州的第三十二师团，纠集日伪军近两万人到湖西抗日根据地扫荡，中共湖西地委、专署突出敌人的包围，专员李贞乾不幸牺牲。扫荡后，敌人挖了四条大封锁沟，每距离2—3里修筑炮楼一处，将湖西分割成格子网状，军民出入极为困难。1943年1月中旬，日伪军集中万余人，使用"铁壁合围"战术，扫荡鲁南抗日根据地，抱犊崮东南基本区被压缩到仅剩下10余个村庄，基本区周围增设了日伪军据点，连鲁南军区驻地埠阳，也修筑了日伪据点。

在如此严峻的形势下，岩下向小林建议集中警备大队兵力扫荡微山湖地区。小林接受了建议，调集官桥、临城、韩庄、夏镇的日伪军1500余人，到津浦铁路以西、夏镇南北地区扫荡鲁南铁道大队和微湖大队。岩下趁机带领临城宪兵中队和田广瑞的特务队，跟踪追剿铁道大队，抓捕与铁道大队有关系的群众。微山湖以东、津浦路以西地区，一时间被恐怖气氛笼罩。

一天，鲁南铁道大队的副大队长赵永泉率领短枪三队在执行任务时被数百名日伪军包围。因敌众我寡，力量悬殊，赵永泉果断地指挥队员突围，自己率少数队员在后面掩护。撤离时，赵永泉身负重伤。队员们把他隐蔽在一户农民家里养伤。一个月后，赵永泉带伤回到鲁南铁道大队，投入到新的战斗中。

1943年1月底，岩下上书小林说，不用警备大队增援，也不要动用韩庄张来余的警备队，仅凭临城日军的一个中队，加上滕县李玉美的四个伪军中队，他就能消灭鲁南铁道大队和微湖大队。其理由是，日军的武器精锐又有武士道精神，中国的正规军都不堪一击，消灭小小的两个游击队就更不成问题。但日军在中国的地盘上作战，不足之处就是人情地情不熟悉，因此他要求小林的警备大队在经费上给予支持，用金钱瓦解游击队，收买铁道大队的变节分子，让他们提供情报。

　　小林同意了岩下的要求。2月24日，岩下根据新收买的托里村的李某密报得知，东托、西托、巨山、曹窝驻有游击队，随即纠集日伪军300多人，从西托开始清剿、扫荡。当时，鲁南铁道大队的副大队长赵永泉正率领短枪三队在东托、西托做政治宣传工作。赵永泉带部分队员住在东托，其胞弟赵永良带部分队员住在西托，两村相隔2里路远。24日上午，赵永泉得知数百日伪军包围了西托后，立即率领队员去西托增援。岩下害怕腹背受敌，遂将部队撤至沟北。赵永泉将西托的队员接应出来后，率队向铁道大队的基点村东巨山村撤退。这时岩下已经发现赵永泉是指挥员，便命令部队全力向短枪三队突围方向追去。赵永泉指挥部队且战且退，待他们到达东臣山村北时，敌人的机枪一阵猛烈扫射，赵永泉中弹倒下了。他挣扎着对前来抢救的弟弟赵永良说：党交给的任务还没有完成，快带同志们向南撤……话还没说完就停止了呼吸，牺牲时年仅32岁。赵永良含泪放下哥哥的遗体，带领队员撤到安全地带。敌人撤走后，鲁南铁道大队派人将赵永泉的遗体抬回，安葬在家乡蔡庄。

　　为了打击日伪军的嚣张气焰，取得反扫荡斗争的胜利，鲁南铁道大队选择主动出击，命令短枪一中队和破袭队趁官桥日军外出扫荡之机，立即强行破袭官桥南北的铁路。徐广田、华绍宽率部于当日晚在官桥南将铁轨接头的螺丝松动了30余处，造成一列日军运粮车脱轨倾覆，使津浦铁路中断2天。小林因此受到上级的面责后，不得不将官桥的日伪军撤回驻地。而岩下不仅没有撤军，反而将其指挥部移至湖边，日夜清剿，肆意烧杀抢掠，还在柏山增设了观测仪器，监视铁道大队的行动。

　　鲁南铁道大队针对岩下疯狂扫荡，采取"翻边"战术，把战火烧到岩下驻地临城。在岩下出动扫荡的第二天，临城日本洋行的日籍雇员被击毙；日本妓女院的两名日籍妓女被化装成日本军官的铁道大队队员叫出去处死；每天天黑以后，鲁南铁道大队队员在临城周围鸣枪，造成大部队攻城的假象，致使城内的日本商人纷纷跑到日军兵营避难。第三天晚上，临城街道出现欢迎铁道大队进城的标语。第四天，日本驻临城各单位都收到了揭露岩下残酷暴行的中日文揭发材料。日本朝日新闻社驻临城发行所的丰田、警务段的黑木，随即将此材料寄送日军济南第十二军军部及兖州第三十二师团部。济南、兖州的日军认为，岩下在"治安区"用"非治安区"才用的政策与正推行的"以华制华"的"总力战"意图不相符，随即命令驻滕县的日军警备大队予以制止。于是，小林立即命令岩下停止扫荡。

二　虎口拔牙捣毁柏山据点

在抱犊崮山区根据地至微山湖的路途中，日伪军设置了6道封锁关卡、8个据点和炮楼。为了切实保障秘密交通线的畅通，鲁南铁道大队通过耐心细致的工作，向日伪军及伪政权发起强大的政治攻势，打拉结合，争取伪军、伪政权向抗日武装靠拢，铲除一切铁杆汉奸，绝大多数据点和村庄被铁道大队控制。鲁南铁道大队暂时没有控制的日伪据点有：一是伪军柏山据点，运河关卡在其机枪射程之内；二是邹坞、上辛庄据点由叛徒朱玉相驻守；三是棠阴据点由日军一个中队驻守；四是滕县铁杆汉奸李玉美的直属中队驻守的临城、沙沟之间炮楼。

其中，柏山伪据点靠近微山湖，对秘密交通线的安全造成很大威胁。为了铲除该据点，鲁南铁道大队采取了调虎离山之计。1943年1月中旬，短枪二中队正副队长曹德清、李云生率领部分骨干队员，化装成日军来到该据点，说奉滕县日军警备大队小林的命令，要该中队伪军立即到滕县接受新任务，柏山据点由日军接管。驻守柏山据点的伪军不敢怠慢，慌忙集合，离开据点奔滕县而去。伪军走后，曹德清立即命令队员将据点彻底拆除。

由于任务完成的太顺利，队员们放松了警惕。当晚，他们夜宿蒋庄的伪保长家。铁道大队在蒋庄宿营的消息被汉奸特务告了密。天刚拂晓，500多名日伪军把蒋庄团团包围。他们借宿的院子大门被两挺机枪封锁住了。曹德清见突围无望，只能死守。于是命令李云生带部分队员守住后门，其他队员分别防守院子和前门。

战至中午，鲁南铁道大队队员们打退了日伪军十余次冲锋，队员们的子弹也所剩无几。下午3点多钟，敌人改变了进攻的方式，将院子周围的民房放火烧了起来。大火立即包围了院落。眼见大火烧进院落，再不突围，就要葬身火海，看来只能绝地求生，强行突围。曹德清吩咐大家把剩下的子弹都装进弹匣，有手榴弹的把手榴弹准备好。曹德清一声令下，队员们开始强行突围，在经过一番艰苦的肉搏战后，终于突出重围。鲁南铁道大队队员李启厚、王玉莲、张继湖、李友芳四人牺牲在这个院落里。

在一条夹道里，5个日军迎着曹德清、李云生冲了上来。曹德清不等敌人开火，就抽出驳壳枪向日军扫去，5个鬼子应声倒下，曹德清借势迅速冲出夹道。李云生跟在后面，刚要穿出夹道时，从旁边蹿出3个日军，李云生奋力与敌人搏斗，虽然消灭了鬼子，但自己的右腿也受了重伤，只好艰难地向村外爬行。

曹德清冲出村子，见身边只有殷延增一名队员，就命令他赶快去向刘金山大队长报告。然后，独自一人转身冲回去接应其他人，在一棵枣树旁发现了负伤的李云生。曹德清立刻背起李云生向村外冲去。这时村里的敌人正向村外搜索，曹德清背着李云生行动缓慢，很快便被发现。后面的敌人一面追，一面打枪，就在离芦苇荡还有100多米的时候，曹德清中弹倒下了。敌人很快将他们包围起来，见他们二人已经没有反抗能力，就想捉活的，端着刺刀一步步向他们逼近。他们二人紧紧地坐在一起，曹德清拉响了最后一颗手榴弹的导火索，与周围的五六个敌人同归于尽。

拔除柏山据点的战斗，除殷延增一人脱险外，中队长曹德清、副中队长李云生、队员李启厚、王玉莲、张继湖、李友芳6人壮烈牺牲。这是鲁南铁道大队自建队以来损失最惨重的一次战斗。

三　"武装大请客"

1941年和1942年是抗日根据地最为困难的两年，由于天旱少雨，鲁南地区旱灾十分严重，山区尤甚。1943年入春以后，抗日根据地的军民只能靠吃野菜、树叶活命。因大旱，微山湖湖区少水，湖田大幅扩种。湖田单产高于山区、平原3—4倍。

鲁南日军为达到"以战养战"的目的，早就下令大量征粮。国民党滕县、沛县、铜山县的顽军也盯着湖区的麦子不放松。为了保卫农民的劳动成果，中国共产党鲁南区党委和鲁南军区于1943年5月中旬发出坚决保卫麦收的命令，同时指示鲁南独立支队采取"武装大请客"的方法，将湖区一带的伪乡、保长"请"到山区根据地，进行集中教育。

同时，鲁南军区对战斗任务进行了具体分工：鲁南铁道大队负责临城、沙沟和津浦铁路沿线的区域；鲁南军区敌后武工队负责滕县西南的张汪、欢城地区；沛滕边武装负责夏镇、付村沿湖一带，三部在同一时间行动。一夜之间，伪乡、保长110多人被"请"到山区根据地，由军区派人对其进行集中教育训话。除了对他们进行共产党、八路军抗日民族统一战线政策教育外，还让他们认识到，把他们"请"进山里，实际上也是帮他们的忙。如果他们在村子里，不给日军征粮，日军不会善罢甘休，给日军征粮，群众和抗日武装不会放过他们，如今被"请"进山后自己反而落个清静。同时，叛徒朱广贤、薛河乡伪乡长宋继广等4人因罪大恶极拒绝悔改被枪毙。

一个月后，待麦收结束，群众坚壁清野完毕，被"请"到山区根据地的伪乡、保长被放回。在这次"武装大请客"行动中，鲁南铁道大队共"请"了74人。这些人被放回之后，基本上都能按照鲁南铁道大队的指令办事。由于伪乡、保长都被"请"到山里去了，没有人替日军出面征粮，一个麦季日军基本上没征到粮食。

"武装大请客"既威慑教育了伪乡、保长，破坏了日军大量征粮的计划，又成功地保卫了广大老百姓的劳动成果，宣传了共产党、八路军的抗战政策，确实是一项伟大的政策创造。

经过持续斗争，日本侵略者在这一地区搞的"治安强化运动"基本上被粉碎，有些日伪组织，表面上是为敌人办事，实际上是听铁道大队的指挥。铁杆汉奸差不多都被枪毙，个别未被枪毙者也不敢轻易做坏事。处于观望状态的伪军警和伪乡保长大都转到铁道大队一边。敌人失去了情报来源，很快变成了聋子和瞎子。与此同时，鲁南铁道大队还加强了对群众的宣传、组织工作，与日伪军建立的"爱护村"针锋相对。

四 彭口闸突围战

鲁南铁道大队编入鲁南独立支队为二支队，主要任务是保证秘密交通线的畅通，护送来往干部跨越临城段津浦铁路。临城日军宪兵中队中队长岩下是日军驻临城的头目，狡猾凶残，主张清剿管辖范围内的抗日游击队。1943年3月，岩下在与鲁南铁道大队的较量中惨败，遭到上司的严厉训斥。

1943 年 5 月的一天，一个伪保长转交给刘金山一封岩下的来信。信中表达了强烈的讨好求饶的愿望，并表示愿意"大大的友好"。鲁南铁道大队经过认真研究，达成共识，认为，第一，敌人的信用是没有保障的，不要真的相信岩下的承诺，绝不能放松警惕；第二，之所以有这封讨饶信，说明前期的破袭铁路工作卓有成效，敌人是害怕的，而且没有更好的办法解决；第三，近期日伪军不会再搞大规模的扫荡。

经请示上级同意后，鲁南铁道大队政委杜季伟给岩下写了封回信。大意是：要讲和是可以的，游击队不破袭铁路的前提是日伪军不干涉游击队的行动，不进行大规模的扫荡。如不守信用，一定加倍严惩。从此，岩下表面上老实了许多，实际上不过是采取了更加狡猾的办法对付鲁南铁道大队。他通过特务中与铁道大队有亲属关系的人，重金收买了铁道大队的司务长曹昭亭作为内线，暗中监视铁道大队的活动。

"武装大请客"后，为部署麦收后的对敌斗争任务，抓好对敌斗争，鲁南独立支队于 1943 年 6 月 15 日在彭口闸村一王姓地主的大院里召开所属各大队、滕县县大队和武工队负责人会议。彭口闸村坐落在运河东岸，距离最近的敌人也在 10 公里路以外的临城，因此支队领导认为这里是比较安全的。开会地点的院子很大，分里外两进院。院子大门朝南，高约 3 米的院墙是用土坯垒砌的，院墙外有一条南北巷子，巷口西北方向百米左右是一大片高粱地。

日军在鲁南铁道大队的内奸曹昭亭将独立支队在彭口闸召开领导人会议的信息密报给了临城的日军宪兵中队。岩下认为正好趁此良机可把独立支队及其所属部队的所有领导一网打尽。于是即刻纠集部分所属日伪军，带机枪 5 挺，乘汽车直扑彭口闸。

当日伪军抵达彭口闸时，与会人员刚吃过午饭正在休息。忽然听到门外哨兵喊："鬼子来了！"此时，日伪军已将大院团团包围，在门前的运河堤坝上还架起了机枪。鲁南铁道大队大队长刘金山，一面命令孟庆海、程怀玉等队员死守大门，一面命令短枪队迅速掩护机枪组在院旁的胡同架起机枪，掩护与会干部翻墙向北突围。防守大门的队员沉着应战，敌人上来一个打一个。敌人一看冲不进大院，马上调来了几门小钢炮，向院内猛烈轰击。情况万分危急，在敌我力量悬殊的情况下，为了确保与会干部的安全，刘金山命令徐广田率 8 名队员从西面强行突围，以吸引敌人的火力，掩护与会的领导人从北面突围，向西北方向的高粱地撤去。担负掩护任务的机枪班班长张建富英勇牺牲。此时，部署在会场东蒋集村警戒的短枪三队闻声赶来解围，在鲁南铁道大队里外夹击下，岩下被迫撤退。

彭口闸突围战共击毙日伪军 40 余人，伤 50 余人。鲁南铁道大队机枪班班长张建富牺牲，5 名队员负伤。偷袭彭口闸是岩下的一次有计划的围攻，武器精、兵力强、来势猛，却连鲁南独立支队领导人的影子都没见着，反倒损兵折将，可谓大败。

当日夜里，鲁南独立支队组织群众，在武装部队的掩护下，破袭了沙沟以南的铁路，一辆巡路的铁甲车在此脱轨，车上的日军被击毙。结果，岩下被滕县日军联队长训斥。6 月 22 日，岩下又通过伪保长向鲁南铁道大队道歉，并保证今后严格遵守协议，不再发生类似事件。此后三四个月，岩下再没有到临城东南的交通线附近扫荡。

五　反日伪"游击"

从 1943 年秋天开始，世界反法西斯战争形势发生了重大变化。苏联红军反击到德国本土；英美联军占领了意大利南部，在法国诺曼底登陆；德、意、日法西斯联盟瓦解；中、美、英盟军在太平洋战场转入战略反攻。日军一方面应付太平洋战争，从华北抽调一部分兵力企图打通中国大陆南北交通线；另一方面收缩战线，集中兵力，重点守备。在鲁南地区，日军集结兵力，固守交通要道和据点，并勾结利用土匪杂顽，不断对抗日根据地扫荡，做垂死挣扎。

为了彻底消灭鲁南地区的抗日武装，1943 年 9 月中旬，日军第三十二师团、第三十五师团、第五十九师团、骑兵第四旅团及伪军共 3 万余人，由徐州、济宁、商丘等地出动，计划先合围湖西抗日根据地，然后扫荡鲁西南，摧毁冀鲁豫边区抗日根据地。小林接到的命令是严格封锁铁路，防止八路军增援湖西。小林认为彻底消灭湖区游击队的好时机来了，随即调兵遣将，将警备大队部从滕县移驻临城，封锁铁路，将岩下中队移驻夏镇，封锁微山湖区，切断人员往来。鲁南铁道大队得此情报后马上报告了鲁南独立支队和中共沛滕边县委。沛滕边县委和湖东的抗日武装随即转移到津浦铁路以东地区。扫荡的日伪军到夏镇一带清剿，未发现游击队踪迹，遂即返回，小林消灭游击队的计划落空。

小林见一计不成，遂又生一计，决定改变思路，今后不再用扫荡、清剿的战法对付游击队，决定"以其人之道还治其人之身"，改用疑兵、突袭、伪装等游击队的战法对付游击队。1943 年 10 月，临城、夏镇、官桥的日军经常换防，群众常常看到临夏公路上几辆军车满载日军白天开到夏镇，不几天又开回临城；夏镇的日军化装成湖民，追踪打击游击队；小林在带日军乘铁甲车巡逻时突然中途下车，闯入铁路两侧的村庄清剿。因此时鲁南铁道大队和微湖大队已转移到运北地区，不在日军的包围圈之内，故而无论是小林的疑兵、突袭还是岩下的伪装追踪，都没有抓到游击队员。

显然，小林以"游击"对游击的新花招失败了。于是，他便采用岩下建议，回归集中兵力清剿、扫荡的老办法。12 月 22 日，奚仲乡伪乡长张兆锦向小林密报鲁南铁道大队数百人在滕峄边界活动的消息。24 日，小林纠集日伪军 1000 余人，扫荡了羊庄、西集等地，鲁南铁道大队与兄弟部队配合，利用有利地形，对扫荡的日伪军进行阻击，共毙伤日伪军 240 多人，粉碎了扫荡。

六　袭击临城伪区公所

1943 年 9 月 9 日，为了打击日伪军的嚣张气焰，鲁南铁道大队派颜耀华率领长枪二中队 30 余人，配合短枪中队一个班，以化装奇袭的战术袭击临城伪区公所。当天下午，已经升为班长的徐广才，因感冒发烧正卧床休息。但通讯员告诉他接到袭击临城伪区公所的战斗任务时，便立即起床，赶到大队部去领受任务。当时徐广才刚结婚还不到一个月，又感冒发烧，大队长刘金山决定换其他队员代替徐广才，但徐广才坚持要参加战斗。

徐广才领受任务后，便带领短枪队的 4 名队员，化装成日本特务混进临城，分头隐蔽在鲁南铁道大队情报站联络员的家中。颜耀华率长枪中队在城外接应。待一切准备就绪后，天已渐黑，化装成日本特务的徐广才等4人"押解"着队员周建歧大摇大摆地向临城伪区公所走去。走到伪区公所哨兵前时，徐广才往周建歧的屁股上猛踢一脚，周建歧趁势朝哨兵扑过去，迅速把哨兵解决掉了。

此时，几个伪军正在院子里乘凉，5名队员进院后，把驳壳枪一举，大喝一声："不准动！"伪军们顿时傻了眼，乖乖地举手当了俘虏。徐广才一面给在城外等候的长枪队发信号，一面将伪军的枪支全部缴获。接应的颜耀华看到徐广才等人得手的信号，便率领长枪二中队迅速冲进城门，直扑伪区公所，与徐广才等合兵一处，很快占领了伪区公所，全歼伪区中队。

在撤退时，班长徐广才发现少了一名队员，怀着对战友的高度责任感，他命令其他队员撤离，自己返回寻找，并很快将迷失方向的队员找到。当他们快要追赶上部队的时候，长枪二中队执行接应任务的一名新队员，误认为徐广才等人是追击的敌人，遂开枪射击，徐广才不幸中弹牺牲，鲁南铁道大队全体指战员都非常悲痛。鲁南铁道大队为徐广才举行了隆重的追悼会，号召大家学习他的高度爱国主义和集体主义精神。

七　继续保持秘密交通线的畅通

1942 年 12 月，鲁南铁道大队编入鲁南独立支队为二大队，主要任务是保障抱犊崮山区抗日根据地通往微山湖西抗日根据地及华中抗日根据地通往延安的秘密交通线，护送过往干部。

1943 年 4 月 1 日，中共中央书记处发出关于建立交通线的指示，要求北方局、华中局山东分局及晋绥分局必须不惜人力、财力，选派有组织能力、有交通经验的可靠干部立即建立交通线，并将交通科改为交通局，在常委会直接领导下专管交通工作。中央还对各分局应负责的交通路线作了分工。要求各地来延安的干部必须在交通安全有把握的条件下，按照各中央局或各分局指定的路线出发，不得自由行动。鲁南铁道大队仅 1943 年，就护送陈毅、陈光、朱瑞等 200 多名干部安全通过。

1. 护送陈光

1943 年 6 月 25 日，八路军一一五师代师长陈光①奉命去延安学习，鲁南铁道大队护送他到达临城东南的曹窝村时，安排他住下休息，等晚上再过津浦铁路。不曾想意外发生了，中午时分，陈光代师长的警卫员李某因害怕去延安后回家困难，突然不辞而别。陈光担心李某投敌，遂向铁道大队提出即刻过津浦铁路西去。

在这之前，跨越津浦铁路都是在晚上，大白天跨越津浦铁路，在以前是不敢想的。但是，鲁南铁道大队考虑到岩下刚向大队求和不久，沿途各据点都知道此事，估计伪军不会为难铁道大队。

于是，鲁南铁道大队副大队长王志胜向姬庄伪军据点提出了下午 3 点有人过路，需要配合时，伪军中队长满口答应。为了预防日军铁甲车突然巡逻，鲁南铁道大队在姬庄南北的铁路上都埋下了地雷，铁道大队还出动四个中队在沿途警戒。陈光安全通过津浦铁路，到达微山湖边的乔庙时，对铁道大队的安全保卫工作非常满意，赞扬说："这里不像是敌占区，比根据地还安全。"

2. 护送朱瑞

1943 年 9 月 24 日，中共山东分局书记朱瑞从沂水出发去延安学习。9 月 28 日，在鲁南铁道大队的护送下，朱瑞抵达津浦铁路东的茶棚村休息。当天夜里顺利通过津浦铁路，到微山湖边蒋集村休息两天，然后乘船去湖西抗日根据地。过去护送干部过路在湖边需要休息时，都是在船上住宿。这次朱瑞在岸上连住两天，还是第一次。朱瑞的随行人员看到在敌占区住宿仍这样平静和安全，都深感诧异，纷纷赞扬。

朱瑞在蒋集休息期间，接见了运河支队副政委童邱龙，听取了关于运河支队和峄南党组织建设的工作情况汇报。朱瑞对运河支队和峄南县委在极端困难的条件下，坚持运河地区的斗争给予了充分肯定和表扬，并对今后工作作了明确指示。同时，朱瑞还传达了山东分局同意将峄南县和运河

---

① 陈光（1905—1954），湖南省宜章县人，1928 年参加湘南起义后，上井冈山参加中国工农红军。1938 年 3 月 1 日，一一五师师长林彪负伤，陈光代理师长。陈光在山东战斗了 4 年，为创建山东根据地，坚持敌后抗战做出了重要贡献。

支队划归淮北区党委和新四军领导的决定，并让童邱龙转交了他给新四军四师彭雪枫师长、邓子恢政委的亲笔信。

10 月，峄南县正式划归淮北区党委，名称改为峄滕铜邳县。运河支队也划归新四军序列，改称峄滕铜邳总队。

3. 护送陈毅

鲁南铁道大队曾两次护送陈毅跨越津浦铁路。一次是在 1943 年 11 月，陈毅由江苏盱眙前往延安参加中国共产党的第七次全国代表大会。另一次是在 1945 年 10 月，陈毅由延安去临沂，领导山东、华中两大战略区的工作。

1943 年 11 月 8 日，毛泽东给新四军军长陈毅发电报，让他到延安参加中国共产党的第七次全国代表大会。经过简单的准备，陈毅只带两名警卫员，轻车简从，于 1943 年 11 月 25 日，从新四军军部驻地江苏盱眙县起程，踏上前往延安的征途。

刚开始时由军部派作战参谋和炊事员各一人护送陈毅越过洪泽湖，到达新四军四师九旅驻地。然后由中共华中局交通局局长曾昌明负责全程护送。为安全考虑，曾昌明要求陈毅化装成资本家，对外称"张老板"。为了给陈毅代步和驮运行李，九旅旅长韦国清准备了一头骡子。一切准备妥当之后，韦国清便派一个骑兵排将陈毅护送到淮北邳睢铜地委，继由邳睢铜地委和军分区负责人邳志强、赵汇川护送到运河支队驻地山东峄县的北许阳村，让交通员赵兴兰连夜通知运河支队领导去北许阳村接受护送任务。

黎明时分，运河支队政委纪华和副支队长邵剑秋二人赶到北许阳，赵汇川简单地介绍了任务情况，告诉他们这次任务是护送陈毅军长到津浦铁路旁，然后由鲁南铁道大队护送穿越津浦铁路去微山湖。要求行动绝对保密，确保途中安全。然后带他们去见陈毅。纪华向陈毅简要汇报了运河支队活动区的敌情、民情和部队的状况。

陈毅介绍了当时的国际形势并对运河支队的工作作了指示，他指出，苏联红军对德作战已经取得决定性的胜利。抗日战争正处于黎明前的时期，胜利在望。他要求运河支队一定要坚持下去，保存有生力量，确保交通线安全通行，完成好党交给的光荣任务。赵汇川指示由运河支队副政委兼政治部主任童邱龙带一个护送小分队与鲁南铁道大队的同志一起具体执行护送陈毅的任务，但在运河地区以童邱龙率领的护送队为主。

纪华和邵剑秋回支队后，将赵汇川司令员的指示向童邱龙传达之后，共同商定了护送方案：纪华、邵剑秋陪同护送陈毅到运河支队活动区的边缘村杜安村，从杜安村到津浦铁路附近的西界沟，属于敌占区，由童邱龙率领护送小分队与鲁南铁道大队的同志一起护送；到西界沟后，运河支队的护送任务结束，由鲁南铁道大队继续护送跨越津浦铁路。

鲁南军区接到护送陈毅的任务后，立即通知独立支队副政委兼鲁南铁道大队政委杨广立，让铁道大队派人去运河支队支队部驻地接洽护送事宜，同时安排已到鲁南区党委党校学习的原铁道大队政委杜季伟参与护送工作。接到通知后，杨广立、杜季伟、刘金山、王志胜等人研究制订了护送方案：由刘金山带一个短枪班提前到运河支队驻地接洽，并随运河支队的护送队一同返回。运河支队与鲁南铁道大队的交接点在峄县、滕县交界的西界沟，杨广立、杜季伟在此迎接。跨越津浦铁路的地点选在与铁道大队关系最好、最值得信任的伪军防区姬庄西侧。还对护送任务进行了具体细致的分工：杜季伟、刘金山负责津浦铁路以东的护送工作，杨广立负责津浦铁路以西的工作，王志胜负责沿途伪军据点的疏通工作。

护送方案确定之后，王志胜便安排各个情报站的情报人员密切注意铁路沿线的敌情变化，发现异常情况要立即报告。同时安排短枪队指导员兼临城特区副区长黄岱甡去姬庄西的炮楼，负责做好伪军工作。王志胜的工作开展得比较顺利，炮楼上的伪军都是老熟人，一听说有个山里的朋友要过路都很配合。

最关键的也是之前最有把握的姬庄炮楼却出现了问题。姬庄炮楼是跨越津浦铁路的重要关卡，日军在这里沿着铁路两侧挖了很深很宽的封锁沟，安插了一个小队的伪军驻扎护守，企图切断交通线。自从护送刘少奇过路后，铁道大队通过家属和其他各种渠道做工作，姬庄炮楼里的伪军早就被掌握和控制，遇有干部过路，只要事先给他们打个招呼，就会安然无恙。可是这一次，当黄岱甡到达姬庄炮楼下时，发现熟悉的伪军全换防了。黄岱甡通过姬庄的"两面保长"姬茂喜做通了炮楼伪军的工作。

负责去运河支队驻地迎接陈毅的大队长刘金山带领一个短枪班连夜出发，经过一夜急行军，于第二天早晨来到运河支队驻地，与邵剑秋接上了头。下午，通讯员带刘金山见到了陈毅。随后，陈毅一行按预定计划从北许阳出发，童邱龙率领支队部警卫班走在前面，纪华、邵剑秋陪伴着陈毅走在中间，刘金山带领的短枪班紧随其后。护送队伍开始沿着黄邱山套南麓山脚下的小路步行。

黄昏时，护送队伍来到杜安山口，这里是黄邱根据地与敌占区的交界处。运河支队事先已经通知所属的农民大队副大队长丁瑞庭，让其控制距唐庄敌占区只有一二里路的杜安集，同时组织一个精悍的护送小分队在杜安集待命。陈毅一行人到达杜安集，即与丁瑞庭率领的小分队会合。纪华、邵剑秋告别陈毅返回支队部。童邱龙带着护送小分队与刘金山率领的鲁南铁道大队短枪班，陪伴着陈毅军长由杜安动身，继续向北行进在田边的小路上。在津浦路日军据点和韩庄车站东侧不远的德胜庄附近横渡大运河。

渡过运河已是深夜十一二点钟，整理好行装继续行进。队伍走到常埠庄的村头，已经到了深夜一两点钟，天寒地冻，冰霜铺地，白茫茫的寒霜凝结在每个战士的衣服上。护送队伍在此稍事休息后，继续前进。大约在早晨5点钟他们护送陈毅军长等人安全到达临城东南15里处的西界沟村。因天已放明，不能继续前行，刘金山便把陈毅军长一行安排到该村伪保长刘继贤家中休息。刘继贤表面上是日军的伪保长，实际上是铁道大队的情报联络员，他的家也成了铁道大队的地下联络站和铁道大队队员经常落脚的地方。安排陈毅同志住在他家，既安全可靠，又不会有人打扰，敌人绝对不会想到，新四军的军长就住在伪保长的家里。

这时，独立支队副政委兼鲁南铁道大队政委杨广立和杜季伟等人在童邱龙的带领下，来到刘保长家。刘金山向陈毅介绍了杨广立、杜季伟的身份后，杜季伟向陈毅汇报了铁道大队前期的活动情况。陈毅又询问了微山湖一带敌伪军的情况，杨广立和杜季伟汇报时，他不时地默默点头。接着陈毅简要地给他们讲了国内外反法西斯战场上的大好形势。

第二天晚上 8 点钟左右，护送队伍起程了。护送队伍刚从西界沟出发，杜季伟便派人通知黄岱甡，让他做好过路准备。于是，黄岱甡就带着程怀玉等队员朝伪军炮楼走去，刚到炮楼附近，伪军中队副队长听说黄岱甡等人来了，急忙跑出来迎接，还命令值班的伪军把吊桥放下，打开探照灯。这座伪军炮楼设在一条东西大道的旁边，铁路两侧是很深的封锁沟，在靠近炮楼的地方，有一个简易的吊桥。天黑后吊起来，白天放下，老百姓从这里经过时都要接受盘查和搜身。

陈毅在杜季伟、刘金山等人的护送下离开西界沟，很快便来到了姬庄，从这里穿过了敌人的封锁线，跨越津浦铁路。

拂晓前，护送队伍顺利地到了蒋集，并在这里休息了一天，晚上继续前进。鲁南铁道大队护送陈毅来到微山湖和南阳湖交界的南庄，在这里登船进湖。微山湖区沛（县）滕（县）峄（县）办事处主任王墨山和微湖大队大队长张新华已在这里等候。杨广立与王墨山、张新华等人简单地商量了一下，决定马上离开湖边，让陈毅到湖里大船上过夜。

当天晚上，由杨广立陪同陈毅在大船上过夜，刘金山返回岸边，带短枪队在铁路两侧观察敌情，杜季伟带领其他护送人员分别乘小船在周围警戒。很晚，陈毅还没有睡。那一钩镰刀样的昏黄残月，挂在湖面，勾勒出远山的轮廓，近峰的影子，一首美丽的诗篇，脱口而出：

横越江淮七百里，

微山湖色慰征途。

鲁南峰影嵯峨甚，

残月扁舟入画图。

第三天下午，在和湖西接应的部队联系好后，陈毅登上渡船，由王墨山和微湖大队护送着继续西行。到了湖西，冀鲁豫军区已经派黄河大队在湖边迎接，陈毅在他们的护送下继续西去，一直到 1944 年的 3 月 7 日，才到达延安。

鲁南铁道大队再次护送陈毅跨越津浦铁路就是近两年以后的事了。

1945 年 8 月，日本宣布投降时，陈毅和一些战略区的主帅及高级将领因在延安参加中共七大，还未来得及返回前线。由于时局急剧变化，中共中央决定以最快的方式把他们送往前线。八路军参谋长叶剑英向当时美军驻延安观察组提出借用一架飞机，将一批干部送往太行山的八路军前方总部。美军观察组鉴于各抗日根据地军民经常救护美国空军人员，协助搜集情报，作为一点回报就答应了。

8 月 25 日上午，在叶剑英和中共中央办公厅主任杨尚昆的安排下，陈毅和刘伯承、邓小平、林彪、薄一波、滕代远、陈赓、肖劲光、杨得志等 20 多名干部，乘坐美国道格拉斯运输机，从延安机场起飞，历时 5 个小时，于当日下午安全降落在晋东南的黎城机场。稍事休息，陈毅由冀鲁豫军区司令员杨得志安排组织护送，动身返回华中。

9 月 19 日，中共中央为适应抗日战争胜利后形势的变化，及时调整战略部署，确定了"向北发展，向南防御"和"发展东北，巩固华北，坚持华中"的战略方针。决定中共中央山东分局书记、八路军山东军区司令员兼政治委员罗荣桓率分局、军区机关大部和山东军区主力，开赴东北；收缩南方阵地，新四军江南主力从浙东、苏南、皖南撤到江北；新四军调 8 万部队到山东和冀东，保障与发展山东根据地；中共中央华中局北移至山东，与山东分局合并组成中共中央华东局；在苏皖地区另设中共中央华中分局，受华东局领导；新四军军部移至山东，新四军军长、华中局副书记陈毅和新四军政委、华中局书记饶漱石均到山东，统一领导山东、华中两大战略区的工作。

陈毅接到命令后，由冀鲁豫军区安排，一程接一程地护送飞奔前行。终于在 10 月 3 日到达微山湖地区。

日军投降后，驻鲁南的八路军部队计划接管徐州未果，国民党军队却沿津浦铁路向北涌来。为迟滞敌军行动，铁道大队奉命在临城以南的津浦铁路西侧，发动群众，破袭铁路。10 月 2 日下午，铁道大队突然接到鲁南军区的一封紧急信件，主要内容是：为粉碎蒋介石反动派的全面进攻，党中央派陈毅来华东，指挥华东地区的自卫战争。望你们接信后，火速赶到夏镇以西的微山湖边，接送陈毅到南常以东的张庄，同八师二十三团王六生政委联系。如果八师的同志不能按时赶到，就直接将陈毅送到峄县。

大队长刘金山接到信后，当即召集开会研究。会议决定，政委郑惕带领二中队到铁路以东与八师联系，刘金山带领一中队去微山湖边接应陈毅。分工后，二人便分头带队整装出发。

10月4日早晨，刘金山等人来到微山湖边。不多时，迎接陈毅的八师二十四团的杨广立等人也赶到了这里。接上陈毅后，刘金山、杨广立等人陪同陈毅跨上战马，向东疾行。

来到六炉店，刘金山重新安排了护送工作：由他带领一个小组在前面探路。第二小组与陈毅一行与第一小组保持400米的距离。如果听到枪声，第二小组要向西万方向转移，要确保陈毅的安全。一行人马在姬庄顺利穿越铁路，向峄县城方向飞奔而去。路上，陈毅给刘金山安排了破袭津浦铁路的任务。他指出，十几万国民党军队和日伪军正从徐州方面沿着津浦铁路节节向北逼进，阻遏他们已到了刻不容缓的地步。他要求，立即组织部队、民兵破路，埋地雷、翻车厢、扒铁轨、挖枕木、割电线、砍电杆。

4日上午，陈毅赶到峄县第八师师部，向师长兼政委王麓水等领导干部传达了党的七大精神和中央的指示。4日晚，陈毅乘汽车赶赴山东解放区首府临沂，同罗荣桓等会面，进行交接工作。15日，陈毅在峄县成立了津浦前线指挥所，18日发起津浦路战役，经过半个多月的战斗，控制了津浦铁路130公里和临枣铁路支线30公里，歼灭了大量蒋、日、伪军，使国民党迅速打通津浦铁路的企图宣告失败。

八　杰出的统战工作

鲁南铁道大队像一把匕首插入敌人的心脏，从一开始创立枣庄抗日情报站到铁道队创建，始终活跃在日伪统治力量最集中、相对最强大的地方。理性地讲，鲁南铁道大队之所以能坚持战斗直至获得最后的胜利，很重要的一个原因是鲁南铁道大队正确地执行了党的抗日民族统一战线政策，坚持独立自主，既团结又斗争。正确政策的实行，结出了硕果。

通过鲁南铁道大队杰出的统战工作、正确的斗争策略，在情报站时期，就有一些情报是通过"敌"方人员"获得"的，甚至有"敌人"直接成了情报员。在鲁南铁道大队的战略任务发生转移，保护秘密交通线成为主要任务以后，杰出的统战工作显得更为重要。很多秘密交通线上关键节点的伪军被鲁南铁道大队争取过来，有过不少诸如送情报、搞弹药甚至购买短缺物资的活动。当需要护送人员过铁路时，伪军不但让路放行，而且有时还站岗放哨暗中保护，从而建立起了跨越临枣铁路支线和津浦铁路的安全走廊。在很多时候会出现这样的场景：当鲁南铁道大队护送人员路过伪军据点时，伪军头目会出来迎接。护送人员向伪军头目交代了任务要他派人警戒铁路两侧。伪军头目迅速按照嘱咐作了部署，并带领伪军列队欢迎。

还有一件事情是很好的一个例子：当时要打开由枣庄向南的交通要道，需要通过有一个自卫团驻扎的涝坡村。涝坡村是一个靠山的大村庄，伪自卫团驻扎在村里，团长姓李。鲁南铁道大队把自卫团团长的情况都掌握清楚后，决定找他谈一次话。于是托人带话给他，说游击队队长要见他，有事商量，并要他绝对保证安全。他很快答应下来，并保证来人人身安全。通过一番谈判，双方定下了口头协议。这位自卫团长还算是信守诺言，以后部队每次经过他的辖区时，他都睁一只眼，闭一只眼，每次都让顺利通过，没找一点麻烦。这次对自卫团长的统战，还是很成功的，它为主力部队顺利南下，开辟新根据地，打开了新的通道。

最能体现鲁南铁道大队杰出的统战工作成效的是，在这支队伍里还有三位日本籍队员，他们就是田村伸树、小山口和小岛金之助。

田村伸树和小山口原是日军中的骑兵，1940 年 9 月，他俩随部驻临城，每天都到距临城火车站不远的水楼子旁边给战马洗澡。中共临城地下党员徐广友发现这一规律后，及时报告给鲁南铁道大队。一天下午，刘金山、孟庆海、徐广田三人事先埋伏在水楼子附近，待田村伸树和小山口给马洗完澡返回时，迅速出击，将其连人带马俘获，并即刻送往抱犊崮山区根据地。田村伸树和小山口两个日本骑兵到根据地后，一开始非常顽固，并企图自杀，后在根据地领导的耐心教育下，逐渐认识到日本侵略给中国人民带来的灾难和自己所犯下的罪行，并主动要求参加了"在华日人反战同盟"鲁南支部，田村伸树还担任了鲁南支部部长。后来，受鲁南军区的委派，田村伸树和小山口来到了鲁南铁道大队，从事反战宣传工作，成为特殊的队员。

当时，田村伸树约二十四五岁，能说一口流利的中国话，而且还带有鲁南口音。两人入队后，受到了鲁南铁道大队的热情欢迎与支持，很快适应了铁道大队的战斗生活。两人经常化装成中国农民，同鲁南铁道大队一起活动在津浦铁路两旁微山湖畔。据鲁南铁道大队副大队长王志胜回忆，1942年6月，日伪军3000余人包围了微山岛，并配备了炮兵、骑兵、橡皮船等。此时微山湖区包括鲁南铁道大队、运河支队、微湖大队等队伍约2000人。敌众我寡，并已对我形成合围之势。战斗在夜里11点打响，一直坚持到第二天中午，抗日武装已牺牲百余人，突围势在必行。

关键时刻，铁道大队队员们穿上日军服装，化装成日军，然后由田村伸树、小山口与日军用旗语联系妥当后，一起从敌人的鼻子底下安全突围。此后，田村伸树和小山口配合鲁南铁道大队，经常在夜间外出开展工作。他们到敌占区张贴日语标语，还常常将对讲机接在日军专用电话线上，同驻扎在临城、沙沟火车站的日军对话，做瓦解日军的工作。由于他俩不懈的努力，先后有数位日本士兵向鲁南铁道大队投诚，使许多日伪据点丧失了战斗力。为了便于向日军喊话，田村伸树和小山口更是不厌其烦地教铁道大队队员们学习日语，和中国战友结下了深厚的友谊。

小岛金之助原是鲁南铁道大队的俘虏。1945年4月中旬的一天深夜，鲁南铁道大队在抱犊崮山区意外和日军相遇。当时夜色伸手不见五指。撤退的过程中，队员们发现一个日本兵跟错了队伍，立即将他抓了起来，带回营地审问。被俘的日本兵只有20来岁，十分瘦小。由于没有翻译，费了许多周折，他才用笔写出了"小岛金之助"几个字，并指指自己。队员们明白这是他的名字。第二天清晨，小岛金之助趁看管人员松懈逃跑了。搜捕人员在一位乡亲的柴棚里，又抓住了他，并押送到了鲁南军区，军区派田村伸树做他的工作。在田村伸树的帮助下，小岛金之助终于有了重大思想转变，加入了鲁南铁道大队。

1945年8月，日本宣布无条件投降后，日军并未立即放下武器，驻守峄县的近2000名日伪军，妄图负隅顽抗。9月7日，田村伸树带着小岛金之助，跟随部队来到峄县东北的西大楼村，参加解放峄县的战斗。战斗前夕，田村伸树让铁匠打了两把土造广播喇叭，又让小岛金之助和宣传队的同志制作了很多方形的灯笼，每个灯笼下边钉有两根尖头木杆，当时同志们不解其意，经田村伸树解释，方知是夜间用来对日军宣传的标语灯，上边用日语写上字，夜间点燃蜡烛特别醒目。战斗打响后，田村伸树和小岛金之助在掩体内点上标语灯的蜡烛，然后，扬起土喇叭开始广播，并唱起了填上新词的日本家乡小调"思乡曲"。被包围的日军在田村和小岛的思想攻势下，部分士兵思乡厌战之情油然而生，选择了投降，峄县很快就解放了。

1945 年 11 月 30 日，临枣日军在沙沟投降前夕，田村伸树随鲁南铁道大队政委郑惕等 3 人与日军谈判，谈判中他用日语宣读了鲁南军区要求敌人限期缴械投降的"最后通牒"。

1946 年，田树伸树和小山口离开了铁道大队。新中国成立后，两人相继转业留在沈阳工作。1958 年，小山口办好回国手续，依依不舍地回到日本。4 年后，田村伸树也同样难舍地回到日本。

第三节 反击国民党顽固派的反共摩擦

抗日战争时期，微山湖地区的斗争形势异常复杂。国民党顽固派不能容忍八路军抗日武装的发展壮大，多次进犯微山湖抗日根据地，企图消灭或驱逐微山湖地区的八路军抗日武装。鲁南铁道大队一方面要对付残暴日伪军连续的扫荡和清剿，另一方面还要反击国民党顽固派的进攻和摩擦。

一 微山湖边抗顽斗争

1943 年 10 月，小林采用"游击"战术对付鲁南铁道大队的新花招失败以后，很少再出动日军对微山湖东地区进行扫荡。而国民党顽固派却从1943 年起加紧了对抗日根据地的摩擦与进攻，在全国范围内挑起了反共高潮。在阴谋进攻陕甘宁边区的同时，蒋介石令其第九十二军李仙洲部由皖北进入山东，巩固和扩大山东的反共阵地。

1943 年 3 月上旬，李仙洲部由皖北进入鲁南山区，叫嚷着"驱逐逆流，收复失地"，公开进行反共活动，使鲁南地区的斗争形势更趋严峻。这一地区的土顽势力为配合国民党军队向八路军发动的进攻，也纷纷先后挑起反共摩擦。

鲁南军区依据上级的指示精神，本着"有理有利有节"的原则对国民党顽固派的反共摩擦进行了坚决的斗争。1943 年 11 月 15 日夜，鲁南军区组织三团全部及五团、尼山独立营、费滕独立营各一部，远距离奔袭惯匪刘桂堂的老巢费南的东西柱子、辛庄一带，不到 3 小时，即将刘匪主力部队歼灭，击毙刘桂堂。此役共消灭刘部 224 人，俘虏官兵 1000 余人。

1944 年 2 月，鲁南军区任命董明春为鲁南独立支队副支队长。董明春到鲁南独立支队上任的当天，微山湖西国民党顽军"耿聋子"的部队便悍然向独立支队一大队发起进攻。情况紧急，董明春一面调鲁南铁道大队前来增援，一面带人去前沿阵地观察情况。董明春到达作战阵地时，顽军已被打退，一大队伤亡了十几名队员。董明春看了心里很难过，也非常气愤。他知道，这是顽军想给他一个"下马威"。

董明春立即召集支队和一、二大队的领导人开会，研究对策。会上，大家首先分析了这一地区顽我斗争的形势。认为敌人的势力很强，夏镇北边的申宪武部有几千人，夏镇西北有周侗、陈世俊顽军 3000 多人。湖西有"耿聋子"、冯子固、张开越三股顽军，5000 余人。此时，鲁南独立支队总共才 800 来人，参加会议的只有两个大队，有 400 人左右。通过讨论，大家认为，在目前敌强我弱的情况下，要狠狠打击一下敌人的嚣张气焰必须以少胜多。与会人员提出了不少作战方案。最后，董明春根据会议精神作了部署。决定采用"关门打狗"的战术，按照地形和敌人进攻方向，让一大队在微山湖大堤上从正面堵住敌人；同时派人到官桥以西把武工队调来，等正面战斗一打响，二大队和武工队就从葫芦头侧面包抄，切断退路，关门打狗。

第二天拂晓，顽军向鲁南独立支队发动突然袭击。当一大队与正面敌人打响后，董明春马上率领鲁南铁道大队和武工队插向葫芦头，准备切断敌人后路。谁知情况有变，湖上的冰冻开始融化，大量的冰块涌入下游，原来水浅易行的葫芦头，因水深不能通过。董明春马上改变作战计划，回头增援一大队，集中兵力从正面消灭敌人。

当他们回到大堤时，战斗进行得非常激烈，一大队的阻击战打得十分顽强。董明春率领鲁南铁道大队迅速投入战斗。鲁南铁道大队用9挺机枪，外加一个中队的快慢机①，猛烈地向敌人射击，将来犯之敌压制住。董明春抓住有利战机，命令司号员吹响了冲锋号。战士们英勇冲杀，终于把顽军打退。此役缴获了几十只步枪，使部队的士气大振。

取得微山湖边反顽战斗的胜利以后，鲁南独立支队抓紧整顿了一大队和鲁南铁道大队，制定完善了一些纪律规定，加强了部队纪律性的同时，大大提高了部队的战斗力。

二　增援运河支队峄南反顽

1944年4月，鲁南铁道大队在增援运河支队开展峄南反击顽军的战斗中，大获全胜。当时，微山湖地区的顽军周侗派遣一个团，在团长胡介藩的带领下，蹿到峄县，配合台儿庄的顽军孙业洪部夹击运河支队。鲁南军区命令鲁南独立支队派兵增援运河支队。独立支队决定，由副支队长董明春带领鲁南铁道大队和一大队的三中队，去峄南与独立支队四大队会合，增援运河支队。

第二天，当董明春等在峄南集合好队伍，行至古邵以南时，发现周营、古邵的数百名日伪军，以及胡介藩团和孙业洪部的一部，正向鲁南独立支队围拢过来。董明春随即命令部队就地散开，组织阻击。董明春命令：鲁南独立支队四大队与一大队的三中队，正面堵住胡介藩部和孙业洪部的进攻；鲁南铁道大队用火力压制周营方向的日伪军，以消灭敌人有生力量为目标；董明春亲自带领保卫股长、通讯员、警卫员等共19个人负责堵截古邵的来敌。鲁南铁道大队打退周营之敌后，再来增援。

战斗从凌晨5点钟开始，一直打到中午，顽军的多次冲锋均被打退。

---

① 第二次世界大战期间，毛瑟M1932冲锋手枪在中国的别称，是1932年由毛瑟工厂研制的，是在96式手枪的基础上增加一个快慢机而成的，这样既可进行半自动射击，又可进行全自动射击。其结构是在枪的左侧装上一个快慢机，并刻上"R"和"N"字样，分别代表全自动和半自动，供弹机构也改为10发和20发活动弹匣供弹。因该枪出厂时编号712，又称712式手枪。

刚过晌午，顽军以全部兵力投入新一轮进攻，妄图一举打垮独立支队。一场恶战开始了，四大队与敌人短兵相接，坚守阵地，寸土不让，打得十分惨烈。古邵的日伪军赶来增援，距离支队指挥部不到100米远时，董明春率部阻击。这时，鲁南铁道大队已经打退了周营的敌人，跑步来增援。刘金山大队长跑到董明春跟前时，累得口吐鲜血。随即，鲁南铁道大队投入战斗，刘金山率领队员们以猛烈的火力向敌人射击。古邵的敌人看到周营的敌人撤退了，南边的敌人打不过来，铁道大队的火力又很猛，于是选择了撤退。周营、古邵的敌人一撤，南边的胡介藩和孙业洪部也不敢恋战，带着部队撤走了。四大队和一大队的三中队趁机追击，消灭了部分敌人，并缴获几十支步枪。

打扫完战场后不久，支队通讯员报告：微山湖地区顽军冯子固、"耿聋子"趁机于当日又进犯南庄，抢夺财物。董明春听后，决定率部连夜返回驻地。他当即布置开饭，准备行军，同时派人找来担架让刘金山休息。饭后，部队立即上路，60多里的急行军，到第二天凌晨两点，就赶回鲁南独立支队支队部驻地。

增援运河支队峄南反顽战斗的胜利，是各武装部队团结一致、密切配合的结果，击退了顽军的进攻，反击了反共摩擦，震慑了日伪军，取得了良好的社会效益。

三 夏镇伏击顽军

董明春率增援运河支队反顽的鲁南独立支队从峄南返回支队部后，于1944年5月，召开干部军事会议。会上，董明春首先通报了一个可靠情报：顽军周侗部和陈世俊部，已到夏镇西北30多里的某地；冯子固部和"耿聋子"的部队也集中在湖西岸边，准备第二天拂晓分两路向鲁南独立支队进攻。估计参加进攻的顽军有1000多人，夏镇还有日军100多人、伪军1000多人。而鲁南独立支队可投入战斗的只有两个大队、一个武工队，总共不到500人。所以必须集中优势兵力，狠打、打疼进攻顽军，迫使敌人撤退。同时，狠打对象选择冯子固和"耿聋子"的部队。随后，董明春进行了战斗动员。他指出，如果这一仗打不胜，不仅部队要遭受很大伤亡，而且有丢掉根据地的危险。他要求，做好充分的准备，要打得猛，打得狠，用鲜血和生命保卫根据地。

会后，按照作战计划，支队领导命令各部武装先到夏镇附近埋伏，准备迎击顽军冯子固和"耿聋子"部的进犯。

第二天黎明时分，顽军就气势汹汹地从四面围了上来。董明春发现顽军是用旗语联络后，命令鲁南铁道大队大队长刘金山带着15挺机枪，快慢机、短枪五六十支，假冒顽军，用旗语迷惑他们，跑步赶到十里河口，抢占有利地形，等来犯顽军部队接近，集中火力狠打。枪声一响，董明春随即带领一大队跑步增援，合力把冯子固、"耿聋子"的部队赶回了湖西。周侗部看到这种情形，以为是八路军主力打来了，吓得落荒而逃，鲁南铁道大队乘胜追击。

此役共消灭顽军200余人，缴获的200余支枪分配给了湖西区中队和武工队。夏镇伏击顽军的胜利使顽军围歼鲁南独立支队的阴谋未能得逞。

四 微山湖西反顽

1944年6月，为落实上级一元化领导的指示，中共鲁南区党委和鲁南军区上报中共山东分局批准，对鲁南地区的党组织机构进行了调整，撤销运河地委，设立沛滕峄中心县委，鲁南独立支队政委张鸿仪任中心县委书记。

沛滕峄中心县委成立之后，着手对周边的敌情进行了认真调查研究。经研究发现：微山湖周边的敌人都在朝微山湖地区靠拢，严重挤压鲁南独立支队的活动空间。顽军周侗原驻在微山湖西，现在突然窜到湖东活动；申宪武部南移到大坞、颜村、高庄一带；冯子固、"耿聋子"、张开越三股顽军在向微山湖靠近，已经离湖边只有几十里路。这些敌人聚集在鲁南独立支队活动区域周围，对湖东地区的抗日武装形成很大的威胁。中心县委决定将敌情向鲁南军区汇报，请求军区派主力部队帮助鲁南独立支队打开微山湖东活动局面。

7月，中共中央军委指示山东军区，由司令员兼政委罗荣桓统一指挥鲁南和湖西部队发起微山湖反顽战役以策应太行、太岳部队向敌后进军，并配合新四军第四师向淮北地区发展。

正好此时鲁南独立支队副队长董明春回到山里根据地向军区汇报微山

湖地区的局势。鲁南军区政委王麓水听完汇报后，指示董明春马上调查清楚周侗驻地的情况，并电报军区。董明春立即回到鲁南独立支队。支队领导研究后决定，由武工队负责把周侗部的兵力、装备以及驻地情况调查清楚。武工队的工作进展得很顺利，不到一周就把情况调查清楚了。独立支队马上将调查情况电报鲁南军区。

王麓水政委接到电报后，指示独立支队把第一、第二即鲁南铁道大队、第四3个大队全部集合待命。王麓水亲率军区三团一营和军区特务连赶到津浦铁路西，计划先消灭周侗和陈世俊部，再打申宪武。王麓水率领的部队隐蔽在一座古庙里，董明春从武工队抽调一批熟悉地形的武工队员，负责带路。

7月18日拂晓，董明春带领鲁南独立支队与王麓水率领的部队合兵一处，直扑卓楼。但是到达卓楼后才发现，周侗的大部队已经逃回湖西，剩下的残兵败卒，见到八路军就四散而逃了。这次主力部队出击作战的意图是消灭顽军的有生力量，但是卓楼一战没能实现预定的歼敌目标。王麓水随即召开军事会议，研究到湖西程子庙追击周侗部的问题。

程子庙位于夏镇西北，是周侗、陈世俊的老巢。村寨四周有坚固的围墙，墙外有两丈多深的壕沟，村寨四周布满了铁丝网，只有一个西门可以通行，是一个易守难攻的据点。村外围还驻有一个营的兵力作为机动。会上经过讨论，大家认为，打程子庙消灭周侗，对湖西根据地的巩固与发展是大有好处的。但是，此时打程子庙有很多困难，诸如地形不熟，行动不方便；部队已辛苦一天，十分疲惫；攻坚器材准备不充分；敌人工事坚固，等等。当王麓水征求张鸿仪和董明春的意见时，他俩都主张兵发湖西，攻克程子庙，把顽军的老窝捣毁，将周侗和陈世俊部一网打尽，以除后患。最后，王麓水根据会议讨论的意见，决定打到湖西去，消灭顽匪周侗部。

攻打程子庙的战斗方案确定之后，王麓水对部队进行了动员部署，并派人给冀鲁豫军区送信，请他们配合行动，牵制顽军张开越部。作战方案把参战部队分为四路：鲁南铁道大队和鲁南军区三团一营二连为一路，负责消灭驻程子庙西一个村的一个营的顽军。鲁南独立支队四大队和三团一营三连为一路，负责打援。董明春带鲁南军区三团一营一连为一路，以最快的速度接近程子庙西门，以突袭方式强攻西门。其余的部队为一路，由王麓水率领进攻程子庙南门。

7月23日凌晨，经过近百里的急行军，部队到达湖西程子庙，并按计划迅速完成了对敌人的包围。鲁南铁道大队和鲁南军区三团一营二连与敌人的战斗首先打响，董明春带领的鲁南军区三团一营一连也很快接近西门。此时，顽军已经关了围子门，从围墙上用掷弹筒和机枪向围子外射击。

作为进攻西门的主力，董明春组织好突击队，准备好炸药包，向西门发起猛烈攻击。这时，天已大亮，突击队爆破手炸开了铁丝网，连续两次强攻未果。顽军发现西门是主攻方向后，把其大部分兵力调到西门防守。中午时分，董明春正在准备组织第三次强攻，通讯员送来王麓水的命令，叫董明春立即回指挥部，一连留在西门佯攻。

王麓水听完董明春的汇报后指出，顽军的主要兵力集中在西门，而南门守备不严，现将南门作为主攻方向，由三连和特务连担任主攻任务。二连和鲁南铁道大队作为第二梯队。兵力调配和战斗任务部署后，三连从南门西侧，特务连从南门东侧同时发起攻击。突击队在猛烈火力掩护下用炸药包把南门炸开了一个缺口，主攻部队顺势攻入围寨内。

战斗快要结束的时候，敌人的数百援兵由西往东开过来了。当顽军走到距程子庙大约3公里的时候，被埋伏打援的鲁南铁道大队截住。战斗中，顽军一次次顶着弹雨冲锋，均被鲁南铁道大队打了下去。经多个回合，顽军伤亡惨重，不得不退了回去。

下午3时，主攻部队已将周侗、陈世俊部的主力消灭在程子庙内。陈世俊被活捉，周侗率50余人冲出重围逃跑。程子庙反顽战斗共击毙顽军130余人，伤百余人，沉重打击了顽军的嚣张气焰。

五 高庄战斗歼灭顽军马光汉

按照既定作战计划，消灭周侗、陈世俊部后，下一个打击的目标是顽军申宪武部。程子庙战役结束后，主力部队在张官屯休息了一夜。1944年7月24日，接到侦察员报告，顽军申宪武部驻在邹西的高庄，距张官屯 100 多华里。王麓水立即召开会议研究打申宪武的作战方案。会议经讨论决定用长途奔袭的办法，打掉这股顽匪。王麓水进行了具体的作战任务分配：鲁南军区三团一营二连和九连从高庄东部、北部负责主攻，董明春带鲁南独立支队一大队和鲁南铁道大队在高庄的西南、西北方向打援。刚刚打了胜仗，部队情绪高涨，经过简单的动员之后，于当天下午 5 点向高庄进发。

7 月 25 日拂晓前，部队赶到高庄。侦察员抓住一"舌头"一问，此地非申宪武的部队，而是新来的国民党顽军马光汉团，共有顽军五六百人。

马光汉部也曾多次与鲁南独立支队作对，并经常抓兵、抢粮，骚扰群众。王麓水决定按原来的战斗部署消灭驻高庄的顽军。凌晨 4 点，进攻开始，高庄四周顿时枪炮声一片。负责主攻的部队二连、九连用炸药包炸开了北门，攻入村内。后续部队迅速扩大战果，与敌人展开了激烈的巷战。经过一间房一间房、一条街一条街的争夺战，到 10 点钟，已把敌人全部压缩到村子的西北角。敌人看到大势已去，便想突围逃跑。顽军已知村北是我军主力，火力强，于是向西突围。董明春命令鲁南独立支队一大队、鲁南铁道大队坚决消灭企图突围的敌人。在一大队和铁道大队密集的阻击火力下，突围的顽军一片一片地倒了下去。敌人见大事不妙，便不再顽抗，跪在地上投降了。

到下午 1 点，战斗结束。此役全歼顽军马光汉团，击毙了团长马光汉，毙俘敌 400 余人，同时缴获大量武器弹药等军用物资。

第四章
恢复鲁南铁道大队番号：
铁道游击队的转型升级

（1944 年 9 月至 1946 年 11 月）

　　1944 年 9 月，微山湖东抗日根据地与微山湖西抗日根据地除津浦铁路沿线外基本连成一片，鲁南独立支队完成了历史使命，奉命撤销。二大队恢复"鲁南铁道大队"番号，50 多名队员整编为短枪和长枪各一个中队，其余队员编为鲁南二军分区二营。1945 年 7 月，鲁南铁道大队发展到 300 余人。大队所辖各中队、分队，分散活动在台枣铁路、津浦铁路和微山湖东部地区，隶属鲁南军区城工部。大队长是刘金山，政委先后由张鸿仪、郑惕担任。1946 年 3 月，鲁南铁道大队奉命撤销，组建鲁南铁路局，所属大部编入主力部队。

　　1945 年鲁南军区又连续发起春、夏季攻势作战，使鲁南抗日根据地的面积扩大了一倍多。1945 年 8 月，在对日全面反攻开始后，鲁南主力部队编为山东解放军第八师，警备第八、第九旅。鲁南军区部队作为山东军区第五路大军，张光中任前线指挥，王麓水任政治委员，向徐州东北外围地区和津浦路徐州至兖州沿线之日伪军展开猛烈进攻，收复了除兖州、邹县、滕县县城外的鲁南地区所有土地，逼近了徐州市。

　　1946 年 8 月，国民党反动派挑起内战，鲁南军区重建鲁南铁道大队。全队 190 余人，编为两个中队。先后活动于鲁南津浦铁路沿线、运河南岸和枣庄周围地区，隶属鲁南三军分区。大队长是刘金山，政委是蒋得功。11 月，因对敌斗争形势发生变化，鲁南铁道大队再次奉命撤销番号，部队改编为鲁南军区特务团二营。

第一节　抗日战争胜利前后的形势

一　国际形势的变化

进入 1944 年，世界反法西斯战争的形势发生了根本好转。在欧洲战场，苏联红军的战略大反攻把战线推进到德国。6 月 6 日，英、美联军在法国诺曼底登陆，开辟了欧洲反法西斯战争第二战场，德国法西斯处于东西夹击中。亚洲战场，美国正向马里亚纳群岛和菲律宾进逼，并轰炸了日本本土，日本法西斯的末日即将来临。

1945 年 7 月 17 日，苏、美、英三国首脑在柏林近郊波茨坦举行会议。会议期间，7 月 26 日，发表对日最后通牒公告《中美英三国促令日本投降之波茨坦公告》（简称《波茨坦公告》）。公告由美国起草，英国同意，公告发表前征得了蒋介石的同意。苏联于 8 月 8 日对日宣战后加入该公告。《波茨坦公告》共 13 条，主要内容有：盟国将予日本以最后打击，直至停止抵抗；日本政府应立即宣布所有武装部队无条件投降；重申《开罗宣言》的条件必须实施，日本投降后，其主权只限于本州、北海道、九州、四国及由盟国指定的岛屿；军队完全解除武装；战犯交付审判；日本政府必须尊重人权，保障宗教、言论和思想自由；不得保有可供重新武装作战的工业，但容许保持其经济所需和能偿付货物赔款之工业，准其获得原料和资源，参加国际贸易；在上述目的达到、成立和平责任政府后，盟国占领军立即撤退。

1945 年 8 月 8 日，苏联对日宣战。9 日，苏联红军向我国东北地区的日关东军展开猛烈的进攻。8 月 6 日和 9 日，美国先后向日本广岛和长崎各投下一颗原子弹，造成重大伤亡和日本民众的心理恐慌。

8 月 14 日，日本政府照会美、英、苏、中四国政府，宣告接受《波茨坦公告》。15 日，日本天皇通过广播发布《终战诏书》，宣布无条件投降。

二 山东抗日斗争形势的变化

经过 1943 年全年的努力，到 1944 年春，山东抗战形势发生了重大的变化。各抗日根据地逐步走出了最为艰苦的时期，抗战形势有了很大改善。鲁南地区已在极其困难的形势下打开了局面，基本上改变了过去被严重分割封锁的状态。一年的时间，山东各根据地共解放了 1.9 万平方公里的土地。山东根据地的总面积，已恢复并超过了 1940 年的水平。[①]

此时，日本侵略军由于战线过长，兵力严重不足，不得不收缩防线，实施重点守备。在山东，日伪军从 1943 年 12 月开始收缩兵力，配置了 47 处重点守备点，都位于交通干线、战略支点和工矿资源区。至 1944 年 2 月，在津浦路以东地区，日伪被迫放弃据点 264 个、碉堡 353 个。在山东的日军还有 2.5 万人，比 1943 年年初减少了 5000 多人，数量降到抗战以来的最低点，但是伪军却由于国民党部队吴化文、厉文礼、张步云、荣子恒等部先后投敌而大量增加。[②] 伪军数量众多，是抗战时期山东抗战形势的一个特点。后来，罗荣桓曾回忆：“到 1943 年，山东伪军冠于华北各省，已增至二十万人，其中百分之六七十是沈[③]、秦[④]的师、旅、团、纵、支的整个投降，或者为他们委派之人员所编成。这是他们借尸还魂与‘曲线救国’谬论策划之下得出来的成果。”[⑤]

国民党在山东的武装力量，自李仙洲[⑥]入鲁失败后，仅剩下 6 万人左右。李仙洲部是 1943 年秋接蒋介石电令入鲁的。李仙洲部本打算先在单

① 中共枣庄市委党史研究室编：《鲁南革命史》，山东人民出版社 1998 年版，第 178 页。
② 同上书，第 351 页。
③ 沈鸿烈（1882—1970），字成章，湖北天门人。国民党原山东省政府主席、山东省保安司令、山东省党部主任委员、鲁苏战区副司令。
④ 秦启荣（1903—1943），字向村，山东省邹城市北关人。先后任国民党山东省党部执行委员，书记长，国民军训练处副主任。七七事变后，任冀鲁边区游击司令，旋任国民政府军事委员会别动队第五纵队司令。后任国民党山东省剿共总司令、鲁苏战区第 3 游击纵队司令、鲁南办事处主任。1943 年 8 月在安丘之战中，被八路军击毙。
⑤ 罗荣桓：《处在总反攻前夜的山东解放区》，《大众日报》1945 年 7 月 7 日。
⑥ 李仙洲，山东长清人。黄埔军校第一期毕业，蒋介石嫡系中著名的山东籍将领。1933 年，升任第二十一师师长。抗战爆发后，率第二十一师于居庸关、八达岭一带对日军作战，后在忻县参加歼灭了日军板垣师团一部的南怀化之战，负重伤。1938 年 1 月，任第九十二军军长。4 月，调赴鲁南参加徐州会战。

县、曹县、成武及丰、沛地区建立根据地，掩护军主力由皖北经鲁西南越微山湖进入鲁南山区，尔后向鲁北及鲁东扩展。入鲁失败后，李仙洲部被迫退回皖北。此时，山东境内已没有国民党的正规部队。八路军在人数上对国民党军已取得了优势。留在山东的国民党军为了保存实力，有的与日伪保持秘密的联系，配合扫荡，向八路军进攻；有的既接受伪军番号，也挂着国民党军的牌子，已严重"伪化"。

这一时期，中国共产党领导的华北敌后解放区战场出现空前有利的局面。1944 年年初，日军为挽救其在太平洋战场上的失利，援助其侵入南洋的孤军，决定摧毁美军在华中的空军基地，并向国民党正面战场的平汉、粤汉和湘桂铁路发动新的进攻，意在打通从中国东北直到越南的大陆交通线。因此，日军不得不抽调大量兵力南进，其在华北、华中的兵力迅速减少，战斗力大大削弱。

在鲁南地区，这时抗日根据地已基本改变了被分割、封锁的局面，敌顽我力量对比发生了根本性变化。鲁南军区部队于 1944 年年初开始发动战役，采取攻势。2 月 8 日，打破了由峄县到费县的封锁线，收复滕（县）临（城）枣（庄）北侧的三角地带。5 月 1 日，发起讨伐伪军荣子恒战役。荣子恒原为东北军第五十七军三三四旅旅长，投敌后被编为伪和平救国军第十军，辖三个师。其三师刘桂堂部此前已被歼灭，第一、第二师盘踞在崮口山区。鲁南军区以第二、第五团发起攻击，激战至 4 日，歼其二师全部和一师第二团主力，毙伤 200 余人，俘 516 人，解放了崮口山区。6 月 9 日，发动邹（县）北攻势，至 16 日，歼灭伪军 240 余人，攻克据点 18 处，解放村镇 44 个。8 月 25 日至 28 日，一度破坏了临（沂）枣（庄）公路，摧毁了滕县至城后的封锁线。

1944 年 8 月，鲁南军区恢复重建了第一、第三军分区，合并新建了第二军分区，鲁南军区三团和五团都恢复了团的建制，各辖 3 个主力营，同时各县县大队也得到充实。鲁南八路军由弱变强，开始转入攻势。根据中共中央发出的"积蓄力量，准备反攻"的 1944 年斗争方针和中共山东分局、山东军区确定的战斗任务，鲁南区党委和鲁南军区不失时机地发动春季、夏季、秋季攻势，歼灭大量日伪顽军，进一步巩固、扩大了解放区。同时，深入开展大生产运动，加强根据地的政权、财政经济、文教建设，迅速扩大了抗日武装。

1945年，各解放区战场发起的更加猛烈的反攻，使日军防线遭受到严重冲击，面临难以挽回的"将倾之势"。鲁南地区的情况也和全国一样，鲁南军区部队在地方武装的配合下，发动了一系列攻势作战。1月，鲁南军区调集二军分区所属部队，在临城、滕县、凫山等县的地方武装的配合下，发起湖东战役，连续攻克大王庙、班村等伪据点，歼灭伪军8000余人，收复临城至滕县以西、夏镇以北、济宁至邹县以南大片国土。2月，以奇袭方式发起第二次讨伐荣子恒战役，消灭了盘踞泗水县城及其周围16处据点的荣部残余力量，伪军长荣子恒、副军长陈镇藩、参谋长朱江、第一师副师长朱级勋和日本顾问皆被击毙，解放了泗水城。3月7日至29日，两次于临（沂）费（县）边讨伐叛军王洪九部，将其驱逐至临（沂）费（县）路以东、临沂城以北地区。5月17日至20日，发起讨伐张里元战役，解放邳县城并拔除其周围大小据点80余处，使运河地区与沂河、湖西等地区连成一片，加强了鲁南区与华中根据地的联系，进一步逼近津浦、陇海两大铁路，直接威胁徐州。同月，鲁南铁道大队一举将津浦铁路界河、南沙河两座大桥炸毁，又在临城南截击日军供应车一列，炸毁车头，使津浦铁路交通中断5天。8月5日至12日，进行讨伐申宪武部战役，全歼申部1000余人，活捉申宪武，解放滕县西阎村。

1945年4月23日至6月11日，中国共产党第七次全国代表大会在延安召开。大会制定了"放手发动群众，壮大人民力量，在我党的领导下，打败日本侵略者，解放全国人民，建立一个新民主主义的中国"的政治路线；通过了新党章，确定了毛泽东思想为党的一切工作的指针；选举产生了以毛泽东为首的新的中央委员会。

党的七大胜利召开，给鲁南抗日军民以巨大的鼓舞。1945年鲁南军区又连续发起春、夏季攻势作战，使鲁南抗日根据地的面积扩大了一倍多。1945年8月9日，中共中央主席毛泽东发表《对日寇最后一战》的声明，号召"中国人民的一切抗日力量应举行全国规模的反攻，密切而有效地配合苏联及其他同盟国作战。八路军、新四军及其他人民军队，应在一切可能条件下，对于一切不愿投降的侵略者及其走狗实行广泛的进攻。"8月10日和11日，八路军总司令朱德连续发出七道反攻进军命令，命令解放区所属抗日部队，向其附近各城镇及交通要道之敌军队、机关发出通牒，迫令日伪军投降。对拒不投降者，应予以坚决消灭。

在山东军区，8月11日，中共山东分局、山东军区和山东省战时行政委员会召开高级干部联席会议，研究贯彻毛泽东的指示和朱德的命令，决定组编山东部队，向敌占城市和交通要道进军，实行大反攻。13日，山东军区公布《战时人民紧急动员纲要》，号召解放区人民积极支援大反攻。14日，山东军区司令部所属部队分别向各地伪军、伪政权发出通牒，限24小时率部投降，拒不投降者，坚决消灭之。

正当解放区战场军民向日伪军展开大规模反攻之际，蒋介石于8月10日发布3道命令：令八路军"原地驻防待命"，不许"擅自行动"；令伪军"负责维持地方治安"，等待国民党收编；令国民党各部队"积极推进，勿稍松懈"。妄图独吞抗战胜利果实。针对蒋介石的言行，8月13日，朱德总司令、彭德怀副总司令致电蒋介石，坚决拒绝他的错误命令。15日，朱德总司令命令在南京的日本中国派遣军总司令冈村宁次及所属一切部队，停止一切军事行动，听候八路军、新四军及华南抗日纵队的命令，向人民军队投降。

8月14日，日本政府照会美、英、苏、中四国政府，宣告接受《波茨坦公告》。8月15日，日本天皇广播《终战诏书》，向公众宣布无条件投降。但是侵华日军并没有立即放下武器，因此，中国解放区军民的反攻作战仍继续进行。鲁南军区遵照山东军区关于"向一切敌占城市和交通要道进军"的部署，军区司令员张光中、政治委员王麓水于8月13日向部队转达了毛泽东主席8月9日声明和朱德总司令对敌通牒。鲁南军区部队在前线指挥部指挥张光中、政委王麓水率领下，向徐州东北外围地区的日伪据点和盘踞津浦铁路徐州至兖州段的日伪军发动攻击，8月18日鲁南军区部队主力跨越临枣铁路南下，到达运河以南地区。

中共山东分局和山东军区根据中共中央关于组建超地方性野战兵团的指示，于9月16日决定将所属各军区的主力和基干部队编成山东解放区野战兵团，共 8 个师、12 个警备旅及 1 个海军支队，全军 27 万人。同时动员 10 万民兵组成临时脱产的子弟兵团，配合主力部队作战。鲁南部队编为第八师和第八、第九警备旅。八师下辖三个团：以鲁南军区三团改编的二十二团、五团改编的二十三团、二军分区三个主力营改编的二十四团，王麓水代师长并兼政委，何以祥任副师长，全师 9000 余人。一军分区主力改编为警备八旅，三军分区主力改编为警备九旅。山东军区率部向敌人展开大反攻。鲁中部队向胶济铁路西段和津浦铁路兖州至济南段发动进攻；滨海部队北向胶济铁路东段、南向陇海铁路东段发动进攻；渤海部队向胶济铁路西段及津浦铁路济南至沧县段发动进攻；鲁南部队向津浦铁路徐州至兖州段及徐州东北地区发动进攻。

整编后的山东野战军主力八师兵分两路进军徐州地区。8 月 23 日，台儿庄伪军溃逃，第二十三团攻入贾汪，经激战，歼伪军大部。此时，国民党军主力已抢先占领了徐州。23 日，中共中央在《关于目前时局和任务的指示》中指出：原定夺取大城市的方针，随着形势的变化，则应予改变，今后一个时期应着重于小城市和广大乡村的夺取。根据指示，鲁南军区遂停止了对徐州的进攻，除留警备第十八团于运河以南监视徐州方向的敌人外，其余兵力回师北上，扫除铁路两侧的中、小敌伪据点。为迫敌就地缴械投降，鲁南军区命令鲁南铁道大队、运河支队等武装，立即破袭铁路、公路，阻止敌人逃窜。鲁南铁道大队、运河支队发动数万群众，将台枣铁路支线和临枣铁路支线全部摧毁，使日伪军盘踞的枣庄、峄县、临城等城镇成为孤城。连续的反攻扩大和巩固了革命根据地，将运河区和鲁南山区连成一片，拔除了敌人由徐州向东北进犯的跳板，粉碎了伪军守城等待收编的企图。

受命北返的山东野战军第八师，于 9 月初做好了攻取峄县的准备。峄县驻有日军 180 余人，伪军 1500 余人。王麓水师长率八师官兵经过紧张的战前准备后，于 9 月 9 日晚，进入阵地，21 时，发起攻击。主攻部队连续 4 次冲锋，终于将城东门炸开，部队随即冲入城内。在八路军强大的火力攻击下，伪军乱成一团，慌忙缴械投降。激战 4 个小时，战斗胜利结束。至此，鲁南除枣庄、临城及津浦铁路沿线车站的个别据点尚被日伪军占领外，其余地区全部解放。

此役，歼灭了峄县伪军和伪军政人员 1500 余人，生俘伪县长石振九、伪警备大队长庞明学、汉奸龙希贞、王成贵等，缴获大批武器弹药及其他军用物资。解放峄县城战斗是八路军鲁南军区主力整编为山东野战军第八师后的第一仗。首战告捷，大大鼓舞了鲁南抗日军民。

日本侵略军向中国投降的签字仪式于 9 月 9 日在南京举行。日本中国派遣军总司令冈村宁次在投降书上签字。抗日战争作为一个历史阶段已经过去了，但其中国派遣军却仍在奉命抵抗。日军在枣庄、滕县、临城等地驻扎有 6000 多人，分别隶属徐州日军第六十五师团森茂树、十川次郎和济南第四十三军第四十七师团渡边洋、细川中康、小林指挥，驻扎在枣庄、临城、滕县、陶庄小窑以及津浦铁路沿线邹县、界河、官桥、沙沟、韩庄车站等据点。他们还没来得及集中，铁路就被鲁南军民给扒掉了，其据点成为一个个孤立点。这些日军虽然知道他们大势已去，但既不向国民党军队投降，也拒绝向八路军缴械。由蒋介石指定的战区受降司令官，徐州战区的是李品仙，济南战区的是李延年。蒋介石命令日军在原地待命，除他指定的受降官以外，不准向共产党领导的军队投降缴械和交出地区及物资。冈村宁次下达命令，除蒋介石的命令外，对中国其他方面的要求，"不仅应坚决拒绝，而且应根据情况，毫不踌躇地行使自卫的武力"。这样，便形成了中国抗战最后胜利时刻的复杂而严重的局势。

盘踞在枣庄的日军 1000 余人，由于拒绝向国民党收编的汉奸王继美投降，逃到了齐村，被鲁南三军分区部队包围消灭一部后逃往滕县，后被鲁南军区部队包围，缴械投降。集中在临城的 1000 余名日军，因拒绝向国民党第十九集团军陈大庆部缴械，于夜间乘铁甲列车逃出临城，在沙沟一带被鲁南铁道大队包围，缴械投降；盘踞在陶庄、官桥、韩庄的近千名日军在被包围后，纷纷投降。对于放下武器的日军，包括滞留在铁路沿线的零散日军及家属，八路军鲁南部队和新四军部队严格按照政策，在保证他们人身安全的情况下，为他们遣返回国提供了很多方便。

第二节 鲁南铁道大队的转变

一 鲁南独立支队番号撤销

1942 年 12 月，鲁南独立支队的组建是鲁南军区为贯彻落实刘少奇关于"要解决沛滕峄边区和微山湖地区地方武装统一领导问题"的指示精神，把鲁南铁道大队、微湖大队等四支抗日武装合编。鲁南铁道大队编为支队第二大队，对外仍称鲁南铁道大队。应该说，鲁南独立支队的建立改变了鲁南地区抗日武装各自为政、没有统一领导的问题，拧成一根绳，打击了敌人，壮大了自己。到 1944 年 9 月，鲁南地区除津浦铁路沿线外根据地基本连成一片，鲁南独立支队完成了历史使命，奉命撤销。

1944 年 9 月，鲁南军区决定撤销鲁南独立支队，并在此基础上建立鲁南军区二军分区。独立支队所辖的第一、第三大队和滕县、兖济、临城县县大队均归属二军分区建制。鲁南军区二军分区建立后，独立支队第二大队恢复了"鲁南铁道大队"的番号，并直属鲁南军区领导。

鲁南铁道大队的领导班子这时也有较大调整：正、副大队长仍由刘金山、王志胜担任，政委赵若华调离，原独立支队政委张鸿仪接任鲁南铁道大队政委，鲁南军区第一武工队队长郑惕调铁道大队任副政委。鲁南铁道大队所辖的四个长枪队和三个短枪队的大部分人员升级主力部队，被编为鲁南军区二军分区第二营，还剩下 50 余名队员，被重新编为长、短枪各一个中队。由于铁道大队大部分队员升级主力，只剩下几十个人，且装备也差，加上部分队员思想情绪不稳定，出现了纪律松懈现象。在这种情况下，上级选调文武双全、足智多谋的张鸿仪来铁道大队任政委，重振铁道大队雄威，是非常适时的。鲁南铁道大队恢复番号后，大队领导根据上级指示修改或重新制定了一些规章制度，健全了机构，配备了文书、会计军需员、粮秣员和警卫班，使部队向正规化建设又迈出了重要一步。

张鸿仪（1912—1945），山东省枣庄市台儿庄人，兄弟姐妹 5 人，他年龄最小，7 岁读书，8 岁时父亲病故，因家贫辍学。13 岁时才免费进枣庄中兴小学读书。23 岁进枣庄中兴职业中学，因品学兼优，校方给予其奖学金并免纳学费。1936 年 8 月由李微冬介绍参加中国共产党，成为中兴职业中学学生中第一名共产党员。张鸿仪入党后，积极从事党的活动，刻苦攻读马列著作，并热情地向矿工和同学们推荐革命书刊，使他们不断提高革命觉悟。为扩大党的影响，发展党的队伍，张鸿仪在职业中学组织了一个篮球队和一个读书会。篮球队起名为"红队"。读书会取名"兴中读书会"，号召青年学生阅读进步书籍。

1937 年，抗日战争爆发。张鸿仪在党的领导下，组织进步同学，创办《抗敌报》，摘编抗日新闻，进行抗日救国主张的宣传，从集稿、通讯、编辑到排版、印刷，他均亲自动手。他还多次组织募捐，献给抗日前线将士，既唤醒了民众，又鼓舞了士气。

1937 年 12 月，张鸿仪受派遣，随朱道南、纪华等人带领抗日自卫团，编入原阎锡山部退伍师长杨士元在滕县、枣庄组建的地方武装"鲁南民众抗敌自卫军"。他和纪华等人在该部政训处从事抗日宣传工作。1938 年 3 月初，日军进逼滕县，抗敌自卫军司令杨士元南逃，朱道南、纪华等人带领原抗日自卫军的部分武装回到峄县北部山区活动。抗敌自卫军招兵处长、中共党员董尧卿受命以抗敌自卫军名义，在滕（县）峄（县）边界地区继续发展抗日武装，张鸿仪留在董尧卿部做政治工作。

1938 年 3 月 18 日，枣庄沦陷。5 月，中共苏鲁豫皖边区特委决定将共产党领导的沛、滕、峄三县抗日武装会师于滕峄边山区，组建了苏鲁人民抗日义勇总队，张鸿仪任中队指导员。同年 7 月，义勇总队反顽战斗结束后，他升任三大队副教导员。10 月，三大队教导员纪华调任峄县县委书记后，他继任教导员。尔后，义勇总队几次易名，他一直任教导员。1940 年 7 月，苏鲁支队支队长张光中带领三营到运河南北地区，配合运河支队开辟新区。不久，张鸿仪奉命调任运河支队政治处副主任兼一大队政委。

1942 年 3 月，张鸿仪任鲁南军区第一军分区政治部主任。1943 年 8 月调任鲁南独立支队政委。1943 年秋，鲁南区党委决定组建运河地委，张鸿仪兼任地委委员、宣传部长。他既主持部队工作，又兼做地方党的工作，任务繁重。他为做敌军工作，常常带领背着电话单机的日军反战同盟成员田村伸树等人，接通日军军用电话，点名找日军首领通话，向其宣传中国人民的正义战争，痛斥其侵略罪行，搞得日军惶惶不安。

1944年初夏，运河地委撤销，建立沛滕峄中心县委，张鸿仪兼任中心县委书记。同年8月，鲁南独立支队撤销，他改任鲁南铁道工委书记兼鲁南铁道大队政委。1944年，鲁南地区正处于局部反攻阶段，为进一步扩大解放区，缩小敌占区，部队进行断断续续的整训练兵。他利用这个有利时机，组织部队开荒生产，亲自参加拉犁、翻地、播种、锄草，自己动手，丰衣足食，受到人民群众的称赞。

为适应新的斗争形势的需要，中共中央于1944年7月1日发出整训军队的指示，要求在一年内加紧整训现有军队和地方游击队，在现有物质基础上与战斗生产间隙中，把军队的军事与政治工作极大地提高一步。长期在敌占区工作和游击战的经历使鲁南铁道大队的作风和纪律与正规部队相比，有较大差距。为了贯彻落实中央整训军队的指示，大力提高部队的军政素质，发展壮大武装力量，彻底改变部队的作风面貌，张鸿仪在抓好部队党支部建设的同时，研究提出了"边作战，边训练"、"走一个村，带一批兵"的口号，并着力整顿鲁南铁道大队的作风和纪律。

通过组织开展文化学习和文体活动，努力提高队员们的文化水平。张鸿仪认为，铁道大队作风纪律差与队员们的文化水平低有很大关系。鲁南铁道大队绝大多数队员是文盲，在打仗间隙没什么事可干，就喝酒、打牌，往往因琐碎小事而争得面红耳赤，甚至拳脚相加。所以，他首先在部队中开展了扫盲活动，以提高部队的文化素质，丰富部队的文化生活。张鸿仪每天都利用战斗空隙时间给队员们上文化课。没有课本就自己编，缺乏纸笔，就让大家在地上用树枝当笔写字。他上课用的黑板也就是一块门板。他规定，干部每天学三个字，战士每天学两个字，要把学习写字当作战斗任务来完成。对有畏难情绪的队员，张鸿仪就耐心地做他们的思想工作，要他们明白学习的目的和意义。对接受能力较慢的队员，他就区别对待。学习识字在鲁南铁道大队很快便形成了风气。随着队员们的文化知识不断提高，张鸿仪便结合文化课讲一些抗战形势和革命道理。

为了进一步活跃部队的文化生活，张鸿仪和郑惕等人还教铁道队员唱革命歌曲，《义勇军进行曲》、《大刀进行曲》、《三大纪律八项注意》、《太行山上》等都是他们经常唱的歌曲。除此之外，他们还自编一些快板、双簧、活报剧等简单的文艺节目在部队中演出。他们还利用春节或农闲时举办军民联欢晚会，演出地点常安排在离临城不远的茶棚、乔庙、店子等村庄，有时连临城的群众都来观看演出。为了加强军民关系，铁道大队在郗山还与当地学校的老师开展篮球比赛。通过这些形式，不仅活跃了部队生活，还使铁道大队与当地群众的关系更加密切了，部队的文化素质有了很大提高。

随着新队员的增多，在作风和纪律方面也带来了一些问题：一些人有抗日热情，敢打敢拼，不怕牺牲，但也有些人不守纪律，更有些人不愿意做艰苦细致的群众工作。张鸿仪深知，这些现象如不及时加以克服，势必严重削弱部队的战斗力。于是，他提出在部队中广泛开展军队光荣传统的教育，用爱国主义精神，严守纪律和自我牺牲精神，大公无私和先人后己的精神，去教育引导队员，并耐心细致地帮助有缺点的队员改进作风和纪律。

有一些违反纪律的情况是属于地方恶俗，解决起来比较棘手，关键在于如何细致工作，引导队员发扬好传统，克服旧习气。他们从整顿党组织，发展党员，抓政策教育，抓文化教育和学习开始。经过三个月的战时整顿，部队面貌发生了很大的变化，团结、紧张、严肃、活泼逐渐成为部队的新风尚。队员们普遍认识到只有正规化，部队才更有战斗力。

随着形势的发展变化，中央指示要开展更大规模的反攻，要广泛开展城市工作，领导工人运动，保证大规模反攻时的铁路畅通。鲁南地区为了有效地执行中央指示，1944 年 10 月，成立了第三铁道工委，隶属鲁南区党委领导。铁道工委书记由张鸿仪兼任，铁道工委的具体工作由马仲川、冯克玉负责。

当时的津浦铁路，是在日本人的严密控制之下，太平洋战争正处在最紧要的关键时刻，铁路运输非常紧张，日本鬼子死死地把南北交通要道津浦铁路线控制住，加强对这一带的昼夜管制。他们的目标是：进行第五次

"强化治安"运动，加强控制、加强镇压、加强扫荡，想方设法把在铁路大动脉上威胁它们生命线、截断他们军用物资供应，对他们造成致命威胁的鲁南铁道大队一网打尽。

日军想跟铁道大队学一招，他们开始采用一种名之曰"剔抉战术"的方法，也就是专门组织一支装备十分精良的特务队，装扮成游击队样子。他们也想学游击队的神出鬼没，时而白天出来，时而晚上行动，不走大道走小道，想用游击队的办法来消灭游击队。而游击队采取的对策是分散行动，化整为零，避开正面冲突，有利就打，不利就走，打得赢就打，打不赢就走。游击队这一套，鬼子是永远也学不去的。鬼子玩这一套无疑是班门弄斧，终归徒劳。

破坏敌人的铁路运输，捣毁铁路，这是鲁南铁道大队的拿手好戏，个个都是行家里手。只要把两条铁道上的螺钉和夹板拧下来，铁道就分开了，连不在一起，火车一到这里就翻车，铁路大动脉顿时瘫痪。铁路破袭容易，修起来可就麻烦了，敌人调来大吊车，把车厢一节一节往上吊，路基也得重修，重修期间，铁路交通断绝，整条铁路线一片死寂。

1944 年冬，为配合鲁南军区部队的冬季攻势，鲁南铁道大队积极开展破铁路、炸桥梁、砍电杆、颠覆敌列车行动。11 月，他们将津浦路沙沟至韩庄段的铁轨和枕木的连接螺丝大部松开，并做好伪装，当日军一列满载小麦等补给物资的火车开过时脱轨翻车，车上的小麦和其他物资被鲁南铁道大队和附近的群众运走。不久，他们又将一段铁轨扒掉 200 多米，锯断电线杆数十根，造成敌人运兵列车脱轨翻车，日军伤亡百余人，铁路交通及通信中断数日。

1945 年春，日军对抱犊崮山区抗日根据地进行大规模扫荡，妄图挽回残局。鲁南军区指示鲁南铁道大队，袭击敌人后方，破袭铁路交通线，以牵制敌人兵力。铁道大队接受任务后，连续两次在临城北和沙沟南扒铁路，断敌交通。为了避免无辜旅客的伤亡，铁道大队在破袭铁路前，都要到火车站详细了解列车运行时刻表，选择在客车通过之后、军列到来之前的夜间进行。第一次破袭时，由于扒掉铁轨的路段短，敌人很快就修复通车了。第二次破袭时，铁道大队动员了上千群众共同破路，半个多小时就破路数公里。大家正忙着抢运卸下的部件时，从南向北驶过来一列日军运兵专列。飞速前进的火车行至破袭的地方时，只听轰隆一声，八九节车厢脱轨翻车。几分钟后，又驶过来一列运兵专列，敌人发现路坏了，只好把车停了下来。

日军恼羞成怒，再次向鲁南铁道大队发起大规模残酷的进攻。1945年4月，鲁南铁道大队被迫再次进山休整。

1945年5月，鲁南铁道大队在奉命进山休整后，政委张鸿仪与大队长刘金山一起率部出山，当晚夜宿大官庄。

第二天，日伪军2000多人包围了鲁南铁道大队。在龙头山战斗中，为掩护主力部队撤退，鲁南铁道大队政委张鸿仪英勇牺牲。

在抗日战争胜利前后的一段时间里，鲁南铁道大队按照朱德总司令"在敌人未放下武器前，要寸土必争、积极作战"的命令，加强了对敌人交通线的破袭，以配合主力作战。1945年8月中旬，铁道大队接到鲁南军区一个任务，要铁道大队配合主力部队攻打鲁寨，任务是截住津浦铁路上来往的敌人火车，不能让其通过，更不能让敌人的交通运输畅通无阻地支援前方，要想方设法把敌人的火车炸掉，至于使用什么方法和手段，由铁道大队自己来定。

完成炸火车这个任务，对于铁道大队来说十拿九稳，很有把握。常用的武器是手雷和炸药包，破坏效果非常好。1945年9月前后，鲁南铁道大队较多地采用了"飞行爆破"和地雷爆破的方法破袭铁路。所谓"飞行爆破"，就是把黄色炸药包成一斤多重的小包，行动时带在身上，以三四人为一组，到了铁路上，把炸药包放在两根钢轨接头处，插入雷管，点燃引爆。爆破一次，可使火车停运大半天，并可连续爆破。这个任务多是由短枪队执行的。短枪中队指导员张再新、队长孙茂生经常在夜间率领队员开展"飞行爆破"，参加的队员还有梁传德、孟庆海、徐德功、王志友、程怀玉、徐广海、周林泉、杨其生、程思远、张志文等人。

日本宣布无条件投降之后，为加强鲁南铁路沿线对敌斗争的统一领导，控制交通要道，准备进攻大城市，中共鲁南区党委决定撤销原鲁南铁路一、二、三工委，在此基础上建立鲁南铁路工委，书记由鲁南区党委城工部长王少庸兼任，副书记为靳怀刚，委员有郑惕、刘金山、王玉林、蒋得功。鲁南铁道大队仍属鲁南军区和鲁南铁路工委双层领导。不久，兖济武工队改称鲁南铁道第二大队，鲁南铁道大队又称鲁南铁道第一大队。鲁南铁路工委的任务是统一领导津浦铁路沿线的斗争，包括武装斗争和职工运动以及城市的地下工作，配合主力部队攻克和接管城市，接受敌人的投降。

鲁南铁路工委的领导刚于 8 月下旬接受任务，还没有来得及对工委工作进一步开会研究部署，山东军区已将所属部队改编为五路大军，向济南、青岛、徐州等大中城市发起进攻。鲁南铁路工委随即与鲁南铁道大队一起，跟随鲁南部队改编的第五路大军向徐州进发。

鲁南铁路工委和鲁南铁道大队很快插到徐州附近，住在离徐州约 30 里路的利国驿南部茅村东面山边的一个村子里。到那里后，马上派鲁南铁道大队政委郑惕率领两名队员到徐州去侦察。郑惕等人秘密来到徐州车站，发现车站里的日本人乱哄哄的，没人管理过问。郑惕认为，车站上的混乱情况表明，日军已放弃守卫，国民党的军队还没来到，八路军应该马上派部队来接管徐州火车站。郑惕等人立即返回驻地，向领导汇报了徐州火车站的情况和个人的看法。铁路工委书记王少庸听了郑惕的汇报，决定立刻派一个小分队去占领徐州火车站，控制住这个立足点，同时派人向鲁南军区报告，尽快派大部队去接管徐州。可是，当铁道队的小分队向徐州火车站进发的时候，却被日军拦截在徐州外围的封锁圈之外。因为驻徐州的日军已开始执行国民党政府的命令，拒绝向八路军缴械投降，并且在国民党军队到来之前，不准八路军靠近。数日后，敌人的布防越来越严密，而且国民党的接收大员和少数正规军已到徐州。

僵持到 9 月中旬，鉴于国民党军队在美国政府的大力支持下，利用飞机、火车和军舰等先进运输工具，抢先占领了大城市，中共中央决定放弃接管大城市，转而夺取国民党军没有来得及占领的中小城镇和广大乡村的日伪军据点。在这一精神指导下，鲁南军区指示鲁南铁路工委和铁道大队，尽快从徐州近郊撤回来。因为鲁南铁道大队所在位置非常突出，离主力部队距离较远，仅铁道大队一支小武装在那里站不住脚，于是就奉命撤到临城火车站附近待命。

二　组建鲁南铁路管理局

1944 年 10 月，鲁南区党委为了更好地领导铁路工人进行抗日斗争，决定成立鲁南铁路第一、二、三工委。第一铁路工委副书记为靳怀刚，第二铁路工委书记为王玉琳，第三铁路工委书记为张鸿仪，张鸿仪牺牲后由郑惕接任，鲁南铁道大队隶属鲁南军区和第三铁路工委双层领导。同时，鲁南军区为加强铁道大队对敌军开展政治攻势，派遣"在华日人反战同盟"山东支部的成员田村伸树和小山口到铁道大队工作。

郑惕（1923—2002），是鲁南铁道大队在抗日战争时期的最后一任政治委员。郑惕生于山东省临沂县城一个小手工业者家庭，兄妹 3 人，他排行老大。

因家境贫寒，父亲郑家荣年轻时在一家鞋店当学徒，出师后，与师兄弟合开鞋铺。1938 年春，临沂沦陷。日寇四处烧杀抢掠，郑惕随父母逃往乡下。

1938 年 8 月，不满 15 岁的郑惕，经父亲介绍到共产党领导的临（沂）郯（城）费（县）三县边联办事处工作，担任军法处文书。从此，他走上了革命的道路。同年冬，三县边联办事处正式改编为八路军山东纵队南进支队，郑惕改任粮秣员。不久，南进支队又改编为八路军山东纵队第十二支队，他任支队政治部民运员。年底，他被推荐到山东岸堤抗日军政干校政治队学习。翌年初，加入抗日民族先锋队。在这期间，他接受了马克思主义的启蒙教育，学习了毛泽东的《论持久战》、《抗日民族统一战线》等著作，为以后做好革命工作打下了一定的思想理论基础。

1939 年 3 月，郑惕从岸堤军政干校毕业后，转入山东省鲁迅艺术学校绘画系继续学习，于 5 月 7 日在鲁艺加入中国共产党，并被党组织发展为锄奸网员。

1939 年 5 月底，日本侵略军对鲁中根据地展开了大扫荡，斗争形势十分严峻。上级决定鲁艺与岸堤干校合并，整编为两个游击中队，郑惕被派到第二中队任班长。8 月，因他在反扫荡中表现突出，党组织决定提前转为正式党员。9 月，反扫荡结束，他重返鲁艺，被任命为分队长。这期间，他曾被选为苏鲁豫皖一纵队直属队青年队长、直属队党代表，出席了纵队直属队第一次党代会。12 月，他参加纵队巡视团。在南下苏北途中，组织决定他留在苏鲁支队任宣传队教员。1940 年 3 月，调任该支队三营特派员，参加了著名的白彦战斗。半年后，被调回支队部，任政治部锄奸干事。不久，苏鲁支队改编为一一五师教导二旅五团，他任该团四大队特派员。1942 年秋，调任该团干部便衣队副指导员，随队进入敌占区，对敌开展政治攻势。从此，开始了长达 5 年的敌后战斗生涯。

他在干部便衣队负责敌军和上层统战工作，经常带小分队深入敌人心脏地区和伪据点开展工作。年仅 18 岁的郑惕，经过 3 年多革命斗争的锻炼，工作能力、斗争艺术和政策水平都有较大提高。他利用打入敌军内部的关系，活捉了伪副大队长，并配合主力攻克了石城崮和小仲村等敌据点，以反侵略正义战争的真理，争取了天主教外籍神职人员，给游击队提供了医疗用品等支持和帮助。

1943 年 8 月，鲁南军区为进一步开展敌占区工作，决定成立 3 个武工队，郑惕任第三武工队副队长，兼峄县齐村区区委书记。他和政委郭仲选率队插入临（沂）枣（庄）以北的敌占区，在广泛宣传、发动、组织群众的同时，派干部打入敌人内部，并亲自到敌人据点向伪军、伪自卫团进行抗日宣传，讲形势，指出路，瓦解敌伪顽。

有一次，他同队长王川在做顽军司令工作时，因特务告密，遭到日伪军重重包围，经过英勇奋战，终于突出重围，4 人全部脱险，受到军区首长的慰问和表扬。年底，他调任鲁南军区第一武工队队长，与副队长岳岱衡一起，率领队员依靠广大人民群众的支持，机智勇敢地与敌周旋。在据点林立，日、伪、顽统治严密的地区开展工作，发展关系，建立基点村，发展两面政权，还开展了对天主教会上层人士的统战工作。经组织决定，他以青洪帮师兄弟的关系为掩护，做伪淮海省第五纵队司令尹鸿兴的工作，同时亲自发展了副司令员王学礼的关系。

1944 年年初，布防在微山湖周围的苏鲁两省顽军的内部矛盾，处于一触即发的态势。他受鲁南军区司令员张光中的指示，带着军区司令员张光中的亲笔信，冒着生命危险，孤身进入湖西国民党保安二旅四团团部，做团长陈世俊的工作。为了掌握敌人铁路运输的情报和开辟临城以北过路的新途径，他经过较长时间的调查研究，建立了官桥伪区长和一大批伪乡、保长的内线关系。

1944年9月，郑惕担任鲁南铁道大队副政委，第三铁道工委委员。他除协助政委张鸿仪做好政治工作外，主要负责敌伪军的上层统战工作。这年冬季，敌人为确保津浦铁路这条交通命脉畅通，对抗日军队采取了清剿、围歼等各种武力手段，均遭到失败。驻沙沟车站的日本爱路段特务平野受其上级指示，被迫要求同铁道大队"谈判"。他协助张鸿仪政委具体组织安排并直接参加了同平野长达两个多小时的谈判，经过面对面的说理斗争，这个名牌日特终因理屈词穷，狼狈而归。此后，敌人对铁道大队采取了神秘而更加残酷的所谓"剔抉"战术，他协同大队领导及时改变斗争方法，并采取主动措施，粉碎了敌人的阴谋。

1945年春节，为了鼓舞敌占区军民的斗志，迎接抗日军队大反攻，他同张鸿仪政委在敌人心腹地区召开了近千人参加的军民联欢晚会，并同张政委一起登台表演，在群众中产生了很大的影响。

1945年5月，他随铁道大队及工委到根据地休整，参加了鲁南区党委召开的城工会议，研究布置了迎接大反攻的工作。同年6月，铁道大队在龙山头遭敌包围，突围中政委张鸿仪不幸负重伤后牺牲。郑惕奉命代理政委和第三铁路工委书记。他和大队其他领导团结一致，按照上级指示，积极开展迎接大反攻的工作。日本宣布无条件投降时，铁道大队配合了主力围歼滕县之敌。之后，军区和区党委指定他率领铁道大队精英，星夜赶赴徐州占领车站，迎接第五路大军主力。他和沛滕边县长王墨山、铁路工委委员冯克玉等人一起，率领50余人，以山东八路军第五路前线指挥的名义，急速行军到徐州郊区，但因敌我力量悬殊未达到预期目的。

同年9月，郑惕等人奉命率部北返归队后，奉新四军十九旅旅长林维先转达陈毅军长的指示，要求铁道大队配合该旅歼灭沙沟之敌。他与大队长刘金山分别前往姬庄、沙沟日军联队部和大队部，规劝日军不要协助伪军同我部作战，并顺利完成任务。此后，他多次与日军谈判。最后，以军区张光中司令员全权代表的身份，同驻临城的日军铁道警备大队和铁甲列车大队谈判，终使日军向铁道大队缴械投降。

1945 年年底，中共鲁南区党委为了领导铁路工人在津浦铁路线上与国民党进行争夺铁路交通的斗争，拖延国民党北上打内战的时间，成立了新的铁道工委。

1946 年 3 月，考虑到和平时期解放区铁路的建设，鲁南区党委确定以鲁南铁道大队的骨干为基础，成立鲁南铁路管理局。由靳怀刚任局长，刘金山任副局长，王志胜为铁路工会主席，郑惕任特派员兼津浦铁路兖（州）徐（州）段段长。鲁南铁道大队的队员们长期战斗在铁路线上，很多队员本身就是铁路工人出身，非常熟悉铁路，自然就成了铁路局的骨干。铁道大队的大队干部和绝大部分中队干部都被安排在铁路局系统任职，部分骨干成员担任津浦铁路线鲁南段和临（城）赵（墩）铁路支线的各个火车站站长。鲁南铁道大队的短枪队编为鲁南铁路局警卫连，长枪队编入了鲁南军区主力部队。

不久，新四军七师给铁路局派来北上的 60 多名县、区、乡干部，鲁南区党委也派来几位干部任铁路局的处长，使局机关逐渐健全起来。

1946 年 5 月，鲁南区党委派韩去非担任铁路工委书记，靳怀刚不再代理工委书记，专任鲁南铁路管理局局长。这时，鲁南铁路管理局的主要任务是培训干部，把火车站的铁路员工组织起来，参加培训班，组织工人学习，组织家属搞生产。与此同时，铁路局招收部分铁路员工的子弟和铁路沿线的部分知识青年，开办了铁路学校，铁路局的几个处长都担任了教学工作。到 1946 年 9 月初，和平谈判破裂，学校停课。

当时，还在徐州成立了恢复交通三人小组，由美国、国民党、共产党三方面人士组成。国民党的代表是陆颂康，他是国民党交通部派遣的，还带着几个工程师；代表共产党执行恢复铁路交通任务的代表是津浦铁路徐兖段总段长郑惕。

恢复交通三人小组内的斗争十分激烈，有时为了斗争，需要白天修路，晚上破路。组织上安排郑惕在徐兖铁路段当段长，主要是为了便于与国民党交通部代表打交道，争取铁路领导权。当时国民党交通部派来两名铁路工程师，对沿线铁路情况进行考察，郑惕以段长的身份配合考察，以便日后开展工作。

国民党和共产党分别组织了修复铁路工作队。到修路的时候，问题来了：双方派出的修路队，即使是修同样的路，待遇也不一样。国民党方面千方百计克扣工人待遇，供应的面粉也是缺斤少两，工人吃不饱饭，意见很大。共产党方面真正处处为工人着想。两相对照，国民党方面雇用的工人纷纷起来斗争。而国民党急于北上，力图快快通车，所以急需修复铁路恢复交通。而共产党方觉得通车的时机还不成熟，早通车早内战，不能让国民党的阴谋得逞。当铁轨修复到快与临城接轨的时候，上级来电指示不要修得太快，要放慢进度。于是，郑惕等人采取白天修一点，晚上破一点的办法拖延。

仅此一法肯定不行，修来修去，老在原地踏步不前总说不过去。于是，郑惕又生一计。他去找临城县县长，先给县长说通了，要他借口时下正值春耕农忙季节，人手少，不能多派工，多强调这时节不可出工耽误种田的重要性，"人误地一时，地误人一年"嘛。

果然不出所料，陆颂康找郑惕来了。他耐着性子表达了对修路进度的不满意，又不得不带着央告的口气跟郑惕商量，能不能增加些工人，加快一点进度。

郑惕指出，现在正是农忙季节，县里抽不出人来修路。随即与陆颂康一起去找县长。

县长一看郑惕带着人来找地，心里就明白了。当陆颂康话语刚刚切入正题的时候，县长就说："现在正是农忙季节，老的小的全都上地了，人要是误地一时，地可是要误人一年啊，种不上地，来年吃什么？拿什么交公粮？不过，我会尽力想办法的，多去一些人，早日把铁路修好，早日通车，这对我们县也是有好处的。"县长的态度好极了，既道出了困难，又有理有节，陆颂康挑不出任何毛病来。从此以后，铁路修复的进度，便名正言顺地放慢了。

1946 年 6 月 26 日，蒋介石撕毁"双十停战协定"，向中原解放区大举进攻。在战争阴云密布的背景下，铁路局的任务不再是"修"、"护"路，而是"破"路——为了阻止国民党军通过铁路运兵进犯山东解放区，在 1946 年的夏季，鲁南铁路管理局奉命动员了铁路工人、民兵及群众，把津浦铁路鲁南段及临枣铁路、台枣铁路挖得"片铁不留"。

1946 年 10 月初，为了应付国民党的进攻，鲁南区党委决定撤销鲁南铁路工委和鲁南铁路管理局，成立鲁南军区兵站处，任命靳怀刚为兵站处处长。原鲁南铁路管理局的人员除鲁南铁道大队的原班人马外，大部分转入鲁南兵站处；铁路学校的学生被分配到渤海区，继续参加铁路干部培训；还有少部分人员留在原地开展隐蔽斗争。

在从鲁南铁道大队到鲁南铁路管理局然后再到鲁南铁道大队的转变过程中，发生了徐广田事件。在当时严峻的形势下，组织上得到信息说徐广田投敌了。徐广田在铁道游击队是个标志性的人物。他是在全省英模大会上树立起来的一级战斗英雄，远近闻名，鲁南一带的军队和老百姓没有不知道的。他打仗勇敢，扒火车、炸桥梁，确实有一套办法，搞得鬼子魂飞胆丧。他作为队中的领军人物，个性非常强，是出名的杀敌英雄。按照刘知侠的描述，徐广田有着热情豪爽的性格，为朋友可以两肋插刀。他说话时面带微笑，慢声慢语，眼睛也常眯缝着，看上去像个腼腆的姑娘，可是一旦眼睛瞪起来，却充满了杀机。

鲁南铁路管理局成立时，与徐广田一起战斗过的直接领导刘金山和王志胜都担任了局一级的领导职务，徐广田不仅没有分配到铁路这样的"好单位"去工作，而且仍然是长枪中队的中队长。这样做是因为长枪队是清一色的日式装备，不忍心拆散，就把它保留了下来。而长枪队是铁道游击队的一部分，别人很难领导这个部队，所以仍让徐广田留任中队长。可徐广田却不是这样想的，他以为这是因为自己不服气刘金山的领导，受到报复，所以没有分配到铁路上去工作。为此，徐广田对刘金山很不满，憋着一肚子的气。后来，许多地方部队都编入主力，长枪中队被编到八师。鲁南铁道大队的长枪中队改为一个连，由徐广田任连长。职务上的落差，加剧了徐广田的怨气甚至愤怒。

家人对徐广田的影响也是一个很重要的原因。鲁南铁路管理局成立后，徐广田的父亲和妻子看见他仍然当中队长，而不在铁路上工作，就大失所望。徐广田的父亲拉着他的手说："人家都是抗战八年，你也是抗战八年，现在人家都当了大官，你怎么还是个中队长呀！"他的妻子抱着孩子对徐广田说着话就落下眼泪来，因为家里没有粮食吃，她经常挨饿。老父亲和妻子的这些话，给他造成极大的影响。

徐广田家里没有土地，他和弟兄们参加铁道游击队，由于经常搞敌人火车，大部分物资交公，还留有一小部分救济队员的家属。所以，家里生活尚还过得去。抗战胜利后，为了阻止蒋介石部队北上，把铁路都拆除了，因此，他们的家属就没有了生活来源。当时规定铁路职工按大包干代替工资，以职务大小折合小米发给职工。刘金山每月发三百斤小米，王志胜发二百多斤，其他段长、站长每月发一百五十到二百斤小米。长枪中队由于是部队，所以仍按部队的供给制待遇。这给徐广田和他家的生活造成了很大影响。

当时领导对徐广田问题的认识是这样的：徐广田是省军区命名的战斗英雄，他在铁道游击队的抗日斗争中是有贡献的。日军投降后，他的个人主义思想抬头，组织纪律性差，应该好好进行教育。但组织上在考虑干部时也有漏洞，如成立铁路局时，提拔刘金山为副局长，提拔王志胜为工会主席，这都是正确的，但比较而言，仅仅为了保存一个长枪中队，不提拔徐广田是不适当的。徐广田在职务上仅次于副大队长，王志胜已提拔为铁路工会主席，而徐广田仍是连长，在职务上显得有些悬殊。从组织使用干部的原则来看，对徐广田的安排就有点不够周全了。

当时鲁南军区发现这一问题后，马上下令调徐广田到军区学习，学习结束将任命他为鲁南军区特务团的营长。可是这一命令下晚了，徐广田已愤愤地回了家。当时形势非常紧张，驻在徐州附近陇海线上的国民党部队，在临城一个师的策应下，向鲁南大举进攻。鲁南党政机关不得不作暂时的撤退。徐广田的家乡正处在中间地带。鲁南军区考虑到徐广田是铁道游击队的战斗英雄，如发生不测事件，将造成严重不良影响，所以派郑惕带一个连星夜赶到徐广田的家乡，动员他随部队撤到后方的安全地带。但这时徐广田已被坏人左右，郑惕经过多方查找，还是没有找到徐广田，再加上行踪已被敌人发现，于是就带人回山里去了。

后来，经叛徒牵线，敌人把徐广田弄到临城，大摆筵席招待他，想利用他的影响，让他当特务连长。徐广田应允了，但只干了两个月名义上的连长。这是因为，他根本得不到信任，而且毕竟受了党的教育多年，也不愿干触犯党和人民利益的事情，后来就坚决要求退了下来，在沙沟的敌占区以杀牛卖肉为生，一代英雄竟落到如此下场，不禁令人扼腕叹息。

鲁南地区解放后，因徐广田曾经投敌叛变，被公安部队逮捕。由于他在敌人那里待的时间不长，也没有什么大的恶迹，所以只判了两年徒刑。后来，"三年困难"时期，徐广田在贫困和疾病中逝世。

三　再组鲁南铁道大队

1946年7月，国民党调集20万兵力向山东解放区大举进攻，徐州地区国民党军也集中大批兵力，在薛岳指挥下，向鲁南解放区大举进攻，妄图打通津浦线，切断山东解放区与华中解放区的联系。在日军投降后已成为铁路工人的原鲁南铁道大队队员们别无选择，只能再次拿起枪，以求彻底解放。

1946年8月22日下午，鲁南铁路管理局副局长刘金山突然接到鲁南军区打来的一个电话，让他第二天赶到军区司令部去。性急的刘金山当晚就骑马赶到军区驻地滕县县城。鲁南军区司令员张光中给刘金山介绍了军区已将原鲁南铁道大队部分骨干调集来，重建鲁南铁道大队的事情。刘金山答应了张光中要他做大队长的安排。转到地方工作只有半年的刘金山，又回到军队成为一名军官，而且还是他最熟悉的铁道线。重新组建的鲁南铁道大队由190余名队员组成，刘金山任大队长，蒋得功任大队政委。大队辖两个中队，一中队长周建歧，指导员李恒宗；二中队长胡安良，指导员周庆云。鲁南铁道大队重建后仍活动于津浦铁路鲁南段及峄县南部和枣庄周围地区，配合山东野战军破袭铁路，打击敌人。

此时，进攻山东解放区的国民党整编二十六师，企图从徐州渡过运河，直插峄县和临沂。重新组建的鲁南铁道大队随即开赴京杭运河南岸的贾汪地区，阻滞、袭扰国民党整编二十六师一部。

对日抗战中，鲁南铁道大队是典型的游击队，进行的是游击作战，从没有进行过一次正规的阵地战。现在突然被安排进行阵地阻击作战，战士们几乎都没有修工事的习惯，部队上下一下子难以适应过来。在这个关头，刘金山组织召开了党委扩大会议，详细讨论了敌情，通过思想政治教育在思想上解决了做好战斗准备的障碍。随即各个中队又召开了党员和骨干会议，逐步提升了官兵们打好阵地战的情绪。刘金山后来回忆起战斗情景，这样说："敌人还以为挡路的不过是些民兵，只想用炮一轰再一冲就可以胜利通过，哪里知道在他们面前的是打得日本鬼子叫爹叫娘的铁道游击队。一次，两次，三次……直到太阳落山，整整冲了十几次，还是没有前进一步。"① 鲁南铁道大队在运河南岸战斗了一个月。在胜利完成了阻滞、袭扰任务后，刘金山又率领战士们转战鲁南地区的津浦铁路沿线、峄县南部和枣庄周围地区，配合主力部队打击和袭扰敌军。他们的英勇战斗，为掩护大部队安全转移和完成下一步作战准备做出了贡献。

1946 年 11 月，因对敌斗争形势的变化，"鲁南铁道大队"番号再次取消，部队改编为鲁南军区特务团二营。刘金山任特务团副团长兼二营营长。

1947 年 1 月，鲁南军区特务团参与了围歼国民党军二十六师和第一快速纵队的鲁南战役，彻底歼灭了几个月前曾被鲁南铁道大队阻滞袭扰的国民党整编二十六师。几个月来一直气势汹汹带领国民党军重点进攻山东解放区的师长马励武被活捉。随后在 2 月的莱芜战役中，鲁南军区特务团与军区各个部队向敌侧后进击，破坏鲁南的交通线，袭扰、牵制鲁南的国民党军，为战役的胜利做出了贡献。

自从挑起内战以来，由于战线太长，兵力不足，蒋介石已先后损兵折将 71 万余人，迫使其不得不放弃对解放区的全面进攻，改为集中兵力对陕北和山东实施重点进攻。1947 年 3 月初，国民党最高统帅部撤销了徐州、郑州绥靖公署，成立了陆军总部徐州指挥部，由陆军总司令顾祝同统一指挥 24 个整编师、60 个旅约 45 万人，并以其精锐部队整编第十一师、第七十四师和第五军为骨干，组成 3 个机动兵团，对山东重点进攻。进攻的计划是：首先打通津浦路徐州至济南段和兖州至临沂的公路，全部占领鲁南解放区。然后将其主力推进至沂蒙山区待机与解放军主力决战，或压

---

① 中共枣庄市委党史办公室编：《鲁南铁道大队纪实》，中共党史出版社 1992 年版，第 215 页。

追解放军北渡黄河，以实现其占领整个山东的目的。①

1947年3月下旬，顾祝同开始行动。第一兵团所属整编八十三师由临沂进犯费县。第三兵团所属整编二十师于2月22日进占邹县后，东进城前。进入兖州的整编第十一、第七十五师，又于24日攻占曲阜、泗水。整编三十三军冯治安部侵占枣庄后继续北犯，其三十七旅于27日到达梁邱，整编二十师于4月5日占领白彦。整个鲁南形势空前严峻。

4月16日，鲁南区党委、鲁南行署和鲁南军区在麓水县②召开了县团级以上干部会议。会上，傅秋涛③通报了国民党军队向延安发动重点进攻的情况，提出把好山东南大门，把敌牵制在鲁南山区的作战目标。4月18日，李乐平④传达了陈毅的指示。陈毅指出：鲁中地区这一仗打好了，可能扭转华东战局；如果打不好，就可能到渤海去打，但绝不可轻易放弃阵地。他要求全党全军必须做好思想准备。同日，鲁南区党委发出"为坚持鲁南，开展全民游击战争"的号召。

此时，鲁南形势异常严峻，国民党军队的进攻越来越猖狂。群众被白色恐怖吓得不敢与解放军接触，村庄内已经不可能进驻了，只好找隐蔽的

---

① 中共枣庄市委党史研究室编：《鲁南革命史》，山东人民出版社1998年版，第324页。

② 1945年12月为纪念在解放滕县时牺牲的华东野战军第八师师长王麓水，滕县易名为麓水县。1946年4月，经山东省政府批准，麓水县复名滕县，双山县改名麓水县，属尼山专区。1950年5月撤销，其辖区并入白彦县。

③ 傅秋涛（1907—1981），湖南省平江县安定镇鸣山人。1925年参加工人纠察队。1927年参加平江农民暴动。1929年加入中国共产党。1933年转入中国工农红军。土地革命战争时期，任平江县雇农工会委员长，中共湘鄂赣省委副书记兼工会委员长，湘鄂赣军区政治部主任，中共湘鄂赣省委书记兼湘鄂赣军区政治委员。参加了南方三年游击战争。抗日战争时期，任新四军第一支队一团团长，第一支队副司令员、司令员兼政治委员，新四军第七师副师长。在皖南事变中，他与右倾路线做了坚决斗争，率部与敌浴血奋战，在弹尽粮绝的情况下，组织部队分散突出重围，保存了新四军的骨干力量。解放战争时期，任鲁南军区政治委员，中共鲁南党委书记，鲁中南军区司令员，华东支前委员会主任委员、支前司令部司令员，中共中央山东分局第一副书记，山东军区副政治委员。

④ 李乐平（1906—1971）原名李子升。山东省滕州市羊庄镇赵庄人。1932年5月加入中国共产党。1937年8月，经中共南京办事处批准，留滕开展抗日工作。1938年3月，他与王见新等人在滕东善崮村创办了"农民抗日训练班"。继而在其基础上组建了120余人的"滕县人民抗日义勇队"。1938年5月，沛、滕、峄三县抗日武装合编为苏鲁人民抗日义勇队第一总队，9月被任命为第一总队政治委员，后任八路军一一五师苏鲁支队政委。1939年12月，调地方工作，历任鲁南区党委秘书长、鲁南专署专员、中共南京市委常委、南京市副市长、华东军政委员会交通局长、江苏省政协副主席等职。

山洞驻留。国民党反动武装到处清剿、搜山，不断有部队被包围和歼灭的事发生。

从 1947 年 4 月至 6 月，鲁南军区特务团又与军区其他部队一起，在主力部队转移的情况下，在鲁南地区坚持斗争，歼灭国民党军约六千人，牵制了国民党军大量兵力。

第三节　主要抗敌活动

一　日军乞求"和谈"

鲁南铁道大队的一系列破袭和截击活动，使临城、沙沟日军疲于应付。为扭转其不利局面，小林和岩下便组织了一个"三角部队"，使用"剔抉"战术来对付铁道大队。所谓"三角部队"，其实就是专门组织的一支装备十分精良的特务队。队员每人都配备一把二十响的驳壳枪和一支三八大盖步枪，腰挂手雷，头戴钢盔，身穿制服，脚蹬高筒皮靴。这支特务队绝大多数是由日本人组成，也有个别的汉奸。他们时而白天出来，时而晚上行动，企图利用游击战的方法来消灭游击队。

铁道大队依靠广大人民群众的支持和掩护，依靠可靠的情报网，很快就摸清了日军特务队的活动规律，在特务队外出的途中利用有利地形设伏，一举歼灭了小林的特务队。此后，铁道大队在临城南北一带又搞了几次铁路大破袭和截取敌人火车上物资的活动，使日军津浦铁路线上运输的战略物资多次丢失，铁路多次中断，从而打乱了日军的正常运输秩序，对日军的战略运输线造成极大威胁。津浦铁路沿线各站丢失货物后纷纷派人到临城，要小林调查汇报，日军济南和南京军部也向小林追究运输线中断的责任，弄得小林狼狈不堪，一筹莫展。小林向沙沟爱路段的平野、清水等人寻求解脱困境的办法，平野建议与铁道大队谈判求和。小林也清楚，向自己的对手求和，这是莫大的耻辱，可实在想不出高招，只好来软的。显然，日本鬼子已经在铁道大队面前失去了尊严，当年那种盛气凌人的嚣张气焰，已经被彻底打下去了。

1944 年 11 月底的一天，与铁道大队有情报关系的沙沟伪保长来铁道大队找张鸿仪政委，说驻沙沟车站负责爱路段的日本特务平野，受其上司差遣，恳切地要求前来与铁道大队取得联系，说有要事与铁道大队商谈。只要能确保安全，他愿只身前来。至于他来的目的、商谈的内容，那位伪保长一概不知。

张鸿仪随即与大队长刘金山和副政委郑惕商量是否与日军谈判的问题。经大家分析后认为，一个身份公开的日本特务，在这个时候主动找上门来，不经其上级领导的指使，他个人是绝对不敢的。当时中共中央已经提出了"今年打败德国，明年打败日本"这一口号，全党全军上下已确信无疑。然而，在敌人后方，敌强我弱的局面并未改变，铁道大队的活动地区仍然是据点林立，交通要道全被日军占领，附近城乡仍被日伪政权所控制。在这种形势下，敌人会与铁道大队谈些什么内容呢？

他们回顾了近来发生的几件事：平野求见前不久，为配合鲁南根据地反扫荡，铁道大队奉命在津浦铁路临城以南和以北的路段，分别进行了一次大规模的破袭活动，使这条主要运输线多次中断，这对日军繁重的军运造成严重威胁。接着，铁道大队的小分队又打跑了敌人进行爱路宣传的"宣抚班"。再就是为解决铁道大队的物资需要，前一段时间到敌人的火车上搞了许多战备物资，等等。这些都是对津浦铁路鲁南段沿线之敌的最大打击。连续发生的破路、袭击、截击军列等事件，通常敌人会迅速采取报复行动，而这次却不见动静。他们也考虑了另外一种情况：1944 年秋铁道大队重新整编后，鲁南区党委和鲁南军区指示铁道大队，为有利于开展铁路沿线的工人工作、群众工作、统战工作和瓦解敌伪军工作，积蓄力量，准备里应外合迎接大反攻，不要过分刺激敌人。所以，这个时期除了奉命执行的战斗外，铁道大队的主要任务是配合铁路工委开展工作。比之过去，可以说是相对平静的时期。想来想去，并没有什么特殊原因会使平野急于求见。为了弄清日军的目的，有必要与敌人接触一下。他们设想了与日军谈判中可能发生的各种情况，并制定了相应的应对措施。

随后，铁道大队就通过伪保长答复说：铁道大队同意与平野进行谈判，并保证平野的人身安全，前提条件是：见面的时间、地点和平野所走的路线，要听从铁道大队的安排。

敌人出于无奈，只好同意铁道大队提出的所有条件。铁道大队查明了周围据点的敌情之后，突然通知平野，当天晚上前来会谈。为防止落入敌人的圈套，从平野离开沙沟车站起，铁道大队一面派人盯住平野，看他后面有没有尾巴，一面让人领着他摸黑上路，从这个村走到那个村，又从那个村拐到另一个村，绕着弯转了一大圈。直到确信没有发现任何异常情况后，才将他带到铁道大队早已安排好的距沙沟车站不远的一个村子里。张鸿仪政委、刘金山大队长、郑惕副政委等几位领导已在那里等候。

谈判是在一户农民的家里进行的。平野落座后，张鸿仪政委就让他先讲。开始平野有些紧张，中国话说得不好，但慢慢地交谈，也能听明白他的意思。

平野提的第一个问题是请求铁道大队不要破坏铁路，说铁道大队前些时候破路，他的上级很不高兴，严厉地训斥了他，如果再发生破路事件，他的上级就不会宽容了。言中之意，也包含着对铁道大队的恫吓。他还说，目前他的处境实在为难，不得已才来求铁道大队的。从他的话语和眼神上看，乞和是真心的。平野接着又提出第二个问题，说他的宣抚班在爱路村活动时，要求铁道大队不要打他们，并保证宣抚班的活动范围不出爱路村。平野提出的第三个问题是，请铁道大队帮助他购买些微山湖出产的蓖麻子和苘麻杆子。

张鸿仪等经过简单的协商后认为，平野所提三个问题的核心，是在侵华战争中遇到了困难，向铁道大队请求"帮助"，而且只提对他有利的要求，却不提一条有利于铁道大队的交换条件。尽管他显现出有些低声下气，但占领者的身份没有变。

张鸿仪政委略加思考，不慌不忙地指出，是日军远渡重洋到中国进行野蛮的侵略战争，推行灭绝人性的烧杀抢掠。中国人民为保卫祖国所进行的反侵略战争必定胜利。希望平野认清形势，不要再与中国人民为敌。

张鸿仪政委指出，第一个问题，如果日伪军答应不再扫荡根据地就可以同意。张鸿仪政委接着答复第二个问题，不打宣抚班的条件是：铁道大队派两个宣传队，到临城、沙沟两个车站进行抗日宣传，日军必须确保他们的安全。关于第三个问题，张鸿仪政委接着指出，今年因干旱湖水干了，在湖田里种的蓖麻获得了丰收，蓖麻子和苘麻杆子丰产，可以以物易物，拿子弹和药品来换。谈判就这样结束了。

这次谈判，是敌我面对面针锋相对的斗争，持续了近两个小时。铁道大队领导很早就听说日本特务非常狡猾，这几年在斗争实践中也确实感到他们不易对付。经过这次交锋，他们有了新的体会：再高明的特务，在真理和正义面前，照样是窘态百出。这次同平野的谈判，对铁道大队来说是一次送上门的瓦解敌军的机会，他们抓住了这个机会。

通过这次谈判，使长期处在敌占区、消息比较闭塞的铁道大队对整个抗日战争的大局有了进一步的认识，由于太平洋战争的爆发，欧洲第二战场的开辟，法西斯阵营已经日薄西山。在这种大环境下，临枣一带的日军还想像以往那样，集结大批兵力来对付抗日武装已不大可能。抗日战争的胜利形势，迫使敌人收起了武士道的伎俩，放下了占领者的傲慢架子，冒着极大的危险，偷偷摸摸地前来谈判。

二 反击"捕虎队"

日军沙沟爱路段特务平野向小林汇报了与铁道大队谈判的结果后，建议小林直接找铁道大队谈判。小林认为，目前整个战局对日方不利，现在求和为时已晚，只有下决心剿灭铁道大队，才能挽回临枣日军的颜面。平野说，铁道大队军民不分，他们穿着和老百姓一样的衣服，混杂在普通百姓之中，要想剿灭铁道大队，除非连老百姓一起统统杀掉，可这又是不可能的。小林从平野的话中受到启发，认为虽不可能把老百姓全部杀掉，但起码可以把与铁道大队有联系的老百姓都杀掉。平野请教小林有何高招，小林说，我们可以用中国人常说的"以其人之道还治其人之身"的战术，先把支持和帮助铁道大队的老百姓一网打尽，让铁道大队变成聋子、瞎子，然后再消灭铁道大队，就如探囊取物般容易了。前段时间组织的"三角部队"，虽然机动灵活，战斗力强，但由于过分强调装备配置，不利于隐蔽活动，所以没起到应有的作用。现在要重新组织一支特种部队，穿与鲁南当地群众一样的服装，模仿铁道大队的活动方式，当地百姓肯定会上当。

1945年元旦刚过，经过精心选拔，一支40多人的特务队正式组成。小林专门从外地调来一个精通汉语的日军中队长渡边一郎任特务队长。由于铁道大队有"飞虎队"之称，这支特务队是专门对付铁道大队的，所以号称"捕虎队"。他们采取的战术是"以便衣对便衣、以夜间对夜间、以分散对分散"，妄称在一个月内消灭铁道大队。他们先化装成老百姓到各村侦察，确认哪个村是铁道大队的基点村，然后便穿着仿铁道大队队员的服装于夜间去村里敲门。因为铁道大队常于夜间敲门到群众家里住宿，所以日军特务队敲门时，群众便误认为是铁道大队来了，结果一开门就被特务队抓去。在伪装铁道大队敲门抓捕抗日群众的同时，渡边一郎还将特务队分成几个小组，侦察和尾随铁道大队的行踪。为了摆脱特务队的尾随追踪，铁道大队每夜至少要两次变换住处，有时甚至不住村庄，在野外露宿。即便是这样，分散活动的铁道大队还是经常遭到特务队的伏击。

一天夜里，鲁南铁道大队副大队长王志胜带领一支小分队去微山湖边的一个伪军炮楼摸情况。他们走到离炮楼还有一里地的时候，突然遭到"捕虎队"的伏击。王志胜不愿打消耗战，立即转移到乔庙。不料，进村不一会儿，又被"捕虎队"包围。日军来得这么快，完全出乎王志胜的意料。乔庙的伪保长急匆匆跑来报告说，鬼子把村子包围了。王志胜想，自己带的兵少，一共不过十来个人，突围是非常危险的。他急中生智，果断地决定分散到群众家中隐蔽。因为乔庙是铁道大队活动的基点村，与这里群众都很熟悉，所以十几个队员很快就分散躲进了群众家中。日军的"捕虎队"进村后，挨家挨户地搜，也没搜出一个"飞虎队员"来。没搜到人，日军就撤走了。

日军撤走后，王志胜把队员又集中起来，准备按原计划行动。可是，刚一出村，日军"捕虎队"又包围过来了，他们只好突围撤退。其实，这是敌人变换的新花招，采用"剔抉"战术，辗转电击，闪电回击。

一天晚上，刘金山派通讯员张书太与短枪队员王明仁到六炉店找交通员郝贞接情报。他们拿到情报返回时，半路上忽然听到路旁的庄稼地里有小孩哭声。他俩还以为是谁家的小孩跑丢了，便循着哭声往地里找。快走到跟前时，哭声戛然而止，突然蹿出几条黑影，向他们扑来。机灵的张书太借倒下之机，对着扑来的鬼子下颌狠狠捅了一拳。鬼子的下巴中了一拳，疼痛难忍，就松了手，他趁机一滚，蹿起来就逃走了。而队员王明仁却没能挣脱，硬是被"捕虎队"捕去了。张书太只身空手，无力相救，只能带着情报赶回界沟，向刘金山大队长报告。

后来，其他小分队外出活动时也遭到"捕虎队"的追踪袭击。铁道大队每到一个地方，还没开展活动，就让"捕虎队"摸上了，搅得铁道大队疲于应付，不能主动出击，只好在日军合击圈里跳来跳去。本来夜间是铁道大队活动的天下，自从日军"捕虎队"采用"剔抉"战术后，铁道大队就很难在夜间活动了。

张鸿仪、刘金山都感到有些棘手，决定要下功夫摸清日军"捕虎队"的活动规律，彻底铲除这一祸害。

他们一方面依靠各村地下联络站及时掌握日军的动态，由铁道大队每晚派人去取情报；另一方面通过安插在日伪军内部的情报人员了解日军特务队的情况。不久便摸清了日军"捕虎队"的人员组成、武器配备和活动规律。为了消灭敌人的特务队，铁道大队便先以小分队在前面佯装行动，再把大部队埋伏在后面，待鬼子的特务队追踪前面的小分队时，前面的小分队突然回头与后面大部队配合，对追踪的敌人进行两面夹击。通过这种方法消灭了部分特务队，使特务队的活动有所收敛。

1945 年 2 月的一天深夜，铁道大队政委张鸿仪、大队长刘金山率领 30 余名长、短枪队员，从乔庙出发，准备连夜到铁路东的马官庄去执行一项紧急任务。夜幕下，三名短枪队员一前两后，作为尖刀班在前门开路，其他人员紧随其后悄然而急速地前进。他们穿树林、越小河，来到李楼时已是午夜时分。他们打算穿越李楼继续向东行进时，忽然听到东北方向不远的下殷庄传来急促的狗叫声。

大家推测可能是渡边一郎的特务队又到下殷庄冒充铁道大队敲门抓人了。队领导商量后认为，敌人抓人后肯定会向沙沟方向走，李楼北面的一条大路是其必经之路。他们决定先派徐德喜带领一个长枪班到下殷庄察看情况，如确是渡边一郎的特务队，就开枪袭击，但不要恋战，只要把敌人赶出村就行。大队人马埋伏在李楼北的大路旁。

估计敌人会把抓来的群众放在前面，因此队领导吩咐埋伏在路两边的队员要避开被捕的群众，截住敌人的特务队。任务分配之后，徐德喜带领长枪班向下殷庄奔去，其他人由刘金山率领在村北隐蔽。此时渡边一郎正带着他的特务队和数十名伪军，化装成铁道大队队员，在汉奸的带领下，挨家挨户喊门。群众以为是铁道大队队员来借宿，就开了门，敌人见人就抓，一下子就抓捕了十几名群众。徐德喜等人来到下殷庄东南的沟边时，听到村里有敌人的说话声，立即向敌人投了两枚手榴弹。敌人以为中了埋伏，于是逼着被抓捕的群众高声喊叫"不要开枪！"徐德喜等人怕误伤了群众，便停止了射击。敌人借机押着群众仓皇地朝村西南方向逃去。

渡边等日伪军没跑多远，在李楼村北正碰上预先埋伏在那里的鲁南铁道大队。因被捕的群众不是在敌人的前面，而是夹在敌人中间，所以刘金山命令瞄准敌人打，避免伤及群众。随着刘金山的一声令下，几十名队员一起开火，跑在前边的渡边一郎被周建歧击中数弹倒毙，接着又有几个日伪军丧命。被捕的十余名群众见鬼子遭到截击，趁乱跑了一大半。余敌见势不妙，推搡着没跑掉的群众，狼狈地向沙沟方向逃窜。因有群众夹在其中，铁道大队队员也不便展开火力进攻，只好眼睁睁地看着敌人跑掉。

敌人逃到沙沟后，天已蒙蒙亮，便穷凶极恶地将没有逃脱的六七个群众全部用刺刀捅死。这次战斗虽然没有全歼敌人，但击毙了特务队长渡边一郎等9人，给敌人以沉重的打击。

接着，铁道大队又召集当地的伪乡、保长开会，由张鸿仪政委向他们宣讲当前的抗日形势，盟军马上要开始大反攻，日本侵略者很快就会被赶出中国。张鸿仪政委还给伪乡、保长规定，今后向日军报告铁道大队的情况时，必须事先经铁道大队审查允许，只能给日军送滞后的情报，让敌人扑空，否则，以汉奸罪论处。同时，伪乡、保长必须向铁道大队提供敌人的真实情报，特别要注意敌人特务队的活动。如发现有生人进村，要稳住来人，并立即向铁道大队或铁道大队的联络站报告。伪乡、保长们知道铁道大队是说一不二的，所以谁也不敢违反这个规矩。以后伪乡、保长们为了应付日军，完成向日军提供情报的任务，常常等铁道大队走了之后才向日军报告铁道大队在什么地方住宿。等日军集合人马赶到该村时，已经没有了铁道大队的踪影，可敌人又不能说伪乡、保长提供的是假情报。伪乡、保长发现生人进村活动，就主动向铁道大队报告，铁道大队根据报告，抓住了好几个单独出来侦察的特务队特务。

通过这些措施，鲁南铁道大队很快又掌握了微山湖东一带的主动权，日军的特务队从此也就销声匿迹了。

三 日军围攻大官庄

1945 年的四五月，鲁南铁道大队根据鲁南军区向敌人开展春季攻势的指示，在津浦铁路韩庄至官桥段和临枣支线上连续进行多次大破袭，先后炸毁津浦铁路界河大桥和南沙河大桥，击毁日军车一列，使敌人的铁路运输中断多日。日军鲁南铁道警备大队负责人小林被军部叫到济南严加训斥，并警告说如再发生铁路运输中断事件，将严惩不贷。小林从济南回来后，为报复鲁南铁道大队，组织了驻滕县、官桥、临城、陶庄日伪军2000 余人扫荡微山湖东地区。此时，鲁南铁道大队已奉命第三次进山休整，小林扫荡了一圈，没有找到铁道大队的踪影，便草草收场。但小林深知，只要铁道大队一天不除，津浦铁路就一天不得安稳。因此他一面放出谣言说铁道大队被剿灭了，一面派出耳目四处侦探铁道大队的消息。

1945 年 6 月上旬，鲁南铁道大队在抱犊崮山区根据地结束整训后准备出山。鲁南军区的王麓水政委和张光中司令员接见了铁道大队全体队员并讲了话。他们要求铁道大队出山后，为配合反攻，彻底切断日军津浦铁路运输大动脉。

鲁南铁道大队全体指战员经过急行军到达临城北部的大官庄时，已是午夜时分。于是决定在大官庄、刘村、石楼等村分散宿营，计划第二天再过津浦铁路，返回驻地。

第二天拂晓，鲁南铁道大队突然接到两个情报，一个是官桥车站送来的，说官桥车站方向有二三十个敌人，正朝大官庄移动；另一个情报说南面有十来个敌人，朝大官庄靠近，意向不明。当时鲁南铁道大队接到这两个情报之后，根本没在意，以为这是两支小股敌人，不会对铁道大队造成什么威胁。

天亮的时候，哨兵发现有十几个敌人偷偷摸了过来。鲁南铁道大队副政委郑惕带领几个战士迂回过去，分兵三路欲包围敌人。正当战士们打算包抄擒敌的时候，敌人一排钢炮打过来，弹片纷纷扬扬在附近炸开了。配备钢炮的，一般不是小股敌人，郑惕见势不妙，赶快把部队往驻地方向撤退。

部队回撤中发现有几百个敌人，浩浩荡荡向大官庄驻地而来。面对严峻的形势，政委张鸿仪镇定自若，命令刘金山和郑惕带领大部队向西集、羊庄方向突围，自己带领一个长枪班断后掩护。刘金山和郑惕正往既定方向突围的时候，派出的尖兵匆匆忙忙报告：敌人已经把突围部队和张鸿仪政委所带的队员们分割包围了。此时，鲁南铁道大队一个长枪队，一个短枪队，还有独立营共百余人，隐蔽在高粱地里还没有被敌人发现。由于来犯敌人多好几倍，所以不能正面硬碰，只有杀出一条通道让主力部队突围。在这十分危急的关头，郑惕调集几个精干的队员组成尖刀班，准备杀出一条血路，为部队开辟通道。

按照计划，郑惕和刘金山在突围队伍的一前一后，向东南方向突围。之所以选择向东南方向突围，一是因为这是既定落脚地西集、羊庄的方向；二是因为其他方向敌人已经发现铁道大队，只有南边敌人还没有察觉，所以要向南夺路突围。

突然，西边枪声响了起来，是滕县武装大队与敌人交上火了。南边敌人一听到西边有枪声，便向西边奔过去。事不宜迟，刘金山、郑惕乘势带着部队往东南突围。部队主力突出重围后，刘金山担心张鸿仪的安全，带兵回去接应，郑惕也带着勤务员和一名队员顺原路返回，去接应被困的同志。

日伪军怎么就突然重兵围攻大官庄了呢？原来，铁道大队在大官庄住宿的消息被汉奸告了密，小林立即纠集临城、陶庄、官桥、滕县等据点的2000多日伪军，向大官庄包抄过来。铁道大队的大部分人都被刘金山和郑惕带出村了，此时张鸿仪身边只有少量的兵力，为了掩护刘金山和郑惕率领的主力部队突围，他决定就地阻止敌人，把敌人的主力部队吸引过来。张鸿仪观察了一下地形，发现村子旁边的龙山头是制高点，随即带领掩护部队上了山顶。他在山顶上看到，北边官桥方向的敌人已经来到跟前，大批敌人站在那里一动不动，估计是在等待临城方向的敌人来了之后同时发起进攻。而南面陶庄方向的敌人也来到了附近，临城方向的敌人还有几里路，正拼命往前赶。张鸿仪政委决定将掩护部队分为两队：一队负责阻击北面官桥方向来的敌人，一队负责阻击南面临城和陶庄方向来的敌人，以便把两个方向敌人的火力都吸引过来。

敌人本来并没发现张鸿仪政委他们。他们一开火，敌人以为铁道大队的主力在龙山头，于是纷纷向这边围拢而来。敌人的机枪、步枪、掷弹筒一个劲地向山上打来，龙山头顿时成了一片火海。掩护部队虽然人少，武器装备差，但凭借有利地形，接连打退了敌人的三次冲锋。在得知主力部队已经成功转移后，张鸿仪政委率领掩护部队撤离。

在突围的时候，政委张鸿仪被飞来的流弹意外击中肩胛骨，胸部受重伤，鲜血浸透了衣裳。因失血过多无法行走，队员们只好找了扇门板抬着他突围，并马上安排担架送往鲁南军区医院急救。

鲁南军区得到消息后，给医院拍了加急电报，要求全力抢救。张光中司令员还派人从敌占区搞到两瓶葡萄糖送往医院。但是，由于当时缺医少药、医疗条件差，加上流血过多，病情恶化，一星期之后，鲁南铁道大队政委张鸿仪牺牲了，时年33岁。

弥留之际，张鸿仪让警卫员记录下他的遗嘱："敬告张司令员及鲁南军区党委，尽快给铁道大队指定人或派人来接替我的工作，不要派人来看我，不要因为我耽误了工作。告诉刘大队长及其他同志，形势很好，日寇要灭亡。不要悲伤，也不要蛮干而给部队带来损失。要继续抓好部队的政治工作，努力作战，祝革命早日取得胜利！"[1]

这次大官庄围攻，日伪军竟出动2000多人。而鲁南铁道大队加上独立营，也不过200人，仅为敌人兵力的1/10。在穷凶极恶敌人的重兵包围之下，鲁南铁道大队整个部队竟然全部突围出来，除了张鸿仪政委被流弹不幸击中之外，其他再无一人伤亡。

---

① 中共枣庄市委党史办公室编：《鲁南铁道大队纪实》，中共党史出版社1992年版，第172页。

张鸿仪牺牲之后，鲁南军区任命郑惕为鲁南铁道大队政委。

四　打散兵破日伪谣言

日军本以为围攻大官庄战斗可以将铁道大队一网打尽，没想到一个铁道大队队员也没抓到。正在灰心丧气之时，忽然得到张鸿仪政委战死的消息，就大肆散布铁道大队被消灭的谣言。

敌人的谣言搞得铁道大队家属惶惶不安，纷纷前来探听情况。为了鼓舞士气，化悲痛为力量，给张鸿仪政委报仇，铁道大队马上召开了一个声势浩大的全体人员动员大会。会上，郑惕号召大家说，气可鼓不可泄，铁道大队要多杀敌人，争取早日把日本鬼子赶出中国，用胜利来告慰张鸿仪政委的在天之灵。

动员会上，"为张政委报仇"的口号声持续不断，部队所有指战员士气空前高涨，铁道大队出现了前所未有的团结气氛。

驻扎在沙沟火车站的日军，每天总有三四个人上街买菜，有时候还带上家属。郑惕得到这个情报之后，决定来个打散兵，以实际行动辟谣，让老百姓知道铁道大队依然生存得很好，也让日军知道铁道大队不是好惹的。

这天，郑惕挑选了孟庆海等四个精明强干的游击队员，布置了任务，交代了注意事项后，四名队员带上短枪，打扮成赶集的老乡，早早来到集市上等候。因孟庆海曾经在沙沟消灭过几个日军，所以这次他胸有成竹。果然，日本鬼子又从车站出来买菜了，四个当兵的，两个家属。孟庆海要求其他三名队员，只打日军，不打家属。四个游击队员每人盯住一个鬼子。由于当天集市上的人太多，熙熙攘攘，四名队员在鬼子后面三四米远地方跟踪了很长一段路，也没有找到下手的机会。因临行前郑惕政委反复交代，宁可不消灭这几个日军，也不能误伤了赶集的群众。直到几个日军买完菜，走到集口上时，赶集的群众才稀疏起来。这时孟庆海打了个手势，四人同时猛扑过去，用手枪对准各自盯着的目标，连开数枪，干掉了四个日军。两个日军家属见与她们一起来的四个日军都被打死了，吓得扔下手里的菜，没命地逃回沙沟车站去了。

四个鬼子在沙沟被歼，日军很恼火，虽然人数不多，但非常影响士

1945 年 9 月下旬，当郑惕从徐州返回铁道大队的时候，津浦路战役就要打响了。一天，陈毅军长派新四军 19 旅旅长林维先到铁道大队找刘金山和郑惕。一见面，林维先就说，受陈毅军长的委托，有两个任务请协助一下：一个是新四军马上要攻打沙沟，得想方设法不要让日本人参战；另一个是，新四军初来乍到，对山东情况不熟悉，每连至少得派一名向导协助工作。

大队长刘金山和政委郑惕商量了一下，觉得派向导的事好办，鲁南铁道大队队员绝大多数都是鲁南人，长年在这里打游击，跑遍了各村，做向导万无一失。可以把铁道大队队员全部分到新四军的各个连队去。至于不要日本人参战，这个工作难度较大。日本人虽然已经宣布投降，但还没有把枪支弹药交出来，他们随时随地可以帮助国民党打仗，尤其是在最后关头，为讨好国民党很有可能会狗急跳墙，参加战斗。

尽管任务十分艰巨，但刘金山和郑惕还是当场答应了。他们两人准备兵分两路，刘金山到沙沟车站日军大队部，郑惕到驻姬庄的日军联队去。

分配任务后，郑惕就把姬庄保长姬茂喜找来，安排他晚上备一些酒菜，并且让他把日军联队军官也找来，有事要通知他。

晚上，日本军官果然来了，只是不再有当年那样的神气和威风。郑惕开门见山地指出，日军已经宣布无条件投降了，天皇已经在投降书中命令放下武器，再反抗也是无益的，希望日军不要再做对不起部下的事情，让部下无谓地送死。郑惕话锋一转，指出，新四军今晚攻打沙沟，希望日军不要参战，若参战，部下免不了会伤亡，这是无法向死难的家属交代的。再继续与中国人民为敌，就会被送上军事法庭，受到审判，成为历史的罪人，倘若在宣布投降之后，再把部下推上战场去送死，是要罪上加罪的。

日本军官先是一愣，但也觉得言之有理，在得到鲁南铁道大队不进攻他们的承诺后，点头同意了。日本军官马上通知部队，晚上不要参战。

日军十分狡猾，他们怕上郑惕的当，便不让郑惕走开，把郑惕留在那里当人质。郑惕当然也不能走，他要监视着日军践行诺言。

刘金山是个性格直爽的人，他没有像郑惕那样先找伪保长前去通报，而是径直走进了沙沟车站。日军的大队部，设在一间堂屋里，办公桌后坐着一个少佐军官，经介绍，他就是日军的太田大队长。大队长身旁站着沙沟车站站长黑木。

刘金山严肃地指出，沙沟的伪军在日军发起的侵华战争期间，以日军为靠山，屠杀共产党人，残害人民群众，民愤很大。现在军区决定惩处这些汉奸。他要求日军，在行动时不要支援伪军。否则，由此引起的一切后果由日军负责。在得到刘金山只要不支援伪军，就保证不会受到攻击的承诺后，太田答应了刘金山的要求。

谈判完后，刘金山立即返回到驻地，向林维先旅长汇报了谈判情况。林维先要求刘金山在发动进攻的时候，在日军那里监视他们的行动，以免出现意外，等消灭了伪军之后再回来。

1945年9月20日凌晨1时，新四军十九旅五十六团向驻沙沟的伪军发起攻击，经四小时激战，于拂晓结束战斗，全歼该团伪军，生俘伪军百余人，解放了沙沟镇。

铁道大队给新四军当向导的任务也完成得非常漂亮。战后，林维先旅长感谢说，是铁道大队派出了出色的向导，才使新四军得以顺利歼灭沙沟之敌。他还特别表扬了刘金山大队长和郑惕政委只身入虎穴，出色地完成了不让日军参战的任务。

解放沙沟之后，宋时轮[①]到新四军十九旅来看望部队。在庆祝胜利会餐时，他发表讲话多次表扬鲁南铁道大队，夸奖铁道大队在作战中任务完成得很出色，上级领导感到非常满意。他还代表陈毅军长奖励铁道大队十万元。

————————————

① 宋时轮（1907—1991），湖南醴陵人。1925年入黄埔军校学习。1926年加入共青团。1927年转入中国共产党。1929年参加中国工农红军。曾任游击队长，湘东南纵队政委，红军学校第四分校校长，第三十五军参谋长、独立三师师长。参加了中央革命根据地反围剿和长征。到陕北后，任第三十军、第二十八军军长。抗日战争时期，任八路军一二零师团长，雁北支队支队长兼政委，八路军第四纵队司令员。曾率部开辟雁北抗日根据地。1940年起，先后入延安马列学院、中央党校学习。解放战争时期，任山东野战军参谋长，北平军事调处执行部中共方面执行处处长，华东野战军纵队副司令员，第九兵团司令员。参加了莱芜、济南、淮海、渡江、上海等战役。后兼任淞沪警备区司令员。所部军纪严明，擅长阵地攻防，被敌人誉为"排炮不动，必是十纵"。1955年被授予上将军衔，获一级八一勋章、一级独立自由勋章和一级解放勋章，1988年获一级红星功勋荣誉章。

七 发动津浦路战役阻敌进犯

国民党军队趁新四军与山东军区部队换防之机，迅速派军队沿津浦铁路北进，10 月 1 日占领临城，3 日占领滕县，6 日占领兖州，11 日占领济南。照此速度，不用一个月，国民党大批主力就能通过津浦铁路到达平津地区。据此，中央军委于 10 月 12 日指示陈毅、罗荣桓、黎玉等人，目前山东与华中的中心任务就是截断津浦路，阻止顽军北上，并力求消灭北上顽军之一部或大部。10 月 18 日，中央军委就破击交通线、迟滞国民党军前进发出指示，破路、破车、翻车、袭击、阻击，迟滞顽军前进，在有利时机集中力量，歼灭其一部以至大部，这种交通战将是长期的，至少准备半年。在交通线上纠缠顽军越久，削弱消灭顽军越多，就可推迟以至破坏顽军大举向解放区进攻，这将便利解放区扩大与巩固，也就是促进国内和平的重大因素。

10 月 19 日，中共中央又电示：陈、黎组织津浦路战役，是一件关系全局的大事。望陈、黎精心计划，在徐州、济南间适当地区占领铁路一段，并向南北扩大占领区，然后选择时机，歼灭蒋军一两个师，打一个开始的好胜仗。为实施中央的这一战略意图，山东成立了津浦前线指挥所，由陈毅任总指挥。津浦路战役首先肃清徐州至兖州间的日伪军，尔后运用纠缠扭打的战法，阻击由徐州北进的国民党军。同时，动员组织民兵群众破路。其部署是：首先以山东第八师及鲁南军区部队攻歼邹县、临城之国民党军，以鲁中军区警备第三旅、鲁南、鲁中地方武装等部队攻歼兖州、泰安之国民党军，切断铁路，开辟战场；待新四军主力到达山东后，再集中力量打击由徐州北进之国民党军，以新四军第四师的第九旅、第二师的第四、第五旅，编成第二纵队，由罗炳辉任司令员兼政治委员。先行入鲁，与鲁南八路军第八师等武装组成野战兵团，对国民党军展开攻势。

10 月下旬，新四军首批入鲁部队赶到鲁南前线。陈毅在给团以上的干部做报告时形象地讲道：此山是我开，此树是我栽，谁要来摘果，把枪放下来。他以简明通俗的语言表达了自卫作战的理由和决心。

战役自 10 月 18 日开始。此前，国民党军先头部队和吴化文部由蚌埠进至滕县、邹县、兖州一线。山东军区首长决心不待罗炳辉之第二纵队入鲁，乘国民党军部署尚未就绪之机，即以第八师及鲁南军区警备第八旅，在师长王麓水的率领下，按预定计划奔袭邹县城。18 日黄昏，第八师等部对邹县城发起攻击，激战一夜于 10 月 19 日攻占邹县，全歼守城伪军吴化文部第四师第十团和保安第十八旅、日军中队部和一个小队，共计 2800 余人。

11 月 3 日，吴化文部主力 5500 余人，在日军第 105 联队 1000 余人的掩护下，由滕县北犯，另以伪军和日军一部从兖州向南接应，企图南北对进，打通兖州、滕县间的铁路交通。此时，第二纵队已由华中入鲁，进至滕县以北地区集结。新四军第二纵队遂和第八师在界河地区设伏。11 月 3 日下午，当吴化文部进至界河伏击地域后，第二纵队和第八师各部相继展开攻击，经两个多小时激战，歼吴化文部 4000 余人，其中毙第二师师长贺芳以下官兵 600 余人，俘第六军军长于怀安和第三师师长许树声以下官兵 3300 余人。4 日，第二纵队第五旅一部向据守南界河的吴化文部第四师 1 个团发起攻击，歼其大部。5 日，第八师以主力一部，沿津浦路以西南下，进迫临城。控制了兖州、滕县间一段铁路，截断了国民党军北进的通路。6 日，鲁中军区第三、第四师击退逃至两下店的日伪军及吴化文残部的出犯。

11 月 11 日，中共中央接到界河战斗胜利的报告后，致电陈毅、黎玉，祝贺歼灭吴化文部的胜利，同时要求他们扩大战果。电报指出，为准备战胜敌人必然要来的大举进攻，除集中与整训部队外，必须创造更广阔的战场，向南北扩展铁路线的占领区，拔除临、滕、邹、兖地区的据点，广泛发动民众，给民众以经济利益。

随后，各部队主力南移韩庄、滕县扩展攻势，第二纵队攻克韩庄，新到达的新四军第七师向临城发起攻击，至 11 月 27 日，相继攻克了官桥、孟家仓、狄庄、魏家楼、辛庄、韩庄等据点，共歼日伪军 1000 余人，完成了对临城的包围。12 月 1 日，鉴于临城短期不易攻克，决心乘胜攻取滕县，扩大对津浦路徐济段的控制。

12 月 12 日，第八师在第五、第九和第十九旅的配合下，向孤立于滕县的第十九集团军第二前进指挥所及其所属部队展开攻击，经 3 日激战，攻克滕县县城，全歼第十九集团军第二前进指挥所及暂编第一旅、保安第二师等部共 9000 余人。在战斗中，第八师师长兼政治委员王麓水牺牲。

津浦路徐（州）济（南）段战役共歼国民党军和伪军 2 万余人，受降日军近 4000 人，控制了津浦铁路徐州、济南段沿线 130 余公里，临城、枣庄铁路 30 余公里，解放了鲁南津浦线和临枣线广大地区，挫败了国民党军北进打通津浦路的企图。

八　胜利受降

1945 年 8 月 15 日，日本宣布无条件投降后，驻枣庄一带的日军 1000 多人集结在临城，以等待时机携械逃离鲁南。

8 月 20 日，日本宣布无条件投降后 5 天，鲁南军区、铁道工委和铁道大队分别向临城、沙沟等地的日军占领据点，发出缴械投降的通牒，但日军非常顽固，不予理睬。先是借故拖延，后是扬言是奉冈村宁次的命令只缴枪给国民党，不缴给共产党。就这样一拖再拖，一直拖到 9 月底，问题依然得不到解决。上级指示要正式和当地日军谈判，并指定郑惕为谈判代表。

第一次谈判在沙沟车站，日军代表是些下级军官。日本人始终不松口，一直坚持要把枪支缴给国民党，说交给共产党，是违背上级的旨意，不好向上面交代，触犯军纪。希望不要为难他们，考虑他们的难处。

郑惕严词驳斥，指出：日军军官是万恶不赦的战犯，罪恶滔天，血债累累，欠下中国人民的血债不计其数，就是把全部枪支缴给中国人民，缴给八路军，也还不清所欠下的血债，他现在已经自身难保了，随时随地都要受到军事法庭的审判，不能再听从他的指令！郑惕强调，战胜国的命令是必须执行的，赶快把枪支弹药交出来，用不着顾虑其他。

郑惕的话掷地有声，震撼了在场的日本军官，首席代表沉思了一会答应缴一部分枪，另一部分缴给国民党。第一次谈判没有什么结果就宣告暂停了。

第二次谈判，地点仍然在沙沟。上级派来七师群工部部长参加谈判。结果又没有谈成。

鲁南铁道大队始终有一个考虑：驻在临城的两个日军大队是非缴械不

可的。一个是铁甲列车大队，另一个是铁道警备大队。这两个大队，非常顽固、反动，很有武士道精神，专门与铁道游击队对着干，连做梦都想把铁道游击队连根拔掉，几年来一直都是铁道游击队的死对头。这两个大队的枪如果不尽快彻底解决，随时随地都有可能出问题。

经研究决定：铁道大队向这两个大队发出最后通牒，通知他们马上把武器交来，否则，后果自负。敌人两个大队接到通牒，非常紧张，他们知道铁道游击队的厉害，很快提出来要跟铁道游击队谈判，随即派日本人小林来找铁道游击队。

第三次谈判的地点在姬庄，铁道大队和小林谈判了一个多星期，差不多是天天谈，谈的内容还是明确告诉他，不缴械就不可能放他们走。为此，郑惕还专门带着小林到铁路以西的村庄转了一圈。这时候，新四军七师的部队和鲁南八路军的部队，几乎住满了津浦铁路两侧的村庄。郑惕带着小林到各村转的目的，就是让他看看共产党的大军已经云集在这里，他们插翅也难逃出去。

谈判开始时，郑惕首先阐明了这次谈判的目的，然后由田村伸树用日语宣读了"最后通牒"全文。日军代表对要求他们限期缴械投降的通牒表示无法接受，主要理由是：八路军不能代表中国政府，无法直接遣返他们回国，他们交了武器，到徐州见了他们的大太君无法交代。郑惕义正词严地驳斥了日军的荒谬论调，指出：在临枣一带和日军作战八年并最终获胜的是中国共产党领导的八路军、游击队，而不是国民党的政府和军队，八路军最有理由接受日军的投降。他指出，现在周围有数万主力军，不把武器交出来，是走不了的。日军认识到，现在八路军要想消灭他们，已经是易如反掌，所以他们再也强硬不起来了，最后只好哀求，谅解他们的难处。并答应把全部重武器和部分轻武器交出，到徐州再将另一部分武器交给国民党政府，以便让他们派轮船遣送回国。谈判持续了几个小时，仍没有结果，最后日军代表表示：如果让他们全部缴械，必须见铁道大队的上级军官，显然，他们对铁道大队不是很信任。郑惕说，可以考虑日军代表的意见，下午给他们答复。

铁道大队把日军代表的意见向鲁南军区司令员张光中做了汇报，张光中司令同意见见他们。当日下午两点，谈判在原地继续进行。4 点左右，张光中司令带了一个骑兵班来到铁道大队的驻地，首先传达了津浦线战役前线指挥所总指挥陈毅的指示：抓紧时间处理这批日军，枪能缴就缴，不能缴赶快放他们走，以免影响大局。然后来到谈判地点，会见了双方谈判代表。张光中司令对日军代表严厉指出：谈判的目的是非常明确的，那就是必须把全部武器无条件地交给鲁南铁道大队。如果仍执迷不悟，将被用武力解决。至于遣返问题，铁道大队可以开路条，让他们到徐州集结，由国民党政府统一遣返。张光中司令讲完就带着骑兵班走了。张光中司令走后，太田和小林再也没有理由推三阻四，只得表示同意交出全部武器，但具体事项明日再谈，他们回去还要再研究一下。郑惕看看天色已晚，就同意了第二天再议，并警告他们要信守自己的诺言，把全部武器交出。希望他们对自己士兵的生命负责，这周围都是共产党的主力部队，要想耍滑头，绝没有好下场！

第二天谈判开始后，太田又想出新花招，说为了自卫，日军士兵应当留下刺刀，军官留下指挥刀，作为防身之用。这个无理的要求遭到理所当然的反对。鲁南铁道大队承诺负责日军的安全问题，并开出通行路条，保证不会有人再打他们。双方最后商定了受降的时间、地点和方式。谈判之所以能够取得成功，主要有以下三个原因：首先是新四军切断了津浦铁路，数万主力部队云集临城、枣庄一带，临城的日军处于孤立无援、走投无路的境地，不得不投降。其次是铁道大队所做的艰苦的说服工作。整个谈判过程前后持续了十多天，经过数十次谈判，日军才同意把枪交出来。临城警务段特务小林的思想转变，并主动做两个大队长的工作，也起到一定的作用。最后是铁道大队也做出了一定程度的让步。实际上日军并没有把全部武器都交出来，仍然有一部分枪支被他们拆开放在家属孩子的包袱里背走了。

按照商定的投降时间，下午三点，日军集合队伍，扛着枪支到事先约定好的张河村集合。之所以决定要在张河村集合，是因为这个村的地形好，前面是山地，背后紧挨着微山湖，万一发生意外，攻可进，退可守。为了防止可能发生的意外事变，铁道大队采取了三项措施：第一，利用有利于警戒的地形受降。让日军到低洼地里缴械，便于在周围高处警戒，而且背对微山湖，敌人想逃，只能往湖里逃。第二，让日军以小队为单位前来缴械。日军共有一千余人，而且装备精良，铁道大队长枪队和短枪队加起来也不过200多人。这千余人要武装抵抗，铁道大队无论如何是应付不了的。让他们以小队为单位，分批前来缴械，就好控制了。第三，请主力部队协助警戒。铁道大队请求鲁南军区帮忙，军区派出了其装备最好的特务连前来协助警戒。铁道大队和军区特务连在东边的高地上架起机枪，严阵以待。一切都部署完毕后，铁道大队就派人通知日军前来缴械。

日军一个个情绪沮丧，垂头丧气，一副狼狈相，俨然一群落水狗。缴械的时候，为了防止意外，要求一个分队，一个分队排着队来，分队与分队之间，拉开一定的距离。当轮到哪个分队缴枪时，先是分队长上前缴枪，随后一个个接着把枪整齐地摆在地上。

最后，轮到了警备大队队长和铁甲车大队队长了，他们两个分别举着自己的指挥刀，狼狈地走到刘金山和郑惕面前，恭恭敬敬地交给打过多年交道的两位铁道游击队领导人。

在这次受降仪式上缴械投降的有：日军太田的铁甲列车大队、小林的铁道警备大队滕县中队和临城中队、铁道青年队第六大队、铁路警察和矿警，约1500人，此外还有临城、枣庄车站的职员和商业机构人员，以及日军、商人、职员的家属孩子，总共2000余人。他们共交出山炮两门、重机枪8挺、轻机枪130多挺、步枪1400多支、手枪数十箱、子弹百余箱。铁道大队用十余辆牛车把这些武器运送到鲁南军区司令部。

像这样近2000名日军，向铁道游击队这样的小型抗日游击队缴械，在整个八路军中是第一次，在世界历史中也是罕见的，不能不说这是铁道游击队的自豪和骄傲。一支人数不多的游击队，竟然把日本侵略军搞得魂飞魄散，在中国人民抗日斗争的史册上，无疑可以留下光辉的一页。

第二天，铁道大队在检查中发现，仍有不少武器被日军拆分后装进箱子藏了起来。于是就让日军沙沟站站长黑木去见太田，要他们把武器全部交出来，否则就要坚决消灭他们。但太田回话说：不见大太君，死也不交枪。铁道大队只好再次向张光中司令员请示。张光中司令员听后同意让日军头目太田到沙沟站去见他。太田跟着铁道大队通讯员到了沙沟，见到张光中司令员后连连鞠躬。张光中司令员严正地指出，日军唯一的出路就是彻底缴枪投降。交枪后，会给开路条，并保证人身安全。太田见张光中司令员说了话，只好同意彻底缴械。这次又收缴了500多支步枪和手枪及大宗弹药。日军缴械投降后，拿着铁道队开的路条，惶惶如丧家之犬向徐州逃去。

铁道游击队从1938年在临城和枣庄建立抗日情报站，1939年11月创建枣庄铁道队，1940年2月建立鲁南铁道队，同年7月扩编为鲁南铁道大队，到1946年3月撤销番号，前后在敌人的心脏地区——枣庄和临城一带，奋战了近8年的时间。1946年8月，国民党反动派挑起内战，鲁南军区重建鲁南铁道大队。先后活动于鲁南津浦铁路沿线、运河南岸和枣庄周围地区，隶属鲁南三军分区。11月，因对敌斗争形势发生变化，鲁南铁道大队再次奉命撤销番号，部队改编为鲁南军区特务团二营。

8年多来，铁道游击队在铁道线及其附近地区，作战300余次、消灭日伪军5000余人、缴获轻重武器3500多件、子弹150余箱、各种物资2000余吨。[①] 铁道游击队为此也付出了巨大的代价：大队政委文立正、张鸿仪，大队长洪振海，副大队长赵连友、赵永泉等150余人先后献出了生命。

---

① 中共枣庄市委党史办公室编：《鲁南铁道大队纪实》，中共党史出版社1992年版，第326页。

结 语

坦率地讲，铁道游击队就是一支有特色的微小型抗日游击队，是抗日战争时期成千上万支游击队的典型代表。

一 铁道游击情

纵观整个铁道游击队的发展历程，触动我们内心的还有一股浓浓的情谊。这情谊有战友情，在异常艰苦的抗战时期，一起出生入死的战友结下了生死相托的浓厚情谊。在黄埠庄战役中，铁道游击队首任大队长洪振海为了给群众报仇而牺牲，副大队长王志胜不顾个人安危旋即冲上去，将大队长扶起，发现洪振海已经牺牲，怒火中烧，拿起洪振海的机枪，继续指挥战斗。后因敌我力量悬殊，被迫带队撤出战斗。大队长洪振海的牺牲，在鲁南铁道大队全体指战员中震动很大，大家都非常悲痛，为失去这位足智多谋、英勇善战的好带头人而悲痛欲绝。王志胜最是悲愤，忧思成疾，吐血不止，不得不住院治疗。在拔除柏山据点的战斗中，已经冲出村子的中队长曹德清，为接应其他战友，毅然独自一人转身冲了回去，在一棵枣树旁发现了负伤的李云生。曹德清立刻背起李云生向村外冲去。这时村里的敌人正向村外搜索，曹德清背着李云生行动缓慢，很快便被发现。后面的敌人一面追，一面打枪，就在离芦苇荡还有100多米的时候，曹德清中弹倒下了。敌人很快将他们包围起来，见他们二人已经没有反抗能力，就想捉活的，端着刺刀一步步向他们逼近。他们二人紧紧地坐在一起，曹德清拉响了最后一颗手榴弹的导火索，与周围的五六个敌人同归于尽。不能同日生，但求同日死，为了救护战友，不惜牺牲自己的生命，这样的例子在铁道游击队中实在是太多了。

这情谊还有爱情。王志胜是铁道游击队的副大队长，1942年1月，日伪军 3000 余人强攻微山岛，当时刘金山和杜季伟政委都到津浦铁路东去了，是王志胜率领铁道游击队化装突围。当时，王志胜的妻子也在微山岛上。极度的恐慌让她难以承受，她拉着王志胜的衣襟哀求着，把她也带出去。这时，岛上、湖里到处都是鬼子，在搜索着铁道游击队。在万分危急的情况下，王志胜一脚把妻子踢倒在地，拔出手枪，狠狠地说："你再啰唆，我崩了你！"接着就带着化装成日军的铁道游击队，蹚水向湖外冲去。有人一直把这个事情看作是王志胜没有人情味的表现。实际上，这恰恰是他重感情，爱妻子的表现。因为他知道妻子跟着自己一起突围才是最危险的，岛上、湖里的日伪军都在搜索铁道游击队，不带她绝不是抛弃她，而是为了给她一个可能更好的结果，只是缺少沟通，妻子没有理解而已。王志胜是典型的鲁南汉子，可以为你死，但不愿多说哪怕一句话去解释。以至于几十年过去了，王志胜的妻子还在抱怨微山湖突围没有带上她。而这几十年的唠叨、几十年的抱怨何尝又不是她对爱的一种表达呢？

这情谊更有亲情。1943 年 2 月 24 日，岩下纠集日伪军 300 多人，从西托开始清剿、扫荡。当时，鲁南铁道大队的副大队长赵永泉正率领短枪三队在东托、西托做政治宣传工作。赵永泉带部分队员住在东托，其胞弟赵永良带部分队员住在西托，两村相隔 2 里路远。24 日上午，赵永泉得知数百日伪军包围了西托后，立即率领队员去西托增援。岩下害怕腹背受敌，随将部队撤至沟北。赵永泉将西托的队员接应出来后，率队向铁道大队的基点村东巨山村撤退。这时岩下已经发现赵永泉是指挥员，便命令部队全力向短枪三队突围方向追去。赵永泉指挥部队且战且退，待他们到达东臣山村北时，敌人的机枪一阵猛烈扫射，赵永泉中弹倒下了。他挣扎着对前来抢救的弟弟赵永良说：党交给的任务没有完成，快带同志们向南撤……话还没说完就停止了呼吸，牺牲时年仅 32 岁。赵永良含泪放下哥哥的遗体，带领队员撤到安全地带。敌人撤走后，鲁南铁道大队派人将赵永泉的遗体抬回，安葬在家乡蔡庄。打仗亲兄弟，表现出的亲情令人感动。

二　铁道游击队的历史功绩

从 1938 年 3 月创建情报站到 1946 年 11 月番号撤销，升级为主力部队，铁道游击队在津浦铁路鲁南段临枣支线和枣台铁路上，同敌人展开 8 年多的英勇斗争，截军列，打洋行，破铁路，炸桥梁，端据点，锄汉奸，搞得敌人心惊胆战，惶惶不可终日；保护战略交通线，护送过往干部安全通过，展现大智大勇的游击智慧；经历数百次惊险战斗，歼灭和瓦解了大批敌人，缴获了大批物资、获取大量的情报，为革命胜利做出大贡献。铁道线是他们特殊的战场，他们来无影，去无踪，机智勇敢地同敌人做斗争，从未落过下风，更从未有过退缩。日本宣布无条件投降后，在沙沟车站附近举行的受降仪式别开生面，侵枣日军头目太田率官兵及其家属千余人列队向铁道游击队缴械投降，小队伍，大荣耀，一切源自他们在抗日战争中立下的卓越功勋。

（一）打击了敌人的嚣张气焰，鼓舞了鲁南抗日军民争取胜利的信心和勇气

1938 年 3 月 18 日枣庄沦陷，此后，鲁南地区的形势是非常复杂的，敌人人多势众装备好。日军留一个联队的兵力驻守枣庄，为确保长期掠夺枣庄的煤炭资源，在南马路修筑了大兵营；在洋街驻扎宪兵队和矿警队。宪兵队内还设有剿共班，网罗大量地痞流氓，无恶不作。矿警队是抽调部分日军和收编原中兴公司两个护矿中队合编而成，是日军"强化治安"和"以华制华"的产物，下设日、中两个分队。日军除利用各种武装组织镇压抗日军民外，还组织了诸如"维持会"、"爱国会"、"流动自卫团"、"商会"等民间伪组织进行欺骗性宣传，搞"大东亚共存共荣"，推行所谓"爱护村"和保甲制，还开设"商团"、"洋行"等商业机构搞特务活动，搜集情报，暗杀和逮捕抗日军民。

大批汉奸败类组成伪军和维持会横行乡里。峄县地主王哲书、枣庄商人刘晓峰、台儿庄的郑典三、韩庄的张传浦、贾汪的寇子良等纷纷组织起维持会和县、区、乡汉奸政权，协助日军烧杀抢掠，鲁南地区民不聊生。鲁南地区一些未及逃亡的国民党地方官员打着抗日的招牌拉起武装。这些武装多如牛毛，分片割据，各霸一方。

此外，鲁南大地土匪蜂起，贾汪以东的铜邳边境有魏玉吉、"刘七"、"黑烟筒"、"大脚丫子"、姜东海等土匪势力。他们到处趁火打劫绑票，人们痛恨至极。在汉奸操纵下，各种会道门也迅速滋生蔓延。滕县沙沟车站以东的黄沙会、峄县周围的中央道、贾汪周围的红枪会，都以保家为名，干着汉奸勾当。如红枪会头子王亚平自称红枪会总司令，被称为"铁板太君"。

鲁南人民备受敌人蹂躏，生活在水深火热之中。为抗击敌人的侵略和掠夺，枣庄人纷纷逃到抱犊崮山区参加了共产党领导的抗日武装苏鲁抗日义勇总队。铁道游击队的前身枣庄抗日情报站就是苏鲁抗日义勇总队派出的驻枣庄的情报机关。枣庄抗日情报站在枣庄开办义合炭场作为职业掩护，逐步站稳了脚跟。此后，枣庄火车站附近的日军特务机关正泰洋行两次遭到袭击，15 名日本特务头子被消灭。"血洗洋行"后，"飞车搞机枪"、"截击混合列车"等战斗行动之后，铁道游击队逐步西移至临城一带，同活动在这里的几支铁道队合编为八路军鲁南铁道大队。随后，又相继进行了"飞车搞药品"、"截获敌货车"、"夜袭临城"、"截布车"等经典战斗。一次次交通大破袭，他们扒铁路、炸桥梁，使铁路交通瘫痪；锯电线杆、割电线，使敌通信中断。从 1941 年 2 月铁道游击队执行中共山东分局对敌交通实施大破袭任务开始，截至 1942 年年底，共破坏敌机车8 辆、车厢 30 余节、炸毁桥梁 3 座、拆毁铁路道轨近 20 次，长达 50 余公里。① 通过大破袭，迫敌铁道交通多次瘫痪，通信中断，迟滞了敌军行动，为鲁南抗日军民反扫荡胜利做出了一定的贡献，给日本侵略者以沉重打击，给鲁南抗日军民以巨大的鼓舞。

（二）及时提供准确的情报，为根据地军民争取抗战胜利提供了可靠的信息支撑

铁道游击队是以情报站的形式开始它的历史的，这支在敌人心脏地带活动的像匕首一样的武装的最初、最紧要、最核心的任务是情报工作。最初是枣庄，联系枣庄东北部抱犊崮山区根据地。暴露后，沿枣临铁路西迁

---

① 中共枣庄市委党史办公室编：《鲁南铁道大队纪实》，中共党史出版社 1992 年版，第 239 页。

至齐村，再迁临城，在敌人打压下，进一步西迁到微山湖一带，以微山湖中的微山岛为生活基地。为做好情报工作，他们首先选择了可能会得到最准确情报的地方，当然也是最危险的地方。临城的抗日情报站选择了临城火车站，枣庄抗日情报站选择了日军在枣庄的特务机构——"洋行"。历史证明，这两个情报站的选择都是正确的。临城火车站是津浦路上一个重要的节点，是日伪军人来货往、情报传输的必经之地。"洋行"是日军在枣庄的特务机关，是日军货物、情报集散地，等于是驻枣庄日军的大脑中枢。其次是选择最靠谱的情报员。枣庄抗日情报站选派王志胜打入洋行，王志胜为人憨厚，善于交际，遇事大胆果断，沉着冷静，往往能从危难中化险为夷，素有"福将"之称，是个天生的特工。他的家就在"洋行"附近的陈庄，而且有亲戚在"洋行"做搬运工，所以他以搬运工身份打进洋行，合情合理又有利于工作。情报站发展的情报员的身份是多样的，只要是对开展情报工作有利的都可以发展为情报员或外围人员，比如铁路工人、煤矿工人、黄包车夫，为了隐蔽的需要，还有一些是有可能会有情报来源的或者是可以方便送出情报的家属、小孩，甚至还有伪军被发展为情报员。当然，伪军身份的情报员更多的是情报站选派人员打入伪军内部潜伏的。这些人为情报站情报工作的顺利完成做出了不可替代的贡献。

1938 年 11 月 3 日，枣庄抗日情报站侦知驻枣庄的日伪军大部分被派出城扫荡，只留部分伪军守城。他们随即将这一情报送给在枣庄南部活动的苏鲁人民抗日义勇总队四团三营营长刘景镇。刘景镇当即率领三营夜袭枣庄，激战两小时，毙伤留守的日伪军 10 余人，俘虏 13 人，痛击了留驻日伪军。外出扫荡的日伪军回来后发现老窝被端，恼羞成怒，立即调集大队人马进犯三营驻地，三营九连在蔡庄阻击敌人，掩护主力转移，激战 3 小时，毙敌数名，迫其撤回。为避免再遭报复，刘景镇率三营转移至抱犊崮山区根据地休整。

此前，枣庄抗日情报站的情报是经苏鲁人民抗日义勇总队四团三营递送到山区根据地的。三营转移至抱犊崮山区根据地休整后，枣庄抗日情报站便与上级失去了联系。情报传送的路径断了，搜集来的情报无法送出，也得不到上级的指示，情报工作暂时陷入了停顿。直到半年后，苏鲁人民抗日义勇总队才派交通员刘景松到枣庄与枣庄抗日情报站取得联系，安排情报站搞到的情报，送到枣庄西南 10 公里处的小屯，交给刘景松，再由他设法送往抱犊崮山区根据地。

与苏鲁人民抗日义勇总队重新建立联系后，枣庄抗日情报站的工作又步入了正轨。他们千方百计搜集日伪军部署、出动的情报，送往山里。这样，枣庄的敌人一有增兵或调动，抱犊崮山区根据地部队便可及时得到情报，提前转移，使日军的扫荡数次扑空，甚至有时还能在半路伏击外出扫荡的日伪军。

出色的情报工作不仅使抱犊崮山区抗日根据地部队在反扫荡斗争中占据了主动，摆脱了被动挨打的局面，而且为截日军火车，夺日军物资，提供了准确信息。在敌人势力最大的地方，要搜集的是敌人最核心的机密，工作难度和压力可想而知。铁道游击队出色地完成了情报工作，及时提供准确的情报，为根据地军民争取抗战胜利提供了可靠的信息支撑。

（三）截获了大批紧缺物资，为根据地军民坚持抗战提供了一定的物资支持

铁道游击队在铁道线上与敌斗争 8 年的时间，截获了大批紧缺物资，为根据地军民坚持抗战提供了一定的物资支持。这些紧缺物资包括武器、医药、布匹、粮食、煤炭，等等。1939 年 10 月，王志胜在为日军装运物资时发现有部分武器被装上火车，就悄悄地在装武器的车厢上做了记号并马上报告洪振海。洪振海进行了周密部署，做了充分准备，并做了详细的任务分工。晚上 9 点左右，火车刚开出枣庄站，洪振海和情报员曹德全便跃上火车，将包扎好的两挺机枪、12 支马大盖步枪和两箱子弹掀下火车，早就埋伏在那里的王志胜等人马上将武器弹药运往蔡庄隐藏，并通知苏鲁人民抗日义勇总队派人取走，这就是"飞车搞机枪"。包括后来铁道游击队长枪中队建立时他们的武器绝大部分是从敌人手中夺来的。他们将缴获来的武器弹药不仅装备了自己，还多次运往鲁南军区，支援根据地军民抗日武装。

缺医少药是根据地遇到的最主要的困难之一。1942 年 6 月，鲁南铁道大队第三次进山休整出山后不久，接到了鲁南军区司令员张光中要搞些

"救命药"的命令。药品是日伪军对抗日根据地封锁的重要战略物品，也是根据地伤员们日夜盼望的救命物，要在当时的背景下搞到药品难度可想而知。鲁南铁道大队收到情报后，立即召开战情分析会制订了一个大胆而周密的飞车夺药品的行动方案。日军列出了临城不到五里地，刘金山和梁传德、孟庆海便轻盈地爬上飞驰的火车，很快找到那个有暗号的药品车皮，用扳手熟练地打开铁闷子车的结实铁门。到了预定地点洼地，他们把车厢内的箱子一阵子猛掀。王志胜带领接应人员迅速搬运转移，大批药品器械终于在拂晓前运到微山湖边，交给鲁南军区。

1941 年冬天，鲁南军区被服厂在日伪军扫荡中遭袭击，布料和棉花被洗劫一空。时值严冬，山区根据地部队指战员都还穿着薄薄的夏天衣服。军区首长为此事一筹莫展，他们紧急召集鲁南铁道大队政委杜季伟和大队长洪振海到军区开会，研究能否通过扒敌人的火车来解决部队战士过冬的棉衣问题。鲁南铁道大队在准确情报帮助下，当"布车"开出临城火车站时，铁道大队队员李云生就爬到零担车厢的顶部潜伏起来。待列车运行到姬庄西面的转弯处时，他拔掉车厢间的风管和挂钩销子，使两节装布车厢与前面的车厢脱钩。疾驰的列车继续前行，脱了钩的两节装布的车厢逐渐减慢了滑行的速度，慢慢停了下来。当两节装布的车厢停下来时，洪振海等人便箭步登上车厢，撬开大锁，打开车厢门，将大捆大捆的布匹往下扔。早已等待在那里的群众在铁道队员的指挥下，立即围了上来，开始转移运输。微湖大队大队长张新华和湖区区长黄克俭已组织好船只在微山湖边接应，再把布匹运往微山岛。这次截布车，战果颇丰，共截获棉布1200 余匹、皮箱 200 件、日军服装 800 余套、缎子被 100 余床、显微镜 4架，以及药品、呢料、毛毯等物品一宗。鲁南铁道大队截获的布匹解决了鲁南军区机关及三个军分区和教导二旅部队人员的冬装问题。铁道大队还将剩余的花色布分给了群众，解决了部分贫苦人家的穿衣困难。

（四）保护秘密交通线，使根据地与延安之间的联系畅通无阻

抗日战争期间，根据地被日伪军分割、包围、封锁。为了坚持长期抗战，必须建立各根据地与延安之间以及各根据地之间的交通联系。苏北、鲁南地区是日军华北、华中两个战略集团的结合部。纵贯其间的津浦铁路

与京杭大运河是贯通南北的交通要道。山东抗日根据地的军民粉碎了敌人连续的残酷大扫荡，打破了敌人妄图消灭山东抗日力量，摧毁山东抗日根据地的阴谋。抗日根据地军民大力开展了反蚕食、反扫荡、反清剿、反封锁斗争。而进行反蚕食、反封锁斗争的首要办法，就是在敌人占据的主要交通线附近建立秘密交通点、站，开展隐蔽斗争。交通要道，既是敌人的交通命脉，又是敌人对抗日根据地实行封锁的干线。在交通线的两侧，抗日武装开设了许多交通点、站，完成了护送干部、运送物资的重要任务，对打破敌人的蚕食、封锁起到了重要的作用。抗战艰苦阶段，中共中央所在地延安经山东至华中有一条秘密战略交通线。铁道游击队经常活动的津浦铁路沿线和临枣支线周围日伪戒备森严，铁道两边还修筑封锁沟、封锁墙，铁甲列车昼夜巡逻，主要道口岗哨林立，过路行人严加盘查。保卫秘密交通线的任务十分艰巨，甚至这条战略交通线曾一度中断，干部过往津浦线受阻，山东与党中央上呈下达的文件亦无法传递。

铁道游击队奉鲁南军区之命，大力开展打通战略交通线的活动。1942年7月底到8月初，铁道游击队奉命护送刘少奇过路时，由于计划周密，由抱犊崮山区抗日根据地护送到微山湖西，行程百余里，而且须穿越敌人严密封锁的临枣、津浦两条铁路线，途经20多个敌伪据点，均安全无恙。之后，又相继护送了山东军区政治部主任萧华、司令员兼政委罗荣桓、中共山东分局书记朱瑞、新四军代军长陈毅等党政军各级领导干部，均圆满完成任务，多次受鲁南军区、山东军区和被护送的高级领导干部的表扬。

（五）锻炼了干部，为主力部队提供了大量的优质兵源

铁道游击队作为地方游击队是一支小型的抗日武装，在经过发展逐步壮大以后，有过几次整编，被编入主力部队的经历，为主力部队提供了大量的优质兵源。1946年3月，考虑到和平时期解放区铁路的建设，鲁南区党委确定以鲁南铁道大队的骨干为基础，成立鲁南铁路管理局。鲁南铁道大队的队员们长期战斗在铁路线上，很多队员本身就是铁路工人出身，非常熟悉铁路，自然就成了铁路局的骨干。铁道大队的大队干部和绝大部分中队干部都被安排在铁路局系统任职，部分骨干成员担任津浦铁路线鲁南段和临（城）赵（墩）铁路支线的各个火车站站长。鲁南铁道大队的

短枪队编为鲁南铁路局警卫连，长枪队编入了鲁南军区主力部队。

1946 年 8 月，国民党反动派挑起内战，鲁南军区重建鲁南铁道大队。全队 190 余人，编为两个中队。先后活动于鲁南津浦铁路沿线、运河南岸和枣庄周围地区，隶属鲁南三军分区。1946 年 11 月，因对敌斗争形势发生变化，鲁南铁道大队再次奉命撤销番号，部队改编为鲁南军区特务团二营。

铁道游击队先后为各主力部队输送了大量的兵力。舟山警备区军史陈列馆记载："舟山警备区是抗日战争初期由山东省的鲁南、鲁中和滨海地区的抗日义勇总队、铁道游击队等数十支抗日武装和 1939 年秋入鲁的八路军——五师一部基础上逐步发展壮大的。"①

三　铁道游击队发展壮大的原因

首先，中国共产党的正确领导是铁道游击队发展壮大的前提。

早在抗日战争爆发以后，党中央对山东的战略地位就非常重视，给予了许多指示。"1938 年 1 月 15 日，党中央、毛主席给山东省委的指示信指出：山东党应以发动群众，发动游击战争与建立抗日根据地为中心任务。"在铁道大队中，党的威信非常高，政治工作很有成效。正是由于有党的领导，铁道游击队同志们的民族觉悟和阶级觉悟不断提高，因而斗争意志和战斗力也不断提高。

在铁道游击队初创的情报站时期，中共鲁南党的组织就进行了大量的宣传教育工作，在部队里建立了党支部，发展党组织，建立了政治委员制度和政治工作制度。在铁道游击队中，党的威信和政治委员的威信非常高，政治工作很有成效，军纪抓得也紧。正是由于有党的领导，铁道大队同志们的民族觉悟和阶级觉悟不断提高，因而斗争意志和战斗力也不断提高。党组织曾先后向铁道游击队派遣 6 名政委和数十名中下层政工干部，因此可以说，没有党的领导就没有铁道游击队的成长壮大。

初创时期的铁道游击队，队员多数是失业工人和无业游民。他们深受资本家和日本侵略者的欺压和奴役，有着强烈的革命愿望，但长期的屈辱流浪生活，又使他们染上了流氓无产者无组织、无纪律的自由散漫作风。

---

① 中共枣庄市委党史办公室编：《鲁南铁道大队纪实》，中共党史出版社 1992 年版，第 357 页。

他们既有行侠仗义、锄强扶弱、将生死置之度外的一面，又有打架斗殴、骂人及赌博、抽大烟等痞子习气。因此，将这支传统绿林好汉一样松散的队伍改造成一支能在敌人心脏纵横驰骋、有战斗力的革命队伍就成了当务之急。政委杜季伟上任后，首先按山里八路军的作风条例为铁道队制订了严格的纪律和规范。但收效甚微。于是杜季伟改变单纯说教式的管理，开始采取灵活多样的方法来做队员们的思想政治工作，对他们进行循序渐进的说服教育。杜季伟特别注意和队员们在生活上打成一片，看到他们喝酒就跟着喝几口，在喝酒中讲山区八路军的艰苦生活；看到他们打牌，就凑上去来两把，在打牌中讲山区八路军和群众打成一片的优良作风；知道到他们去嫖妓，就和他们讲山区八路军的严明纪律。

经过两个月的考察与培养，杜季伟先后吸收了王志胜等人加入中国共产党，并建立了党支部。共产党员成了铁道游击队的中坚力量，队员中打架斗殴、吃喝嫖赌现象大大减少。随着炭场子的规模不断扩大，经济收入有了较大增长，为了有计划地利用资金，铁道游击队决定将每月收入的50%留作生活费和情报活动费，40%留作购置武器弹药费，10%留作办公费。这一措施的实施，不仅有效地避免了挣了钱就吃光花光的挥霍浪费作风，还能节省下钱武装自己和支援山区部队。

在共产党先进文化的武装下，铁道游击队不断提高思想觉悟，成为让敌人闻风丧胆的一支革命队伍。[①]

在开展武装斗争的同时，铁道游击队认真贯彻执行了党的抗日民族统一战线政策，积极开展对日伪军和伪政权的宣传瓦解工作。这是铁道游击队的一项重要任务，也是能创造出光辉业绩的一个重要原因。那时，铁道游击队长期活动在津浦、临枣铁路两侧，有时还进入敌人据点，利用各种渠道和关系向敌人头面人物甚至伪军司令开展工作。能这样做，就不是单纯地依靠个人的机智勇敢，而是依靠党的抗日民族统一战线政策和对日伪军的政策。在敌人的内部，有铁道游击队打入的人或内线关系，再加上敌占区广大人民群众的支持和帮助。如果没有他们的支持和接应，而单凭个

---

① 邓滕生主编：《枣庄文化通览》，山东人民出版社 2012 年版，第 224 页。

人的勇敢，就可能成为鲁莽冒险的行动，甚至会给革命带来损失。在反摩擦斗争中，切实掌握有理、有利、有节的原则，以政治为前导，以军事为后盾，不先发第一枪，后发制人。坚持打击首要顽固分子，在军事上取得胜利之后，适可而止并从政治上巩固发展自己的胜利。这些就是铁道游击队在具体执行统一战线政策上的成功实践。

其次，重视抓紧部队自身的建设，铁道游击队集中了一批优秀人才是部队逐步发展壮大的关键。

不断加强部队自身建设，提高部队军政素质和战斗力，是铁道游击队领导经常关心并注意解决好的重要课题。就是在战斗极为频繁而又艰苦的时期，也派最得力的干部做培养基层干部的工作。铁道游击队建立后，自行举办了三期教导队，选派班队长和优秀的战士到教导队进行军政训练。教导队的课程设置，必须是军政并重，使学员在政治上受到形势任务、建军宗旨、革命传统和革命人生观的教育，在军事上要从基本训练开始到班队长必须具备的战术技术的基本知识。在加强政治工作方面，核心是抓好部队的政治工作。在党员中深入进行党的基本知识教育，使党支部成为团结群众的核心，党员成为执行一切任务的带头人，平时事事起模范作用，吃苦在前，享受在后，打仗时不怕死，冲锋在前。部队的党建工作抓好了，政治工作的其他方面就都有了基础。

这支部队的成员不仅觉悟高，而且机智多谋，英勇善战。他们中的绝大多数是枣庄、临城一带的铁路工人、煤矿工人和当地农民，在抗战初期誓死不当亡国奴的爱国浪潮中，由中共鲁南地方党组织领导起来的。其中，不少人从小就练就了在火车运行中爬上飞下的绝技。就连年纪最小的侦察员也能单独机智勇敢地完成成年人难以完成的艰险任务。洪振海、王志胜、徐广田等铁道英雄们，胆大心细，爬飞驰的火车如履平地，会爬火车、会开火车、会修火车、会炸火车，所有对付火车的活都会干。遇事考虑周全，有强烈的责任心，他们的性格又恰巧互补，是绝佳的搭档。

政委杜季伟、郑惕文化水平高，善于做思想工作，方法得当，是出色的政委。首任政委杜季伟为铁道游击队的改造出了很大的力，探索出了一套有效的游击队思想工作方法。最后一任政委郑惕，不仅自身素质过硬，思想政治工作方法得当效果好，而且是一个出色的谈判专家，对于后期的谈判做出了很重要的贡献。

还有一个"队员"不得不提，他就是刘知侠。作为铁道游击队的一员，他为铁道游击队的宣传工作做出的贡献是任何一个人都代替不了的。两次到铁道游击队体验生活，与很多游击队员成了很过硬的朋友，最关键的是创作出《铁道游击队》这样脍炙人口的好作品。

再次，鲁南抗日根据地是铁道游击队的依托，强大稳定的根据地是铁道游击队的强力支撑。

铁道游击队每年都有一定的时间进入根据地进行休整和补充。在最困难、最危险的时候，可以随时跳进根据地。不难设想，单靠百十人的铁道游击队，在强大的敌人严密控制的地区内周旋，而没有稳定的、安全的根据地为依托，要取得胜利是绝不可能的。同时，还有主力部队为铁道游击队做后盾，又有兄弟部队的支援和配合。特别是主力部队不仅在各方面给予支援，有时还在上级统一部署下帮助铁道游击队打开局面。敌人确实害怕铁道游击队，但更害怕八路军。

最后，工农群众的大力支援是铁道游击队发展壮大的根本保证。

铁道游击队在敌占区顽强战斗了8年之久，不但未被敌人消灭，反而由小到大、由弱到强地发展起来，直到最后胜利，正是由于百姓的大力支持铁道游击队才能在极其艰难残酷的斗争中得以发展和壮大，这是铁道游击队在对敌斗争中不断取得一个又一个胜利的根本保证。当时，铁道游击队干部战士既来自当地工农民众，又战斗和生活在民众之中，吃、穿、住、用全靠群众供给，许多情报靠群众提供，开展斗争靠群众协助和掩护，遇到困难靠群众帮助解决，同志们负了伤、生了病，住在群众家里养治。假使没有群众，他们就不可能坚持到最后。

综上所述，正是在党的正确领导和工农群众的大力支援下，铁道游击队注重部队自身的建设，以鲁南抗日根据地为依托，逐步发展壮大起来，为抗日战争的胜利做出了杰出的贡献。

附 录

一 铁道游击队大事记

1938年3月初，组建临城抗日情报站，张文生和华绍宽分任正、副站长；同时组建临城工人铁道队，由孙茂生和任秀田领导，均属中共苏鲁豫皖边区特委领导。

1938年10月，苏鲁人民抗日义勇总队派遣洪振海和王志胜潜入枣庄，以陈庄为基点创建了枣庄抗日情报站，洪振海任站长。

1938年11月3日，枣庄抗日情报站侦知驻枣庄的日伪军大部分被派出城扫荡，只留部分伪军守城，并将情报送给苏鲁人民抗日义勇总队四团三营。三营夜袭枣庄，毙伤留守的日伪军10余人，俘虏13人，痛击了留驻日伪军。

1938年年底，赵以珂等40多名铁路工人在临城北自发组建了"临城铁道队"。

1939年5月初，临城抗日情报站联络其他铁道队，在临城北拆掉铁轨12节，致使日军军用煤车15节全部倾覆。

1939年6月，建立临城铁道队，属中共沛滕边县委领导，隶属苏鲁支队，队长孙茂生、副队长任秀田。

1939年8月，枣庄抗日情报站夜袭洋行，将三名日军特务毙二伤一。

1939年10月，枣庄抗日情报站飞车搞机枪，搞到两挺机枪、12支马大盖步枪和两箱子弹并送给苏鲁人民抗日义勇总队。

1939年11月，在枣庄抗日情报站的基础上，洪振海、王志胜自发组织了一支 11 人的枣庄铁道队，洪振海为队长，王志胜和赵连友任副队长。他们以开办"义合炭场"为职业掩护，积极搜集情报，筹集资金，打击敌人，发展自己。

1939 年 12 月，临城抗日情报站因有在火车站工作的情报员暴露了身份，被迫将全部情报员撤出临城火车站，把情报站改建为临城铁路工人破袭队。

1939 年 12 月，建立沛滕边县临北铁道队和铁路工人破袭队，临北铁道队队长田广瑞，副队长李文庆。铁路工人破袭队队长华绍宽，队员 20 余人，全是铁路工人。

1939 年 12 月 25 日，临城周围的三支铁道队合并为临城铁道队，中共沛滕边县委任命孙茂生为队长，任秀田为副队长。

1940 年 1 月，秦明道集中临城铁道队、临北铁道队、临城铁路工人破袭队的骨干队员在欢城举办学习班。

1940 年 2 月，苏鲁支队派杜季伟到铁道队任政委，并定其名为鲁南铁道队，队长洪振海，副队长王志胜、赵连友。

1940 年 4 月，小屯村整训。

1940 年 5 月，日伪军搜查义合炭场。鲁南铁道队被迫转移到齐村，公开打出"八路军鲁南铁道队"的旗号。

1940 年 5 月下旬，鲁南铁道队再袭日军正泰洋行，铲除日军特务机关。

1940 年 5 月下旬，鲁南铁道队袭扰峄县，扰乱敌人的后方，袭击敌人的据点，减轻抱犊崮山区根据地反扫荡的压力。

1940 年 7 月，鲁南铁道队与临城铁道队、临北铁道队、临城铁路工人破袭队合编为鲁南铁道大队，活动于津浦铁路鲁南段和临枣铁路沿线，先后隶属苏鲁支队和鲁南军区，大队长是洪振海。

1940 年 8 月，鲁南军区成立，鲁南铁道大队的隶属关系也由苏鲁支队移交给了鲁南军区。

1941 年 6 月，鲁南铁道大队联合其他游击队攻克伪军占领的微山岛，并招回全体队员，以微山岛为依托，打击敌人，壮大自己，队员发展到

140 余人。

1941 年 6 月，在微山岛上的抗日武装便拔掉了伪乡公所，建立了滕县第八区抗日区政府，微山岛成了鲁南几支游击队共同开辟的抗日根据地。

1941 年 6 月 16 日夜，日伪军 300 多人进占微山岛。留下阎成田团副团长苏海如带领阎团一个营的伪军驻守微山岛。

1941 年 6 月 21 日，鲁南铁道大队、运河支队、微湖大队以及沛滕边大队、水上区和滕八区区中队等抗日武装夺回微山岛。

1941 年 6 月 23 日，鲁南铁道大队截击混合列车，消灭 8 个日军、俘虏 20 多个伪军，缴获法币 8 万多元、手炮 1 门、机枪 1 挺、短枪 3 支、长枪 20 余支，子弹、布匹、药品和日用百货一宗。

1941 年 7 月，鲁南铁道大队除掉日军特务高岗茂一，并设计除掉伪军阎成田团。

1941 年 8 月，经鲁南军区批准，鲁南铁道大队用缴获的枪支组建了长枪队。

1941 年 12 月，鲁南铁道大队截布车解决部队战士过冬的棉衣问题。

1941 年 12 月 28 日，黄埠庄战役，鲁南铁道大队大队长洪振海牺牲。

1942 年 1 月，鲁南铁道大队开展 20 天的微山湖冬训，统一了思想，认清了形势，提高了军政素质，进一步密切了军民关系和干群关系。

1942 年 1 月，日伪军 3000 余人，战船百余只，向微山岛发起进攻，微山湖根据地失守。

1942 年 2 月底，鲁南铁道大队成功开辟去抱犊崮山区抗日根据地的南路交通线。

1942 年 5 月，刘金山继任鲁南铁道大队大队长。

1942 年 5 月，秦明道为了掩护鲁南军区联络员张逊谦、傅宝甲撤退不幸牺牲。

1942 年 6 月，鲁南铁道大队得知岩下率领日伪军外出扫荡，混进城里，打死了临城车站上的日军值班员和一个伪军小队长。

1942 年 6 月，鲁南铁道大队飞车搞医药。

1942 年 6 月起，鲁南铁道大队任务转移到开辟、保卫华中、山东根据地通往延安的秘密战略交通线。

1942 年 7 月，鲁南铁道大队除掉叛变投敌的鲁南军区组织干事褚蓝田。

1942 年 7 月底 8 月初，护送刘少奇从鲁南军区驻地埠阳出发经秘密交通线跨越津浦铁路到微山湖。

1942 年 10 月中旬，护送一一五师政治部主任萧华跨越津浦铁路。

1942 年 12 月，鲁南军区将鲁南铁道大队、微湖大队等 4 支人民抗日武装合编为鲁南独立支队。鲁南铁道大队编为支队二大队，对外仍称鲁南铁道大队，主要任务是开辟和保卫抱犊崮山区抗日根据地通往微山湖西抗日根据地及华中抗日根据地通往延安的秘密交通线，护送过往干部。

1943 年 1 月中旬，拔除柏山据点。中队长曹德清、副中队长李云生、队员李启厚、王玉莲、张继湖、李友芳 6 人壮烈牺牲。

1943 年 2 月 24 日，鲁南铁道大队的副大队长赵永泉在日伪军的清剿、扫荡中牺牲。

1943 年 5 月，杨广立兼任鲁南铁道大队政委。

1943 年 5 月中旬，鲁南独立支队采取"武装大请客"的方法成功保卫麦收。

1943 年 6 月 15 日，彭口闸村突围战共击毙日伪军 40 余人，伤 50 余人。鲁南铁道大队机枪班班长张建富牺牲，5 名队员负伤。

1943 年 6 月 25 日，鲁南铁道大队护送八路军一一五师代师长陈光过津浦铁路。

1943 年 9 月 9 日，鲁南铁道大队以化装奇袭的战术袭击临城伪区公所。

1943 年 9 月 24 日，鲁南铁道大队护送中共山东分局书记朱瑞通过津浦铁路。

1943 年 11 月，鲁南铁道大队护送陈毅过津浦铁路，经微山湖，去延安参加中国共产党的第七次全国代表大会。

1943 年 12 月，鲁南军区任命赵若华为鲁南铁道大队政委。

1944 年 4 月，鲁南铁道大队在增援运河支队开展峄南反击顽军的战斗中大获全胜。

1944 年 5 月，夏镇伏击顽军冯子固和"耿聋子"部的进犯，使顽军围歼鲁南独立支队的阴谋未能得逞。

1944 年 7 月 23 日，鲁南铁道大队参加围攻程子庙战役，消灭顽军周侗、陈世俊部的主力。

1944 年 7 月 25 日，鲁南铁道大队参加高庄战斗歼灭顽军马光汉团。

1944 年 9 月，鲁南独立支队奉命撤销，二大队恢复鲁南铁道大队的番号。

1944 年 11 月底，日军平野乞求"和谈"。

1945 年 5 月，鲁南铁道大队在奉命进山休整后，政委张鸿仪与大队长刘金山一起率部出山，在大官庄被日伪军包围，在战斗中，为掩护主力部队撤退，鲁南铁道大队政委张鸿仪英勇牺牲。

1945 年 9 月 20 日，鲁南铁道大队配合新四军解放沙沟镇。

1945 年 10 月，鲁南铁道大队护送陈毅过津浦铁路去临沂，领导山东、华中两大战略区的工作。

1945 年 10 月，鲁南铁道大队在张河村接受日军铁甲列车大队、铁道警备大队滕县中队和临城中队、铁道青年队第六大队、铁路警察和矿警约 1500 人的投降。

1946 年 3 月，鲁南铁道大队奉命撤销，组建鲁南铁路局，所属大部编入主力部队。

1946 年 8 月，国民党反动派挑起内战，鲁南军区重建鲁南铁道大队。全队 190 余人，编为两个中队。先后活动于鲁南津浦铁路沿线、运河南岸和枣庄周围地区，隶属鲁南三军分区。大队长是刘金山，政委是蒋得功。

1946 年 11 月，因对敌斗争形势发生变化，鲁南铁道大队再次奉命撤销番号，部队改编为鲁南军区特务团二营。

二　铁道游击队番号沿革

铁道游击队的创立时期（1938 年 3 月至 1939 年 6 月）

临城情报站（1938 年 3 月至 1940 年 6 月），属苏鲁豫皖边区特委路西交通站领导。

临城工人铁道队（1938 年 3 月至 1939 年 6 月），属苏鲁豫皖边区特委路西交通站领导。

枣庄抗日情报站（1938 年 10 月至 1939 年 10 月），属苏鲁人民抗日义勇总队编制。

铁道游击队的巩固时期（1939 年 6 月至 1942 年 12 月）

枣庄铁道队（1939 年 10 月至 1940 年 1 月），是在枣庄抗日情报站的基础上，自发建立的 10 余人的小武装，请求苏鲁支队予以批准并派政治委员。

临城铁道队（1939 年 6 月至 1940 年 6 月），是在临城工人铁道队的基础上建立的，属中共沛滕边县委领导。

临北铁道队（1939 年 12 月至 1940 年 6 月），属中共沛滕边县委领导。

铁路工人破袭队（1939 年 12 月至 1940 年 6 月），属中共沛滕边县委领导。

鲁南铁道队（1940 年 2 月至 7 月），苏鲁支队批准枣庄铁道队，定名为鲁南铁道队并派政治委员。

鲁南铁道大队（1940 年 7 月至 1942 年 12 月），由鲁南铁道队与临城铁道队、临北铁道队合编为鲁南铁道大队。先后隶属苏鲁支队和鲁南军区。

铁道游击队的发展壮大时期（1942 年 12 月至 1944 年 9 月）

编入鲁南独立支队时期（1942 年 12 月至 1944 年 9 月），1942 年 12 月，鲁南军区将微湖大队、鲁南铁道大队等 4 支人民抗日武装合编为鲁南独立支队。鲁南铁道大队为该支队二大队，对外仍称鲁南铁道大队。

铁道游击队的转型升级时期（1944 年 9 月至 1946 年 11 月）

鲁南铁道大队（1944 年 9 月至 1946 年 3 月），1944 年 9 月，鲁南独立支队番号撤销后，二大队恢复鲁南铁道大队番号。隶属鲁南军区。

1946 年 3 月，鲁南铁道大队奉命撤销，并建立了鲁南铁路局，其所属部队大部编入主力部队。

重建鲁南铁道大队（1946 年 8 月至 11 月），1946 年 8 月，国民党反动派挑起内战，调集兵力向山东解放区进攻。鲁南军区调集原鲁南铁道大队骨干，重新建立了鲁南铁道大队。隶属鲁南三军分区。

参考文献

一 著作

1. 苑继平主编:《枣庄战事》,青岛出版社 2006 年版。

2. 中共枣庄市委党史办公室编:《红色战旗》,山东友谊出版社 1995 年版。

3. 樊文娥、金怡顺、盛清才编:《中共党史》,高等教育出版社 1999 年版。

4. 邓滕生主编:《枣庄文化通览》,山东人民出版社 2012 年版。

5. 中共枣庄市委党史办公室编:《峥嵘岁月》,中国矿业大学出版社 1993 年版。

6. 中共枣庄市委党史办公室编:《鲁南铁道大队纪实》,中共党史出版社 1992 年版。

7. 中共枣庄市委党史办公室编:《苏鲁支队》,山东大学出版社 1997 年版。

8. 董业明主编:《枣庄名片》,山东人民出版社 2008 年版。

9. 中共枣庄市委党史研究室编:《鲁南革命史》,山东人民出版社 1998 年版。

10. 王晓华、戚厚杰主编:《抗日战争正面战场档案全纪录》,团结出版社 2011 年版。

11. 中共薛城区委党史研究室编:《铁道游击队史》,中央文献出版社 2005 年版。

12. 文思编:《铁道游击队传奇》,中国文史出版社 2005 年版。

13. 中共枣庄市委党史研究室编:《中国共产党枣庄地方史》第一卷,中共党史出版社 2005 年版。

14. 政协枣庄市薛城区委员会编：《铁道游击队在薛城》，中国文史出版社 2005 年版。

15. 中共枣庄市委党史办公室编：《隐形战线》，中国矿业大学出版社 1993 年版。

16. 中共山东省委党史研究室、中共枣庄市委党史办公室、中共滕州市委党史办公室编：《王麓水将军》，新华出版社 1995 年版。

17. 田酉如：《中国抗日根据地发展史》，北京出版社 1995 年版。

18. 山东省档案馆、山东社会科学院历史研究所合编：《山东革命历史档案资料选编》（第二辑），山东人民出版社 1981 年版。

19. 《枣庄煤矿志》编纂委员会编：《枣庄煤矿志》，中华书局 2001 年版。

20. 濮继红：《徐州大会战内幕全解密》，军事科学出版社 2005 年版。

21. 苑继平主编：《枣庄历史名人》，青岛出版社 2006 年版。

22. 安作璋主编：《山东通史》，人民出版社 2009 年版。

二 论文

1. 刘知侠：《〈铁道游击队〉创作经过》，《新文学史料》1987 年第 1 期。

2. 王学亮：《刘知侠与他的〈铁道游击队〉》，《春秋》2012 年第 1 期。

3. 于继增：《〈铁道游击队〉背后的真情往事》，《文史精华》2010 年第 9 期。

4. 鲁文：《告诉你一个真实的铁道游击队》，《档案时空》2005 年第 1 期。

5. 李海流：《〈铁道游击队〉背后的传奇往事》，《文史月刊》2013 年第 9 期。

6. 李海流：《铁道游击队护送刘少奇过津浦路》，《档案时空》2012 年第 11 期。

7. 李海流：《铁道游击队里的日本人》，《文史博览》2013 年第 12 期。

8. 崔新明：《徐广田与“铁道游击队”》，《党史文苑》2008 年第 13 期。

9. 张广太：《抗日战争的“铁道游击队”》，《党史文汇》1995 年第 8 期。

10. 梁贤之：《铁道游击队第二任政委文立正》，《湖南文史》2000 年第 4 期。

11. 于常印：《生活在我们身边的英雄——记铁道游击队小侦察员张书太》，《世纪桥》2000 年第 1 期。

12. 沈文：《威震敌胆的鲁南铁道游击队四兄弟》，《党史天地》2000 年第 9 期。

13. 曲涛：《铁道游击队敌人的"怀中利剑，袖中匕首"》，《广西党史》2006 年第 Z1 期。

14. 崔新明：《鲁南铁道大队的创建及发展原因探析》，《世纪桥》2007 年第 1 期。

15. 李金陵：《震敌丧胆的鲁南铁道队》，《春秋》1995 年第 4 期。

后　记

铁道游击队是枣庄最为亮丽的一张名片。作为枣庄的高校教师，研究铁道游击队的历史，既是责任也是兴趣。能找到责任与兴趣的结合点，乃人生一大幸事，唯有加倍努力。

铁道游击队因作家刘知侠的纪实小说《铁道游击队》而扬名海内外。由于铁道游击队的战斗事迹具有传奇性，加上刘知侠的艺术加工，使小说深受广大读者喜爱，并相继被改编为电影、电视剧和连环画。时至今日，人们一提起铁道游击队就想到了它的故乡枣庄。今年恰逢纪念抗日战争暨世界反法西斯战争胜利 70 周年，《铁道游击队史》生逢其时。

在此要感谢枣庄学院的校领导，高瞻远瞩策划并力推"枣庄学院纪念抗日战争胜利 70 周年研究丛书"的撰写出版。感谢枣庄学院政治与社会发展学院院长徐玲老师和枣庄学院宣传部张思奎部长的协调服务和督促帮助。感谢枣庄学院科技处张宗海处长、刘书玉老师、汪涛老师提供的帮助和便利。感谢枣庄学院政治与社会发展学院的陶道强老师、朱法武老师分享的资料。

本书参考、吸收了许多专家、学者、同行们的研究成果，文中未能一一注明，在此一并表示感谢。由于笔者学识有限，文中偏见甚至错误在所难免，恳请大家批评指正。

崔新明　司艾华

2015 年 6 月 22 日